Pforzheim
Hirsau
Calw
Stuttgart
Neckar
Neckar
BADEN-WÜRTTEMBERG
Rottweil
Donau
DEUTSCHLAND
N
W
O
S
Bodensee
0
20 km
SCHWEIZ

Jens Schäfer

Gebrauchsanweisung für den Schwarzwald und Freiburg

PIPER

Mehr über unsere AutorInnen und Bücher:
www.piper.de

Das Gedicht von Harald Hurst auf S. 39 stammt aus:
Harald Hurst, »Do Hanne Num. Ausgewählte Gedichte und Geschichten«, Karlsruhe 2010, S. 24. Mit freundlicher Genehmigung des G. Braun Buchverlags.

Unser Versprechen für mehr Nachhaltigkeit
• Klimaneutrales Produkt
• FSC®-zertifiziertes Papier
• Hergestellt in Europa

FSC www.fsc.org MIX Papier aus verantwortungsvollen Quellen FSC® C083411

ISBN 978-3-492-27754-9
Überarbeitete und erweiterte Neuausgabe 2021

Karten: Cartomedia GmbH, Karlsruhe (vorne); Peter Palm, Berlin (hinten)
Satz: Fotosatz Amann GmbH & Co KG, Memmingen
Gesetzt aus der Bembo und der Trade Gothic
Litho: Lorenz & Zeller, Inning am Ammersee
Druck und Bindung: CPI books GmbH, Leck
Printed in the EU

Für meine Eltern

Inhalt

Alte Welt und neue heile Welt

Der Schwarzwald einst und jetzt

Haben Sie schon mal im Wald gebadet? Sollten Sie unbedingt ausprobieren. Das wird heute in fast jedem Schwarzwald-Dorf angeboten. Ehrlich gesagt hatte ich bis vor Kurzem noch nie davon gehört. Bei Waldbaden dachte ich zuerst an alte Blechbadewannen, die auf einer Waldlichtung herumstehen so wie früher die Viehtränken, in denen wir als Kinder planschten, wenn die Kühe nicht auf der Weide waren. Dabei hat dieser Trend, der aus Japan kommt, nichts mit Wasser zu tun. Laut *Bundesverband Waldbaden e. V.* handelt es sich dabei um einen »bewussten Aufenthalt im Naturraum Wald, der der mentalen und körperlichen Gesundheit dient und das Bewusstsein für die Bedeutung der Natur und insbesondere des Waldes stärken soll«.

Ich hatte das Glück – und auch das Pech –, dass ich diese Gebrauchsanweisung nun schon zum dritten Mal in die Hand nehmen und überarbeiten durfte. Die erste Ausgabe erschien 2009, die zweite 2014. Glück, weil es Spaß machte und spannend war zu sehen, was sich in den letzten Jahren im Schwarzwald alles verändert und getan hat. Zum Beispiel dass man jetzt nicht mehr einfach in den Wald geht, sondern darin badet. Pech, weil mir die Arbeit vor Augen führte, dass auch ich älter geworden bin.

2009 besuchte Barack Obama den Schwarzwald, der SC Freiburg stieg in die Bundesliga auf, und dessen langjähriger Präsident Achim Stocker erlag einem Herzinfarkt. Am Kaiserstuhl wurden 38,1°C gemessen. Auf dem Hasenhorngipfel wurde ein Aussichtsturm errichtet. Und in der Gebrauchsanweisung stand, der Schwarzwald habe den Ruf, Reiseziel alter Omas und biederer Kurgäste zu sein, die mit sonntäglichen Kurkonzerten und einem bunten Heimatabend zufriedenzustellen seien.

Diese Zeit scheint endgültig vorbei. Nichtstun ist out. Die Omas und Opas von heute sind aktiv, sie wandern, schwimmen, golfen, skaten, wellnessen oder reißen mit dem E-Bike mal eben hundert Kilometer runter. Abends skypen sie kurz mit den Enkelkindern und gehen dann in einen Kochkurs.

Neu ist auch, dass die rüstigen Rentner nicht mehr unter sich bleiben. Der Schwarzwald zieht immer mehr junge Leute an. Familien mit kleinen Kindern genauso wie Schüler, Studenten und Auszubildende. Sie suchen Abgeschiedenheit und unberührte Natur, aber auch Nervenkitzel und Abenteuer. Outdoor ist in. Dafür hat der Schwarzwald in den letzten Jahren enorm aufgerüstet. Überall sind Baumwipfelpfade, Hochseil- und Klettergärten entstanden. Radnetze wurden ausgebaut und Mountainbike-Trails angelegt. Auf den Flüssen kann man raften, in den Felsen klettern und auf den Bergen paragliden. Wem das zu touristisch ist, kann sein Zelt in einem von neun Trekkingcamps aufschlagen, die es neuerdings gibt und die mit nichts weiter als einer Feuerstelle und einem Toilettenhäuschen ausgestattet sind.

Der Schwarzwald ist und bleibt einer der Sehnsuchtsorte der Deutschen. Seit rund 200 Jahren kommt das, was man vom Schwarzwald kennt oder zu kennen meint, der Vorstellung einer heilen Welt ziemlich nahe. Gesunde Luft und mildes Klima, ansehnliche Städte und pittoreske Dörfer, Gastfreundschaft und Gemütlichkeit, geringe Arbeitslosenzahlen und gutes Essen, Gasthöfe, wo es im Flur noch nach Kuhstall riecht und auf der Speisekarte nur regionale Produkte stehen, liberale und freundliche Menschen, die zu leben verstehen und leben lassen, und das im Einklang mit viel unberührter Natur.

Im Schwarzwald leben knapp dreieinhalb Millionen Menschen. Mehr als doppelt so viele kommen jährlich zu Besuch – Tendenz weiter steigend. Allein zwischen April und Juni 2020 hatte der Nationalpark Schwarzwald 100 000 Besucher und damit mehr als doppelt so viele wie im Vorjahr.

Natürlich stößt man auch hier auf den ein oder anderen Hotelklotz, am Titisee etwa oder am Schluchsee. Aber im Großen und Ganzen musste der Schwarzwald nicht verschandelt werden, um Touristen anzulocken oder unterzubringen. Eben wegen seiner Unberührtheit und Naturbelassenheit kommen die ja her. Abgesehen davon, dass die meisten Dörfer und Täler viel zu klein und eng für Bettenburgen sind.

Auch gesunde und nachhaltige Ernährung spielt eine immer größere Rolle. Viele essen nur noch Bio- oder gar kein Fleisch mehr. Wurde man 2009 zum Essen eingeladen, konnte man meist noch zwischen »mit Fleisch oder ohne« wählen. Heute heißt es auch im Schwarzwald oft: »Vegetarisch oder vegan?« Immer mehr Bauern, Kooperativen und regionale Zusammenschlüsse betreiben hier ökologische und nachhaltige Landwirtschaft und verkaufen ihre Produkte in Bioläden, Hofläden und regionalen Supermärkten. Sogar Badischer Biowein ist auf dem Vormarsch (auch wenn der Anbau es im regenreichen Südwesten schwer hat).

Neu ist, dass die Fußballnationalmannschaft der Herren nicht mehr von einem Schwarzwälder trainiert wird. Fünfzehn Jahre lang, von 2006 bis 2021, war Jogi Löw aus Schönau Bundestrainer. Auch wenn sein Ruf wegen des frühen Ausscheidens bei der WM 2018 und der EM 2021 zuletzt gelitten hatte, wird er doch immer der Jogi bleiben, der 2014 in Brasilien Weltmeister wurde.

Auch das Schwarzwaldstadion ist Geschichte. Nachdem der Sport-Club Freiburg fast sechzig Jahre lang in diesem Schmuckkästchen an der Dreisam gekickt hatte, zog er im Herbst 2021 in den Norden der Stadt. Ansonsten ist hier alles gleich geblieben: Seit Januar 2012 wird die Mannschaft von Christian Streich trainiert. Damit ist er der dienstälteste Trainer der Liga. In 31 Jahren hatte der SC nur fünf Trainer, so viel wie manche Clubs in einer Saison. Es gibt sie noch, die langlebigen Dinge.

Auch politisch hat sich viel getan. 2009 war es noch unvorstellbar, dass Baden-Württemberg mal einen grünen Ministerpräsidenten haben würde. Das Bundesland war seit 1953 durchgehend von der CDU regiert worden. Als Winfried Kretschmann 2011 das Amt antrat, kam das einem politischen Erdbeben gleich. Nicht wenige hatten Angst, er könnte den Kommunismus einführen und privates Vermögen verstaatlichen. 2021 wurde der beliebte und angesehene grün-konservative Landesvater zum zweiten Mal wiedergewählt.

Schon 2002 war in Freiburg Dieter Salomon erster grüner Oberbürgermeister einer deutschen Großstadt geworden, auch das war eine Sensation. Viele glaubten, Freiburg würde fortan für immer grün regiert werden. Bis Salomon im April 2018 die Wahl überraschend gegen den 33-jährigen parteilosen Novizen Martin Horn verlor. Seitdem hat Freiburg einen der jüngsten Bürgermeister aller deutschen Großstädte.

Aber liegt Freiburg eigentlich im Schwarzwald? Wieso heißt es dann »Freiburg im Breisgau«? Und was ist mit Karlsruhe? Und dem Kaiserstuhl? Dem Europapark Rust? Nagold und Calw? Kann man eine Landschaft, die rund 200 Kilometer lang und bis zu neunzig Kilometer breit ist und Temperaturschwankungen von mehr als zwanzig Grad Celsius hat (wenn im Januar das Thermometer in Freiburg auf zwölf, dreizehn Grad ansteigt, hat es auf dem Schauinsland manchmal noch minus zehn), in einen geografischen Topf schmeißen?

Stellen wir an dieser Stelle klar: Der Schwarzwald ist das größte und höchste zusammenhängende Mittelgebirge Deutschlands, das im Norden an den Kraichgau, im Osten an Gäu und Baar, im Süden an den schweizerischen Hochrhein und im

Westen an die Oberrheinische Tiefebene angrenzt. Der Breisgau, in dem Freiburg liegt, der Kaiserstuhl, Lörrach, Weil am Rhein, Karlsruhe, Offenburg oder der Europapark Rust – gehört alles nicht dazu. Die ganze Gegend hat sich aber zur Ferienregion Schwarzwald zusammengeschlossen. Wenn in diesem Buch vom Schwarzwald gesprochen wird, ist meist die gesamte Region gemeint.

Der »echte« Schwarzwald besteht aus drei Teilen. Der *Süd*schwarzwald ist geprägt von anmutigen Tälern und dunklen Wäldern, sanften Hügeln mit mächtigen Eindachhöfen und saftigen Wiesen, auf denen braun-weiße Kühe grasen. Im *Nord*- und im *Mittel*schwarzwald sieht es anders aus. Enger sind die Täler und noch dichter bewachsen. Fachwerkhäuser gibt es hier und Dörfer, in die die Sonne nur ganz selten vorzudringen scheint. Und im Westen, wo die Hänge des Schwarzwalds in die sonnige Rheinebene übergehen, prägen Felder und Weinberge das Bild.

Ein Freudenstädter, ein Triberger und ein Freiburger haben jeweils etwas anderes im Sinn, wenn sie an den Schwarzwald denken. Der Erste sieht riesige Waldflächen und hält Freudenstadt für die Hauptstadt des Schwarzwalds. Der Zweite denkt an tiefe Schluchten und empfindet die Triberger Wasserfälle als sein Zentrum (womit er geografisch gesehen recht hat). Dem Dritten fallen Freiburgs enge Gassen und das milde Klima ein, und er meint nicht nur im Zentrum des Schwarzwalds zu leben, sondern in der heimlichen Hauptstadt Deutschlands. Kein Schwarzwälder denkt an das große Ganze, sondern immer an das eigene Kleine, das mit dem großen Rest wenig zu tun hat.

Nicht dass die Freudenstädter, Triberger und Freiburger ignorante Provinzler wären, die nicht über ihren Tellerrand hinausschauen. Die jeweiligen Gebiete hatten einfach nie viel miteinander zu schaffen. Der Schwarzwald war jahrhundertelang so dicht und undurchdringlich, dass es kaum Verbindungen zwischen seinen einzelnen Teilen gab. Als er im frühen Mittelalter besiedelt wurde, machten die vielen Täler und Berge den Bau großer Verbindungsstraßen beinahe unmöglich. Das Reisen war eine beschwerliche Sache. Daran hat sich bis heute nicht viel geändert. Wer im Nordschwarzwald wohnt, fährt nicht mal eben so in den Süden und umgekehrt. Wieso auch? Man hat den Schwarzwald doch vor der eigenen Haustür, und der genügt. Die Fahrzeiten stehen zudem in keinem Verhältnis zur Entfernung. Will man mit öffentlichen Verkehrsmitteln von Bonndorf im Süd- nach Bad Wildbad im Nordschwarzwald fahren, muss man erst den Bus nach Neustadt nehmen, da in den Zug nach Freiburg umsteigen, dort in den nach Karlsruhe und dann weiter nach Pforzheim, wo schließlich eine S-Bahn nach Bad Wildbad fährt. Fahrzeit mehr als vier Stunden. Dabei sind die beiden Städte in der Luftlinie keine hundert Kilometer voneinander entfernt.

Und was ist mit den Schwarzwälderinnen und Schwarzwäldern? Handelt es sich um ein einheitliches Völkchen, das sich über einen Kamm scheren lässt? Ist es in Reinform überhaupt noch anzutreffen? Sind das alles Badener? Und stimmt es, dass man hier auch Schwäbisch spricht? Schwarzwälderinnen und Schwarzwälder sind mal ver- und mal aufgeschlossene Wesen, sie sind abgeschottet und weltoffen zugleich. Je nachdem, wo sie leben.

Als Teil des strategisch wichtigen Dreiländerecks weckte ihre Heimat schon immer Begehrlichkeiten und war jahrhundertelang heftig umkämpft. Der Schwarzwald ist umrahmt vom protestantischen Württemberg im Norden (der größte Teil des Schwarzwalds ist badisch und katholisch), dem Elsass im Westen (das die Deutschen immer wieder besetzt und bekriegt haben), der Schweiz im Süden (die Deutschen gegenüber schon immer fremdelte), und im Osten warten hinter Baar und Bodensee schon die Bayern. So eingekeilt, umkämpft und unbeliebt blieb den Schwarzwäldern nichts anderes übrig, als sich auf sich selbst zu besinnen und sich die Selbstzufriedenheit und -genügsamkeit zuzulegen, die die Menschen hier heute auszeichnet.

Gleichzeitig sind die Schwarzwälder kontaktfreudig, menschenfreundlich und weltoffen. Vor allem die aus der Oberrheinischen Tiefebene. Freiburger, Offenburger, Lörracher oder Karlsruher hatten schon früh Kontakt zu Händlern und Kaufleuten, die hier durchzogen. Es prägt, wenn man seit Jahrhunderten da wohnt, wo andere hinpilgern, um Geschäfte zu machen, zu arbeiten oder sich auszukurieren. Und wo man zwar vier Stunden von Bonndorf nach Bad Wildbad braucht, aber auch nur eine halbe in die französischen Supermärkte, eine knappe ins schweizerische Hochlohnland (viele Schwarzwälder arbeiten dort) und eineinhalb an den Bodensee. Der TGV fährt in zweieinhalb Stunden von Karlsruhe nach Paris, und der ICE in fünfeinhalb von Freiburg nach Milano Centrale.

Wenn man die Gegenwart mit der Vergangenheit abgleicht, kann man auch einen vorsichtigen Blick in die Zukunft wagen. Was sich definitiv ändern wird, ist der Schwarzwald selbst. Genauer gesagt, sein Erscheinungsbild. Wo heute dunkler Nadelwald ist, wird bald bunter Mischwald sein. Nicht in zehn Jahren. Aber in fünfzig bis hundert.

Das liegt – wie so vieles – an der Erderwärmung. Denn die lässt den Grundwasserspiegel sinken, wodurch Fichten – aus denen der Schwarzwald zu sechzig und mehr Prozent besteht – austrocknen, anfällig für Schädlinge werden und absterben. Die Löcher, die der Borkenkäfer in den Wald reißt, werden von Jahr zu Jahr größer. Douglasien, Erlen, Buchen oder Ulmen sollen die Fichte ablösen. Laub- und Mischwälder, so die Hoffnung, werden widerstandsfähiger sein. Aber auch viel heller. Unsere Kinder und Enkelkinder brauchen im tiefen, dunklen Wald also keine Angst mehr haben, weil es ihn nicht mehr geben wird.

Außerdem wird der Schwarzwald »verspargelter« sein. Ohne Windräder und Solarpaneele sind die Klimaziele, die wir uns gesteckt haben, nicht zu erreichen. Darüber, wo man die Dinger hinstellt, dürfte es wohl noch viel Streit geben. Auch der Abschied vom Verbrennungsmotor wird den Schwarzwald nachhaltig verändern. E-Motoren brauchen keine Antriebsstränge mehr. Keine Kupplungen, keine Schaltgetriebe und keine Kardanwellen. Also das, was die hiesigen Zulieferbetriebe bauen und entwickeln. Fachleute prophezeien einen massiven Strukturwandel des örtlichen Mittelstands und den Verlust von Arbeitsplätzen. In Baden-Württemberg arbeiten geschätzt 100 000 Menschen in der Zulieferindustrie.

Nicht zuletzt hat sich in den letzten Jahren auch unsere Sprache verändert. Ging es in den ersten beiden Ausgaben dieses Bands noch um Leser und Schwarzwälder, schreibe ich heute von Leserinnen und Lesern sowie Schwarzwälderinnen und Schwarzwäldern. Das Gendern hat sich flächendeckend durchgesetzt. Auch diese Neuausgabe versucht, geschlechtergerecht zu formulieren und Stereotype zu vermeiden. Aber der besseren Lesbarkeit wegen nicht ständig. Mit Schwarzwäldern meine ich Menschen aus dem Schwarzwald. Mit Touristen und Gästen Menschen, die dort Urlaub machen, und mit Lesern Menschen, die diese Gebrauchsanweisung in die Hand nehmen. Also Sie.

Gehen wir gemeinsam auf die Reise, erkunden wir den Schwarzwald, machen wir uns vertraut mit seiner Geschichte und seinen Geschichten, seinen Bewohnern und ihren Eigenarten, seinen Speisen und Getränken, seinen Festen und Gebräuchen. Sehen wir uns in Freiburg um, und lernen wir Menschen kennen, die hier leben, und solche, die hier gelebt haben. Im Schwarzwald, wo sich so vieles geändert hat und trotzdem alles gleich geblieben ist.

If you haven't been to the Black Forest Inn, you haven't been to Minneapolis!

Der Schwarzwald und die große, weite Welt

Die Schwarzwälder präsentieren nicht nur ihren Landsleuten eine Idylle, ihnen kommen auch höchst repräsentative Aufgaben auf internationaler Ebene zu. Kuckucksuhren, Schwarzwälder Kirschtorte und Schwarzwälder Schinken sind Berühmtheiten, die seit vielen Jahren das Bild von Deutschland und den Deutschen in der Welt prägen. Die Gemütlichkeit der Schwarzwälder ist, je nach Blickwinkel, mal typisch badisch, mal ist sie *typically German*.

Dabei ist es mir im Ausland schon häufiger passiert, dass der Schwarzwald kurzerhand in ein benachbartes Bundesland verlegt wurde: »I am from the Black Forest.« – »Ah, that's in Bavaria, isn't it?« Nicht schön. Auch nicht, dass es einen Lonely Planet *Munich, Bavaria & the Black Forest* gibt. Aber das ist alles nicht so schlimm wie das, was mir in deutschen Landen regelmäßig widerfährt: »Ich stamme aus dem Schwarzwald.« – »Aha, also aus Schwaben!« Nein, das stimmt ganz entschieden nicht! Lediglich ein kleiner Teil des nördlichen Schwarzwalds liegt in Schwaben, der große Rest jedoch in Baden.

If you haven't been to the Black Forest Inn, you haven't been to Minneapolis! Mit diesem Slogan warb mal ein Lokal in den USA, das seit 1965 zahlreiche Preise für *authentic, homemade German and European meals and outdoor eating* gewonnen hat. Die Speisekarte lockt mit *Strudel, Bread and Bratwurst*, dem *Deutschburger Casserole* sowie *Spaetzel* und, *of course, Black Forest Cherry Torte*.

Black Forest Inns gibt es auch in South Dakota, New Jersey und in Ontario/Kanada. Im Bundesstaat Farmingdale, New York, gibt es das *Black Forest Brew House* und eine *Black Forest Bakery*: lauter große, mit dunklen Holzbrettern verzierte Häuser, die *real and authentic German* Essen und Trinken servieren.

Sie könnten auch *Germany Inn* heißen oder *Rhineland Inn* oder *Berlin Inn*. Es sind aber *Black Forest Inns*, denn in der Welt steht der Schwarzwald nun mal für Deutschland und manchmal für die Schweiz und Österreich gleich mit. Manche nehmen es nicht so genau und servieren außerdem *Homemade Soft Pretzel, Wiener Schnitzel, Sauerbraten* oder das *Black Forest Lager Fondue*. So wird es einem Inder gehen, der sieht, dass ein ganzer Subkontinent auf die immer gleichen drei Grundsoßen mit zehn verschiedenen Zutaten reduziert wird, oder einem Italiener, der feststellt, dass Deutschlands Eisdielen fast ausnahmslos *Venezia* heißen. Wir tragen nun mal Vorstellungen und Bilder mit uns herum, und die wollen wir bestätigt sehen.

Es gibt auch ein Mineralwasser, das nach dem Schwarzwald benannt ist. Das *Black Forest Still* ist aber kein amerikanisches Produkt, das seine besondere Qualität betonen will. Dieses Wasser, das sich auch *Black Forest Pearl* nennt und im »Bottle-Carrier« angeboten wird, wird aus der Hansjakobquelle in Bad Rippoldsau im Nordschwarzwald gewonnen und ist für den heimischen Markt bestimmt. An Anglizismen in der Werbung, auf Telefonrechnungen und im Fernsehen hat man sich schon lange gewöhnt. Trotzdem sei die Frage erlaubt, ob ein ganz normales Mineralwasser seinen Ruf oder seine Absatzzahlen verbessert, indem es sich *Black Forest Still* nennt.

Dass die ganze Welt weiß, wo er herkommt, verdankt der Schwarzwälder aber nicht nur den Speisegaststätten, die in ebendieser herumstehen, sondern auch den Gebrüdern Grimm und ihren Märchen. *Hänsel und Gretel* und das *Rotkäppchen* spielen dort, zumindest in vielen fremdsprachigen Fassungen. Der böse Wolf war lange Zeit ausgerottet, die dichten Wälder sind an vielen Stellen dem Borkenkäfer zum Opfer gefallen oder wurden abgeholzt, das Holz wurde für den Schiffs- und den Stollenbau und für Kuckucksuhren gebraucht. Die Abholzungen müssen passiert sein, nachdem die spanische Sprache den Schwarzwald in sich aufnahm: *Selva negra* bedeutet auch *schwarzer Dschungel.*

Wenn man in mancher dunklen Gegend des Mittelschwarzwalds wandert, versteht man, warum die Iberer ihn so tauften. Oder wenn man mit dem Boot durch die urwaldähnlichen Auenwälder bei Taubergießen paddelt. Auf den drei großen Fernwanderwegen – dem Westweg von Pforzheim nach Basel, dem Mittelweg von Pforzheim nach Waldshut und dem Ostweg von Pforzheim nach Schaffhausen – sieht man tagelang nichts als Wald. Wer mit dem Rad, Motorrad oder Auto unterwegs ist, kann viele Stunden auf kurvenreichen Waldstraßen dahinfahren. Viel Wald bedeutet aber auch viel Schatten. Es kann einem aufs Gemüt schlagen, wenn man stundenlang keine Sonne sieht und den blauen Himmel immer nur erahnt. Eine Tour sollte also danach ausgewählt werden, ob sie auch sonnige Höhenzüge hat.

Vermutlich fühlen sich Amerikaner auch deshalb so vom *Black Forest* angezogen, weil es ein Schwarzwälder war, der ihrem Land seinen Namen gab. Der geht nämlich auf Martin Waldseemüller zurück, der um 1470 in Freiburg auf die Welt kam. (Oder in der Binzenmühlen-Strauße im nahen Wolfenweiler, wie dort ein Schild an der Hauswand behauptet. Oder ganz woanders. Seine Geburt ist so lange her, dass die Meinungen darüber auseinandergehen dürfen.) Das erste gesicherte Datum seiner Biografie ist der 7. Dezember 1490. Da wurde er als Martinus Walzemüller an der Universität Freiburg immatrikuliert. Damals begann das Semester anscheinend kurz vor Weihnachten. Nach seinem Studium der Kosmografie arbeitete er in der Druckwerkstatt seines Onkels in Basel, ehe er als Kosmograf ins Kloster

Vosagense in Saint-Dié in Lothringen wechselte. Lothringen gehörte damals zum Heiligen Römischen Reich Deutscher Nation.

Waldseemüllers Herr war René von Lothringen, der sich für Landkarten begeisterte. Er hatte die Schriften des Kaufmanns, Seefahrers und Draufgängers Amerigo Vespucci gelesen, der 1499 und 1502 zwei Reisen in die Neue Welt unternommen hatte. Seine Reiseberichte, in denen er diese in den schillerndsten Tönen und Farben beschrieb, machten Vespucci weltberühmt. Und mit ihm das neue Land. René beauftragte Waldseemüller mit der Erstellung einer Weltkarte nach Vespuccis Berichten. Die Karte setzt sich aus zwölf einzelnen Rechtecken zusammen, die einen knappen halben Meter groß sind. Zusammen ergeben sie eine Weltkarte, die 233 Zentimeter lang und 128 Zentimeter breit ist.

Weil der neue Kontinent einen Namen brauchte, beschloss Waldseemüller, dass man ihn, »da Americus ihn gefunden, Americus oder America von heute an nennen könnte«. Das angehängte a gefiel ihm, da auch Europa, Afrika und Asia eine weibliche Endung hatten.

Spätestens jetzt wird der gebildete Leser einwerfen, dass Amerika doch nicht von Vespucci, sondern von Christoph Kolumbus entdeckt worden war. Diese Meinung teilten damals viele Wissenschaftler und verlangten, der Kontinent müsse Colombo genannt werden. Ohne Erfolg. Kolumbus war schon zu Lebzeiten in Vergessenheit geraten. Überdies beharrte er bis zuletzt darauf, nicht Amerika, sondern Indien gefunden zu haben. Die Proteste verhallten ungehört, und schon nach wenigen Jahren hatte sich America durchgesetzt.

Auch Martin Waldseemüller geriet in Vergessenheit und mit ihm seine berühmte Karte, obwohl sie eine Auflage von tausend Stück hatte, damals eine immens hohe Zahl. Sie wurde mit dem Begleitbuch *Einführung in die Kosmografie*, das der humanistische Philologe Matthias Ringmann geschrieben hatte, und einer Globussegmentkarte herausgebracht. Eine frühe Form von Multimedia also. Eine Segmentkarte bestand aus zwölf miteinander verbundenen, abgerundeten Rhomben, die man zu einem Globus von etwa zwölf Zentimetern Durchmesser zusammenfalten konnte.

Erst 1910 tauchte wieder ein Exemplar der Landkarte auf. Ein Mönch fand es im Rücken eines Buches versteckt in der Bibliothek von Schloss Wolfegg in Oberschwaben. Die Amerikaner begannen in den Achtzigerjahren, Verhandlungen mit dem Fürsten zu Waldburg-Wolfegg über einen Kauf der Karte zu führen. Aber die damalige Bundesregierung verbot, nationales Kulturgut dieser Kategorie zu veräußern. Helmut Kohl und Roman Herzog konnten die Frage, ob Freundschaft oder der Schutz nationalen Kulturguts höher zu bewerten sei, nicht abschließend beantworten. Gerhard Schröder beschied dann kraft seines Amtes, dass die Karte als Dankeschön für die Unterstützung der Amerikaner bei der deutschen Wiedervereinigung verkauft werden dürfe. Angela Merkel war es schließlich, die sie überbrachte. Sie sah darin »ein schönes Zeichen der besonders engen deutsch-amerikanischen Freundschaft«. Die Library of Congress in Washington, wo die Karte heute hängt, hat geschätzte zehn Millionen Euro dafür bezahlt.

Von der Weltkarte ist nur ein einziges Exemplar erhalten. Von den Segmentkarten wahrscheinlich vier: Eine befindet sich in Privatbesitz, eine gehört der Universität von Minnesota, eine der Stadt Offenburg, und eine der Ludwig-Maximilians-Universität München. Hier stießen 2012 zwei Bibliothekarinnen aus der Abteilung »Altes Buch« bei Katalogarbeiten auf eine etwa DIN-A4-große Karte – in einem Bibliothekseinband aus dem 19. Jahrhundert und zwischen zwei Geometriedrucken aus dem 16. Jahrhundert, auf dem »America« stand. So etwas hatten sie noch nie gesehen. Weil die Karte ansonsten kaum beschriftet war und auch keinen Maßstab hatte, gingen die Bibliothekarinnen dahin, wo heute alle hingehen, wenn sie nicht weiterwissen: ins Internet. Als sie bei Wikipedia ein Foto von Waldseemüllers Segmentkarte entdeckten, dämmerte ihnen, dass sie etwas ganz

Besonderes gefunden hatten. Untersuchungen ergaben, dass das Blatt einige Zeit nach dem Erstdruck von 1507 entstanden sein dürfte. Möglicherweise hatten Waldseemüller und Ringmann ihr Medienpaket knapp ein Jahrzehnt nach dem Erstdruck erneut aufgelegt.

Weniger umfangreich wurde eine Karte untersucht, die die Ludwig-Maximilians-Universität im Jahr 1990 für damals zwei Millionen D-Mark gekauft hatte. Jahrzehntelang wähnte man sich im Besitz von zwei Original-Waldseemüller-Segmentkarten. Bis 2018 bei Christie's in London ein weiteres Exemplar angeboten wurde, das an den identischen Stellen fehlerhaft war wie die in München und wie eine, die sich in der James Ford Bell Library der University of Minnesota befand. Diese Fehler waren bei späteren Reparaturarbeiten entstanden. Das ließ darauf schließen, dass zwei der Segmentkarten nach der dritten, reparierten gedruckt worden waren. Und nicht aus Waldseemüllers Zeit stammen konnten.

Die Münchner Karte wurde untersucht. Und es kam raus, dass sie zwar auf 500 Jahre altem Papier gedruckt worden war. Aber rund 400 Jahre später. Experten fanden in der Farbe Titanweiß, das erst ab 1920 industriell hergestellt wurde. Ruß, womit im Mittelalter Druckfarbe geschwärzt wurde, konnten sie dagegen auf der Münchner Karte gar nicht ausmachen. Die Fälschung musste also mittels Bromöldruck hergestellt worden sein, bei dem aus einem Fotonegativ Schritt für Schritt eine Druckvorlage angefertigt wird. Niemand konnte in Regress genommen werden, da alle damals beteiligten Vorbesitzer und Händler mittlerweile verstorben waren.

Wenn Sie nun auch gern wissen würden, wie eine Waldseemüller-Segmentkarte aussieht, müssen Sie in den Schwarzwald kommen. Das Offenburger Museum im Ritterhaus stellt so eine Globussegmentkarte aus. Sie wurde 1507 in Saint-Dié-des-Vosges – und damit höchstwahrscheinlich von Martin Waldseemüller persönlich – gedruckt. Auch dieses Exemplar wurde zufällig entdeckt, als 1993 die Bestände der Historischen Bibliothek Offenburg neu katalogisiert wurden. Dieses Offenburger Original ist weltweit das einzige, das regelmäßig öffentlich ausgestellt wird. Weil es sehr lichtempfindlich ist, wird es die Hälfte des Jahres im Dunkeln verwahrt. Dann liegt ein Faksimile an seinem Platz. Sie müssen aber nicht extra im Museum anrufen und fragen, welches Exponat turnusmäßig gerade dran ist, *druff gschisse*: Das Faksimile sieht so echt aus, dass nicht mal Experten es vom Original unterscheiden können.

Und wer Waldseemüllers Weltkarte jetzt sofort sehen will, begebe sich bitte ins Internet. Die Library of Congress in Washington hat 2016 zusammen mit dem Museo Galileo in Florenz die multimediale Webseite »A Land beyond the Stars« ins Netz gestellt. Dort gibt es zahlreiche Informationen zu Vespuccis Reise sowie zu Waldseemüllers Weltkarte und ihrer Entstehungsgeschichte. Wenn man sich tief genug in die Karte hineinzoomt, kann man sogar den Schwarzwald erkennen.

Was wohl Martin Waldseemüller zu alledem gesagt hätte? Wahrscheinlich wäre ihm nicht wohl bei der Sache gewesen. Schon bald bekämpfte er selbst den Namen, den er der Neuen Welt gegeben hatte, und nannte den neuen Kontinent wieder »terra nova« oder »terra incognita«. Das ist er für den Mann, der von der Welt nicht viel mehr gesehen hat als den Schwarzwald und Lothringen, ja auch zeitlebens geblieben.

Phänotypen

Woran man einen Schwarzwälder erkennt

Seit frühester Zeit waren Freiburg und der Schwarzwald Durch- und Zuzugsgebiet. Vielen hat es hier so gut gefallen, dass sie dageblieben sind. Im Mittelalter lockten die Welfen und die Staufer Menschen aus ganz Europa hierher. Aus wirtschaftlichen Gründen kamen später Spanier und Savoyer, aus religiösen Hugenotten, Waldenser und Österreicher und auf der Flucht vor den Franzosen Pfälzer. Während des Dreißigjährigen Kriegs schlugen sich Böhmen, Mähren, Schweden, Niederländer, Schlesier und Ungarn bis hierher durch. In dieser Zeit kam auch Hans Jakob Christoffel von Grimmelshausen in den Schwarzwald, der den *Abenteuerlichen Simplicissimus* schrieb und in Oberkirch das Gasthaus *Silberner Stern* eröffnete, in dem man heute noch gut und badisch essen kann. Seit der Neuzeit kommen Studenten aus dem In- und Ausland, um an der hiesigen Universität zu studieren.

Bei so vielen Zugereisten und Touristen – gibt es dann überhaupt noch *original* Schwarzwälder? Und wenn ja, woran erkenne ich sie?

Zuallererst daran, dass sie das Leben genießen. Freiburger sind gesellig und sitzen gern bei einem Glas Wein zusammen.

Aber sie trinken nicht nur, sondern sie reden auch gern. Und viel. Freiburger sind stets ein wenig selbstverliebt und immer ein bisschen laut. Sie glauben zu wissen, wie die Welt funktioniert, und haben das starke Bedürfnis, die anderen an ihren Erkenntnissen teilhaben zu lassen. Man erklärt sich hier so gern gegenseitig das Leben, dass man, hört man zwei Freiburgern zu, manchmal nicht mit Sicherheit sagen kann, ob es sich um einen Dialog oder um zwei parallel laufende Monologe handelt. Ausführungen enden oft mit »So isches!«, »Des kannsch aber glaube!«, »Wenn ich's dir sag!«, »Des isch klar!« oder »Ich sag dir's!«. Das klingt manchmal rechthaberisch, ist aber nie aufdringlich oder beleidigend.

Ich bin jedes Mal aufs Neue von der herzlichen Freundlichkeit der Schwarzwälder begeistert. Wer aus dem Südwesten stammt und in Berlin lebt, leidet dort nicht nur am schlechten Wetter, sondern auch an der beinahe pathologischen Unfreundlichkeit der Ureinwohner. Wie heißt es in der *Gebrauchsanweisung für Brandenburg* so treffend? »In Brandenburg ist der Kunde nicht König, sondern Kind.« Im Schwarzwald ist der Kunde zuallererst mal Mensch. Und dann Kunde. Und zu beiden ist man freundlich, *baschda*.

Wenn Sie sich ein eigenes Bild von den Freiburgern machen wollen, sollten Sie am späten Samstagnachmittag in die *Markthalle* zwischen Grünwälderstraße und Martinsgässle gehen. Im hinteren Teil, bei den Stehtischen, zwischen Studenten und Professoren, Touristen und Zugereisten, kann man sie sehen und hören. Ein anderer guter Ort ist die Gaststätte *Zum Kranz* in der Herrenstraße an einem Sonntagabend. Oder das Stadion des Sport-Club Freiburg. Dort treffen sich alle: Zugezogene und Einheimische, Alte und Junge.

Alle wollen den Sport-Club spielen sehen, viele eine Stadionwurst essen. Einen der Wurststände betreibt Chico, der früher auch sehr lustige Kolumnen für das Stadionheft geschrieben hat und die Szenekneipe *Swamp* in der Talstraße betreibt, vis-à-vis von der Brauerei Ganter. Ich dachte lange, Chico sei waschechter Freiburger, vom Aussehen, den Gesten, seiner Körperbewegung und vor allem wegen seines astreinen alemannischen Dialekts. Dabei heißt er eigentlich Carmelo Policicchio und hat kalabrische Wurzeln. *Sell könne Se mir glaube.*

Von der Offenheit und Herzlichkeit der Menschen in der Rheinebene profitieren regelmäßig Studenten der Fachhochschule Offenburg. Dort kümmern sich einheimische Senioren um Mexikaner, Bangladeschis, Chinesen oder Iraner. Sie helfen bei Problemen im Studium und im Alltag und bringen ihnen unsere (die alemannische?) Kultur und Sprache näher. Man geht gemeinsam ins Theater und besucht Konzerte und Sehenswürdigkeiten. Die Studenten schwärmen von der Herzlichkeit der ehrenamtlichen Unterstützer, und den Senioren macht es Spaß, mit den jungen Leuten zusammen zu sein. Das sei wie ein Jungbrunnen. Eine klassische Win-win-Situation also.

Die Geselligkeit und die Freude am Gespräch, die die Badener ausmachen, werden spürbar weniger, je weiter Sie in den Schwarzwald vordringen. Die Menschen hier oben sind nicht unfreundlich. Aber gegenüber Fremden auch nicht gerade offen. Eher haftet ihnen eine konservative Wortkargheit an. Jahrhundertelang hat ihnen die Natur so viel abverlangt, haben sie so viel schaffen müssen, dass nur wenig Zeit zum Sprechen blieb. Sie können heute noch entlegene Dorfgasthäuser betreten, in denen sich ein mit zehn oder fünfzehn Männern voll besetzter Stammtisch darin gefällt, gemeinsam zu schweigen. Das werden Sie in Freiburg, Offenburg oder Karlsruhe niemals erleben. Vielleicht liegt es an den dunklen Wäldern, dass die Menschen hier oben nicht so gern reden, wie bei den Finnen oder Norwegern, denen ja auch eine gewisse Wortkargheit nachgesagt wird.

Nehmen Sie es nicht persönlich, wenn ein Hochschwarzwälder kurz angebunden ist. Die Menschen sind hier einfach so. Ich war schon auf Hochzeiten eingeladen, wo die Schwiegerväter den ganzen Abend zusammensaßen und keine zehn Sätze miteinander wechselten. Woran sich keiner von beiden störte. Ein

Tourist fuhr mal an einer Tankstelle in Lenzkirch vor, um vollzutanken. Der Tankwart, der immer einen grauen Mantel und eine blaue Schiebermütze trug, kam an die Zapfsäule und schraubte den Tankdeckel auf. Irgendwas schien dem Touristen nicht zu behagen – war es der alte Mann oder der Hof, auf dem nicht wenig Schrott herumlag –, er sah sich um und wollte wissen, wie viel Oktan denn das Benzin habe. Der alte Tankwart zuckte nur mit den Schultern. »Sell isch mir glich«, sagte er, tankte den Wagen voll und beachtete den Kunden nicht weiter.

Auch meine Mutter, die als junge Frau in den Hochschwarzwald zog, hat oft erzählt, wie schwer es in den ersten Jahren war, Kontakt zu knüpfen. Im Grunde haben die einheimischen Frauen sie komplett ignoriert. So schlimm ist es heute natürlich nicht mehr.

Hier oben trinkt man auch eher Bier als Wein. Und einmal im Jahr, an Fasnet, lassen selbst die Schwarzwälder die Sau raus, dann aber richtig. Die pietistischen Protestanten im Nordschwarzwald bringen allerdings nicht mal das fertig.

In *Das kalte Herz* lässt sich der Kohlenmunk-Peter aus Habgier mit zwei Waldgeistern, dem Glasmännlein und dem Holländer-Michel, ein. Das schönste Märchen Wilhelm Hauffs ist genauso schaurig-schön, dunkel und verschlungen, wie man sich den Schwarzwald vor 200 Jahren vorstellt. Darin beschreibt er detailliert den Schwarzwälder Phänotyp: »Sie sind größer als gewöhnliche Menschen, breitschultrig, von starken Gliedern, und es ist, als ob der stärkende Duft, der morgens durch die Tannen strömt, ihnen von Jugend auf einen freieren Atem, ein klareres Auge und einen festeren, wenn auch raueren Mut als den Bewohnern der Stromtäler und Ebenen gegeben hätte … Am schönsten kleiden sich die Bewohner des badenschen Schwarzwalds; die Männer lassen den Bart wachsen, wie er von Natur dem Mann ums Kinn gegeben ist; ihre schwarzen Wämser, ihre ungeheuren, eng gefalteten Pluderhosen, ihre roten Strümpfe und die spitzen Hüte, von einer weiten Scheibe umgeben, verleihen ihnen etwas Fremdartiges, aber etwas Ernstes, Ehrwürdiges.«

Diesen Urtyp werden Sie heute nicht mehr antreffen. Abgesehen davon, dass, wer sich heute so kleidet, auf direktem Wege in Emmendingen landen würde. Dort steht das psychiatrische Krankenhaus für die gesamte Region Süd- und Mittelbaden. Es wird stets angeführt, wenn jemand aus der Reihe fällt, »so, wie der rumlauft, kummt er beschdimmt vu Emmedinge«, und ist Teil des regionalen Erziehungsprogramms: »Wenn de so wittermachsch, kummsch uff Emmedinge!« Jemand, der nicht der Allerhellste ist, ohne deswegen gleich nach Emmendingen zu müssen, wird auch *Chrischtkindle* genannt. Im Gegensatz dazu heißt einer, der besonders clever ist, *Käpsele*.

Auch im Schwarzwald vermengte man sich. Die zahlreichen mittelständischen feinmechanischen Betriebe im Mittel- und Südschwarzwald haben Menschen aus allen Gegenden Deutschlands hergelockt. Die Gemeinden im Nordschwarzwald wuchsen, als nach dem Weltkrieg Bosch, Benz und andere Großbetriebe Württembergs expandierten. Auch der eine oder andere Urlaubsflirt entwickelte sich zu einer mehrköpfigen Familie. Und als nach der Wende die Menschen aus den neuen Bundesländern kamen, um sich den Schwarzwald anzusehen, hat es vielen von ihnen so gut gefallen, dass sie gleich dageblieben sind. Wahrscheinlich lag das in dem Fall aber vor allem daran, dass es hier im Gegensatz zu daheim Arbeitsplätze gab. Besonders in Museen, der Gastronomie und sogar am Tresen von Touristeninfos kann man den sächsischen und thüringischen Zungenschlag hören, und auch unter den Verkäufern des Freiburger Münstermarkts gehören rumänische, russische, polnische Stimmen längst dazu.

Trotz aller Vermengung gibt es noch die typischen Schwarzwälder, denen man ihre Herkunft auch ansieht. Kräftiger sind ihre Körper, die Rücken breiter und die Gesichter gröber und rotwangiger. Das gilt für Männer genauso wie für Frauen. In der dritten Strophe des *Badnerlieds* heißt es, dass man ein Badner sein möchte, weil im Schwarzwald so schöne Mädchen wachsen. Aber wegen der ebenso parteiischen wie ungeklärten Autorenschaft kann diese Quelle nicht als objektiv herangezogen werden. Und das Zitat des Reiseschriftstellers Carl Gottlob Küttner ist zu alt. 1778 schrieb der: »Was das weibliche Geschlecht betrifft, so habe ich nie unter dem Landvolk und den niedrigen Klassen Figuren gesehen, die den Griechischen so nahe kommen, als manche aus dem Markgräflerland.«

Nicht, dass ich missverstanden werde. Schwarzwälderinnen können sehr hübsch sein. Thomas Schneider, der Masseur aus meinem Heimatdorf, sagte einst: »Die schönsten Rosen blühen im Verborgenen.« Ich war zehn Jahre alt und hatte mit Mädchen noch nichts am Hut. Schneider schon. Er war mehr als doppelt so alt wie ich und ein *Wieberschmecker*, in der ganzen Gegend als Filou bekannt. Wir standen am Rand des Fußballplatzes in meinem kleinen Heimatdorf und schauten uns ein Spiel an, als Schneider diese Weisheit zum Besten gab. Er interessierte sich nicht für das Spiel, sondern ausschließlich für die mitgereisten Frauen der gegnerischen Mannschaft, die auf der anderen Seite standen. Als die Spieler in der Halbzeitpause in der Umkleidekabine verschwanden, zwinkerte Schneider mir zu und ging rüber, um sein Glück zu versuchen.

Eine amerikanische Austauschstudentin hatte einen etwas anderen Eindruck von den Schwarzwäldern. In einem Café auf dem Freiburger Münsterplatz saß sie am Nebentisch, und ich erlaubte mir, sie und ihre Freundin ein wenig zu belauschen: »Well, you know, German men don't look good. But I get along with them very well.«

Optisch mögen die Schwarzwälder vielleicht nicht jeden beeindrucken. Aber ihre Herzlichkeit und Gemütlichkeit sind einmalig. *Real German Freundlichkeit* eben.

Die Beschreibung eines anderen Schwarzwälder Phänotyps liest sich so: »Kleinwüchsig, kombinierter Milch-Fleisch-Typ, sehr edel, ausdrucksvoller Kopf mit lyraförmigem Horn und lebendigem Augenspiel, sehr feingliedrig, lange Mittelhand, etwas abgedachtes Becken und erhöhter Schwanzansatz, harte Klauen, nicht zu großes, aber drüsiges Euter. Farbe: hellrot bis dunkel gedeckt, gescheckt oder gesprenkelt, Kopf weiß, häufiger Augflecken.« Sie haben natürlich längst bemerkt, dass die Rede nicht von einer Frau, sondern von einer Kuh ist. Die zitierte Beschreibung stammt vom *Förderverein Hinterwäldervieh e. V.*, der sich um den Erhalt und die Förderung des Hinterwälder-Fleckschlags kümmert. Dieses viehische Original, das im Hochschwarzwald zu Hause ist, ist vom Aussterben bedroht. Dabei ist das kleinste Rind Mitteleuropas mit seinen kurzen Beinen und seinem ebenso anspruchslosen wie robusten Wesen wie geschaffen für die steilen Hanglagen und die langen Winter, die hier vorherrschen können.

Die meisten Bauern in meinem Heimatdorf hatten Hinterwälder. Als Kind wurde ich immer zu Bauer Schurt geschickt, um Milch zu holen. *Ich gang in d' Milch*, hieß das. Mit der Blechkanne gingen wir auch in die Blaubeeren und in die Pilze. Ich habe sie oft im Kreis gedreht und die Fliehkräfte bestaunt. Die Milch blieb in der Kanne, selbst wenn die Öffnung nach unten zeigte! Die leere Kanne warf ich auch gern in die Luft und fing sie wieder auf. Je höher, desto besser. Wenn ich sie verfehlte, landete sie mit einem Scheppern auf der Straße und zog sich Beulen und Dellen zu. Frau Schurt war eine patente Landwirtin, die die Kanne mit einem Hammer zurechtschlug, wenn die nicht mehr richtig stehen wollte.

Unter sinkender Population leiden noch zwei weitere Tierarten, die sich den klimatischen und geologischen Bedingungen des Schwarzwalds perfekt angepasst haben: die Vorderwälder Kuh, die etwas größer als die Hinterwälder ist und wesentlich mehr Milch gibt, sowie das Schwarzwälder Kaltblut, ein Pferd, das auch Schwarzwälder Fuchs oder St. Märgener heißt. Früher kamen die Füchse auf dem Feld, im Wald und als Zugtier für Kutschen zum Einsatz. Aber durch die Motorisierung wurden sie immer weiter zurückgedrängt. Heute sind sie fast nur noch für touristische Kutschfahrten eingespannt.

Ökonomische Gründe haben auch für den Schwund an Vorder- und Hinterwäldern gesorgt. Die Schwarzwälder Kuh kann zwar gut im steilen Hang gehen. Aber eine schwarz gefleckte Holstein-Friesian gibt viel mehr Milch als ihre braun-weißen Artgenossinnen, weswegen in den letzten Jahrzehnten viele Bauern auf diese leistungsfähigere Rasse umgestellt haben.

Im Zoologischen Garten in Berlin lebt eine Hinterwälder Kuhfamilie. Im Schwarzwald selbst stehen rund 10 000 Vorder- und Hinterwälder auf Wiesen und Weidebergen herum. Sie fressen nicht nur Gras, sondern auch Sträucher und holzartige Teile und schützen die Landschaft so vor der Verwaldung. Das ist in der Tat wichtig, denn würde man ihn lassen, würde der Wald die freigelegten Wiesen und Felder in wenigen Jahrzehnten wieder komplett bewachsen. Allein in den letzten 25 Jahren hat der Wald des Schwarzwalds um 4000 Hektar zugenommen (während die Felder, Wiesen und andere Nutzflächen um 25 000 Hektar abgenommen haben). Vor allem schwer erreichbare Hänge werden aufgegeben, weil ihre Bewirtschaftung sich für die Klein- und Nebenerwerbsbauern nicht mehr rentiert.

Nummelangsamnummenedhuddele

Die Sprache des Schwarzwalds

Touristen bringen gern Worte und Begriffe, die sie während ihres Aufenthalts aufschnappen ins Gespräch mit Einheimischen ein. Das macht Spaß, führt manchmal zu Irritationen, signalisiert aber immer Aufgeschlossenheit und Sympathie gegenüber dem Gastland und seinen Bewohnern. Wer dieses Verhalten im Schwarzwald anwenden möchte, sollte auf das eine oder andere Missverständnis gefasst sein.

Wenn Sie sich etwa auf einem Bauernmarkt in Achern oder Kehl mit Kartoffeln eindecken wollen und Ihre Bestellung so aufgeben, wie Sie es zuvor in Herrischried gelernt haben, verzweifeln Sie nicht, wenn man Sie nicht versteht. Als Sättigungsbeilage Nummer eins hat sich die Kartoffel natürlich auch im Schwarzwald durchgesetzt. Nicht aber ein einheitlicher Name dafür. Während man in Herrischried *Herdöpfel* sagt, sagt man in Kehl *Grumbeere* und in Achern *Erdnuss*. Wer Weihnachtsplätzchen will, muss in Lörrach *Zuckerbrötli*, in Karlsruhe *Bredle*, im Markgräflerland *Springerli* und in Herrischried *Gutseli* kaufen. *Guetseli* sagt man in Lörrach zu Marmelade, am Bodensee sagt man *Iigmachts*, im Hochschwarzwald *Mues* und in Karlsruhe *Schleck*.

Das ist kein babylonisches Sprachgewirr, sondern die Sprache des Schwarzwalds. Die wird sprachwissenschaftlich Alemannisch genannt – auch wenn die meisten Einheimischen sie schlicht *Schwarzwälderisch* nennen –, aber ein einheitliches phonetisches Lautbild, das dieser Name suggeriert, existiert nicht. Die Gelehrten sind sich uneins, ob das Alemannische »nur« ein Dialekt oder eine eigenständige Sprache ist. Betrachtet man Hochdeutsch als National- oder Amtssprache mit einheitlicher Orthografie und Grammatik, ist das Alemannische ein Dialekt. Wenn die Sprache aber ein Regelwerk ist, das der mündlichen Verständigung dient, wäre Alemannisch eine eigene Sprache, denn es hat eine eigene Syntax, Wort- und Lautbildung.

Der 21.2. ist der Internationale Tag der Muttersprache. Damit feiert die UNESCO die Vielfalt unserer Sprachen und weist darauf hin, dass die Hälfte aller Sprachen vom Aussterben bedroht ist. Alemannisch dürfte nicht dazugehören. Etwa zehn Millionen Menschen sprechen Alemannisch, für manche von ihnen hat die alemannische Sprache beinahe was Erotisches. Nicht zwingend für Christian Streich, den Trainer des Sport-Club Freiburg: »Ich hab mir noch kei Verbindung zwische dene beide Worte hergstellt, Alemannisch und erotisch. Aber ich hab mir au noch kei Verbindung hergstellt zwische Standarddeutsch und Alemannisch.«

Nicht jeder Alemanne ist sprachwissenschaftlich sattelfest. So behaupten viele, sie würden Badisch sprechen. Vor allem im Nordschwarzwald, in Karlsruhe, Offenburg und im restlichen Baden, das bis hinter Heidelberg reicht. Auch wenn das dem ein oder anderen Vollblut-Badener aus dem Norden wehtun wird: Das politische und historische Baden hat vieles hervorgebracht, aber keine eigene Sprache. Auch wenn es ein *Badisches Wörterbuch* gibt, das Ende des 19. Jahrhunderts von Freiburger Linguisten, Volkskundlern und Mundartforschern initiiert wurde (und das immer noch nicht abgeschlossen ist). Dabei handelt es sich um ein wissenschaftliches Großraumwörterbuch, das die Wörter versammelt, die im damaligen Großherzogtum Baden gesprochen beziehungsweise *gschwätzt* werden. Was viele für Badisch halten, ist in Wahrheit entweder Alemannisch oder Fränkisch. Die Grenze zwischen den beiden Sprachfamilien verläuft etwa auf der Höhe von Rastatt.

In jedem Dorf und jedem Tal wird eine andere Variante dieser so einfachen und doch so komplizierten Sprache gesprochen. Christian Streich stammt direkt von der Schweizer Grenze. Der Trainer des SC Freiburg sagt, dass er viele Wörter aus seinem Sprachschatz streichen musste, weil die im sechzig Kilometer entfernten Freiburg niemand mehr verstand. Alemannisch schwätze er, weil er das, was er sagen will, auf Hochdeutsch nicht so präzise ausdrücken könne.

Dazu passt, was ein Bekannter mal erlebt hat. Der zog als junger Mann mit einer amateurhaften Kabarettgruppe durch die Republik und spielte eines Tages in Dresden. Vor zwei zahlenden Gästen. Die Truppe legte los, brachte Sketche und riss Witze, aber das Publikum verzog keine Miene. Sosehr sie sich auch abmühten, kein einziger Gag zündete. Irgendwann fragten sie von der Bühne herunter: »Verschdanded Ihr uns überhaupt?« Die Gäste schüttelten den Kopf. An dieser Stelle brachen die Komiker ihr Programm ab und gaben den Zuschauern das Eintrittsgeld zurück. Die zeigten ihnen im Gegenzug ihre Stadt.

Meistens verstehen sich die Schwarzwälder untereinander, und entsprechend weiß man auch in Breisach, was Sie meinen, wenn Sie wie in Löffingen *Sonnenwirbel* sagen, obwohl Sie Löwenzahn meinen, auch wenn man dort *Seichblueme* sagt und *Sunnewirbili* genauso gut Feldsalat bedeuten kann. Auch mit so sprechenden Namen wie *Rossblueme*, *Saustock*, *Brunzblueme* und *Bettseiche*, die die guten Futtereigenschaften und die harntreibende Wirkung des Löwenzahns verraten, kommen Sie überall durch. *Do isch ebber, der will ebbes uff Alemannisch sage.* Die Schwarzwälder lieben ihren Dialekt, besonders wenn sie guter Laune sind. Sie unterhalten sich ganz selbstverständlich in ihrer Mundart, und das nicht nur auf Volksfesten und Narrensitzungen. Mittlerweile hat sogar der SC Freiburg einen alemannischen

Onlineshop. Dort gibt es Trikots für *Kerli* und *Maidli* statt für Männer und Frauen und *frisch Iitroffenes* statt Neuheiten. Alemannisch ist in. Das war nicht immer so.

Nach dem Zweiten Weltkrieg hatte das Alemannische keinen guten Ruf, da es von den Nationalsozialisten zur »Blut und Boden«-Sprache stilisiert worden war. Außerdem wollte in dieser fortschrittsgläubigen Zeit niemand durch eine hinterwäldlerische Sprache in den Verdacht geraten, rückständig zu sein. In den Sechzigern gründeten ein paar Mundartdichter zwecks Pflege und Erhaltung des Alemannischen und zur Befreiung von seinem schlechten politischen Ruf die *Muettersproch-Gsellschaft.* 1975 verkaufte man erstmals Aufkleber. Die schlugen ein wie eine Bombe. Die Leute rannten der *Gsellschaft* die Bude ein, die sicherheitshalber mit Ständen auf die Straße ging, an denen sie *Kleberli* und Bücher verkaufte und neue Mitglieder warb. 3700 sind es heute, die in verschiedenen Regionalgruppen zusammengeschlossen sind. Die ganz große Zeit der *Uffbäpper* (oder *Bäpper*) ist wohl vorbei, aber auf so mancher Haustür *bappt* der blaue Kreis noch, der darauf hinweist, dass die Bewohner Alemannisch verstehen. Weil diese Sprache so uneinheitlich ist, gibt es zwei Varianten: *Bi uns cha me au alemannisch schwätze* und *Bi uns kammer au alemannisch schwätze.* (Der lange gelbe Streifen *Nummelangsamnummenedhuddele* scheint hingegen verschwunden zu sein, der die gemütliche Art der Badener zum Ausdruck brachte: »Immer schön langsam, nur nicht drängeln«.) Das verweist auf ein Problem: Wie schreibt man in einer Sprache, die so uneinheitlich ist wie das Alemannische? Meistens so, wie einem *d' Gosch gwachse isch.* Beziehungsweise *'s Muul.* Oder *d' Schnurre* oder *d' Klapp.*

Ein römischer Schreiber notierte im dritten Jahrhundert, die Alemannen seien »zusammengespülte und vermengte Menschen«. Diese gingen aus den verschiedensten germanischen Stämmen hervor, die nach und nach in den Schwarzwald eingedrungen waren und sich hier niedergelassen hatten. All diese Männer – *alle Mannen* – und Frauen fanden erst hier zu einem neuen Stamm zusammen. Es gab also keine Alemannen, die diese Gegend eroberten, wie irrtümlich immer wieder geschrieben wird.

Ähnlich entwickelte sich die alemannische Sprache erst im Lauf der Jahrhunderte. Beziehungsweise sie entwickelte sich *nicht*, denn als das Mittelalter zu Ende ging und ein Sprachwandel des Deutschen einsetzte, blieb das Alemannische davon weitgehend verschont. Einwandernde germanische Sprachen vermengten sich mit romanischen und keltischen Ursprüngen und ein paar italienischen und französischen Einflüssen, das war's. So ist das Alemannische heute dem Mittelhochdeutschen oft näher als dem Neuhochdeutschen. Vor allem in den höhergelegenen Schwarzwaldtälern. In Freiburg und der Rheinebene, wo häufig Händler und Handwerksgesellen durchzogen, brachten diese auch ihre Sprache mit. In den Schwarzwald drang ja kaum jemand vor.

Der Schwarzwald könnte heute, da alles zurück zum Ursprünglichen und Authentischen will, also durchaus mit seiner urigen Sprache werben: »Machen Sie Urlaub im Schwarzwald, der neuhochdeutschen Firlefanz wie Monophtongierungen und Diphtongierungen nicht nötig hat: *Wii* statt Wein, *Wuet* statt Wut und *pfiife* statt pfeifen. Erholen Sie sich fernab moderner Vokaldehnungen, und sagen Sie *sagge* statt sagen, *wegge* statt wegen und *gugge* statt gucken. Verzichten Sie auf K-Verschiebungen, *Chind* statt Kind, *chaasch* statt kannst und *chalt* statt kalt. Verzichten Sie auf das Imperfekt, kein sagte, gab, traf und war, dafür *i han gsait, i han gä, i han troffe, i bin gsi*. Benutzen Sie Diminutive, so viele Sie wollen: *Hüüsli, Märli, Kätzli, Hösle*. Freuen Sie sich darauf, *st* und *sp* nicht nur am Wortanfang als *scht* und *schp* zu sprechen – also *Schpeck* und *Schtein* –, sondern auch *im* Wort: *Schweschter, Kaschper, Kaschte*. Benutzen Sie eine ganze Woche lang, also von *Mändig, Zischdig, Mittwoch, Dunnschdig, Frittig, Samschdig* bis *Sunndig*, Begriffe, die sonst keiner kennt: *losen* für hören, *Hag* für Zaun, *Schmutz* für Fett, *Rane* für Rote Bete, *Giggl* für Hahn, *Brägeli* für Bratkartoffeln, *wunderfitzig* für neugierig, *Dubel* für Depp, *selligsmool* für damals, *Stigge* für

Treppe, *schlozze* für lutschen, *Pfnüsel* für Schnupfen, *Häs* für Kleidung, *Weckle* für Brötchen und *lupfen* für heben.

Und sagen Sie *Schwäbisch*, wenn Sie Deutsch meinen. Dieser Sonderfall muss erklärt werden. Die Schweizer und die Elsässer benutzen dieses Synonym heute noch. In der Schweiz wird ebenfalls Alemannisch gesprochen. Deswegen haben die Schwarzwälder auch keine Schwierigkeiten, Schweizer Radio- und Fernsehsendungen zu verstehen. Die Sprachwissenschaft nennt das Alemannisch der Eidgenossen Höchstalemannisch, sie selbst bezeichnen es als Schwyzerdütsch. Die Elsässer nennen ihre Sprache Elsässisch und die Augsburger Augsburgisch. Dort wird Alemannisch gesprochen, genauso wie in Bayerisch-Schwaben, Liechtenstein, Vorarlberg und im Aostatal. Streng genommen ist das Schwäbische auch eine Variante des alemannischen Dialekts, im Gegensatz zum Hochalemannischen aber stark vom Fränkischen beeinflusst. So heißt das *Rombachtal* in seinem schwäbischen Teil *Rohnbachtal*, und die Calwer nennen ihre Heimatstadt *Calb* und sich selbst *Calber.*

Aus Calw stammt mein Freund Matthias. Als er vor vielen Jahren in unsere Klasse in Freiburg kam und behauptete, er sei Schwarzwälder, haben wir ihn ausgelacht. »Im Schwarzwald schwätzt mer doch kei Schwäbisch«, sagten wir. Wir wussten es nicht besser. Die Sprachgrenze verläuft etwa entlang der Murg. Alemannisch ist die Sprache des südwestlichen Baden-Württembergs von Karlsruhe über Lörrach bis zum westlichen Bodensee, umfasst also ziemlich genau das Gebiet des Schwarzwalds.

Die Bezeichnung »Alemannisch« gibt es erst seit rund 200 Jahren. 1803 veröffentlichte Johann Peter Hebel erstmals seine *Alemannischen Gedichte*. Hebel wurde 1760 in Basel geboren, verbrachte seine Kindheit in Hausen im Wiesental (*willsch schmuuse, goosch uff Huuse*) und verfasste viele seiner Gedichte und Geschichten in mundartlicher Schriftform. Hebel war auch Pfarrer, und so wohnt den meisten seiner Kalendergeschichten, die heute noch verlegt werden, ein moralisch-aufklärender Gedanke inne und manchmal auch etwas sehr Tröstlich-Erbauliches:

Und wenn de amme Chrüzweg stohsch
und nümme weisch, wo's ane goht
halt still, un frog di Gwisse z'erscht,
's cha dütsch, gottlob, und folg si'm Rot.

Für Martin Heidegger war Hebels Schriftsprache die »einfachste, hellste, zugleich bezauberndste und besinnlichste, die je geschrieben wurde«. Dem Philosophen, der an der Freiburger Universität einen Lehrstuhl inne- und in Todtnauberg ein Häuschen hatte, war ein gewisser Hang zur Verklärung stets zu eigen. In den frühen Romanen Arnold Stadlers kann man sehr schön nachlesen, wie Heidegger regelmäßig die Bauern in der Umgebung besuchte, immer auf der Suche nach Worten, in denen sich das wahre und wahrhafte Leben widerspiegelte.

Auch Ernst Bloch fand, das Alemannische sei eine Sprache, »die nach Bauernbrot und Landluft schmeckt«. Apropos Bauernbrot: In Achern heißt der Brotanschnitt *Knerbel*, in Offenburg *Kniisli* und in Schiltach *Miisli*. In Freiburg sagt man *Kneisli*, in Emmendingen *Knäuser* und in Lörrach *Chropf*, im Hotzenwald *Chnüsli*, in Waldshut *Enkel*, in Furtwangen *Zipfel* und am Bodensee *Mündli*.

Diese Sprache ist so variantenreich und so schön, man könnte glatt eine Gänsehaut kriegen. *Do kaasch e Hutt kriege, gopferdamminomol.*

Ein zeitgenössischer alemannischer Autor ist Harald Hurst aus Karlsruhe. Er ist ein Lebenskünstler und Bonvivant, ein Menschenkenner und Original. In seinen Gedichten und Geschichten schreibt er über Erlebnisse und menschliche Verhaltensweisen. Er trägt seine Texte auch gern vor. Mal liest er im Biergarten und mal vor Tausenden auf einem Open-Air-Fest. Eine Hurst-Lesung sollten Sie sich nicht entgehen lassen. Hurst ist ein lässiger Entertainer und ausgewiesener Experte seiner Heimat:

Heimat

Heimat isch dort
wo aim d' Leut
so gut verstehn
dass mer manchmol
scho beim Schwätze merkt
's wär besser g'wese
mer hätt's Maul g'halte

Aus Karlsruhe kommen auch die *Badischen Neuesten Nachrichten*. Als die größte lokale Tageszeitung 2020 ihre Leser nach ihren badischen Lieblingswörtern befragte, landete unangefochten auf Platz 1: *Alla*. Ein Wort, das Sie in Südbaden nicht hören werden. *Alla* heißt laut *Badischem Wörterbuch* »Auf jetzt, los geht's«. Aber auch »also«, das bei der Verabschiedung verwendet wird, *alla, mach's gut*. Ein badischer Moslem kann im Zwiegespräch mit Gott also problemlos *Alla, Allah* sagen. Auf den folgenden Plätzen landete *Babbedeggl* für Pappkarton und Führerschein, der *Muggebatscher* für die Fliegenklatsche und der *Muggeseggel*, was eine »winzige Kleinigkeit« ist.

Der Wald hat's gegeben, der Wald hat's genommen

Wie der Schwarzwald zu dem wurde, was er ist

Die Schwarzwälderinnen und Schwarzwälder sind ohne den Schwarzwald gar nicht denkbar. Seit Hunderten von Jahren leben sie von und mit und in ihm. Er gibt ihnen zu essen und trinken, er spendet Schutz bei Regen und Unwetter und zu starker Sonne, er gibt ihnen das Holz, das sie zum Heizen und Bauen brauchen. Und der Wald? Steht still und schweiget. Dabei hätte er sehr wohl Grund, sich zu beschweren, denn seine Bewohner haben ihm in den letzten fünf Jahrhunderten ganz schön zugesetzt.

Als die Römer vor 2000 Jahren rheinaufwärts zogen, gab es hier noch keine sanften Hügel, Wiesen und Weideflächen, sondern nur eine einzige große zusammenhängende Waldfläche. Diese nannten sie *silva negra*, dunkler Wald. Wären sie schon vor 10 000 Jahren gekommen, hätten sie sich einen anderen Namen ausdenken müssen. Zur Würmeiszeit, der sogenannten Kleinen Eiszeit, war der Schwarzwald noch so stark vergletschert, dass hier höchstens ein paar magere Büsche und Sträucher wuchsen.

Für eine Landschaft, die vor 60 Millionen Jahren entstand, sind 8000 Jahre natürlich ein Klacks, entwicklungsgeschichtlich gesehen. So lange ist es mittlerweile her, dass sich die Erde hier im größeren Stil aufbäumte und Buntsandstein, Gneis, Granit und andere Gesteinsarten ineinanderschob. 35 Millionen Jahre später senkte sie sich in der Mitte, wo heute der Rhein fließt, wieder ab. Links und rechts davon blieb alles, wie es war, und der Schwarzwald und die Vogesen entstanden.

Die Vogesen kann man an schönen Tagen von den Westhängen des Schwarzwalds und sogar von Freiburg aus sehen. Sie sind dafür verantwortlich, dass es im Mittel- und im Nordschwarzwald sehr viel häufiger regnet als im Süden und man vom lang anhaltenden Regen *bätschnass* werden kann. Die feuchten Westwinde vom Atlantik bleiben an ihnen hängen und regnen sich dort aus, während sie weiter nördlich ungehindert vordringen können.

Als es vor 10 000 Jahren langsam wärmer wurde, bildeten sich die Gletscher zurück, das schmelzende Wasser floss talabwärts und höhlte die Felsen aus. So entstanden Karseen wie der Mummelsee, der Glaswaldsee und der Schwarze See, auch die Hochmoore wie Kaltenbronn und Wildsee stammen aus dieser Zeit. Vor 3000 Jahren wanderten Birken und Kiefern ein, gefolgt von den ersten Nadelbäumen. Unter deren Federführung entstanden dann die Wälder, die nach und nach die ganze Gegend vereinnahmten.

Jahrhundertelang interessierte sich keine Menschenseele für den Schwarzwald. Er war eine große zusammenhängende Waldfläche, so dunkel und undurchdringlich, dass die Römer ihn mieden wie die Pest. Außer einigen Thermalbädern, die als Erholungsanlagen für Soldaten dienten, gründeten sie ihre Siedlungen in der Ebene. So entstand im zweiten Jahrhundert Portus, das heutige Pforzheim.

Ich würde gerne behaupten, dass die Alemannen keine solchen Angsthasen waren. Das stimmt aber leider nicht. Auch ihnen war der Wald zu groß, zu dunkel und zu unheimlich. Aus heutiger Sicht lacht man darüber. Aber wenn man mal ein, zwei Tage lang auf kurvigen Straßen durch Wälder, Berge und tiefe Täler unterwegs ist, die wenig Sonne abbekommen, kann einem schon mulmig werden. Da ist man froh, wenn man endlich wieder unten in der friedlichen Ebene ist. Wenn man sich dann noch klarmacht, dass es vor ein paar Hundert Jahren keine Straßen und Zugstrecken gab, keine Felder, Wiesen und Matten, kann man verstehen, dass die Menschen sich nicht hierher trauten. Der Schwarzwald war ein Dschungel, ein dicht bewachsener, undurchdringlicher Urwald.

Nur ein paar vereinzelte Missionare, die aus Irland und Schottland gekommen waren, um die Schwarzwälder zu christianisieren, wagten sich hinein. Diese Mönche lebten als Eremiten oder gründeten Klöster. Deswegen haben so viele Orte ein Sankt im Namen: St. Märgen, St. Blasien oder St. Ulrich.

Im Mittelalter begann sich das Verhältnis der Schwarzwälder zur Natur grundlegend zu ändern. Nun wagten sie sich in den Wald hinein. Weil sie im »hölzernen Zeitalter« viele Alltagsgegenstände wie Möbel, Eimer, Knöpfe und Besteck aus Holz herstellten. Weil sie nicht mehr an Geister glaubten. Vor allem aber, weil sie Bodenschätze entdeckt hatten. In Haslach Erz und am Schauinsland Silber.

Diese Minen sind längst versiegt. Einige kann man heute besichtigen. Elf Besucherbergwerke gibt es, von der Grube Frischglück in Neuenbürg bei Pforzheim über die Grube Wenzel in Oberwolfach bis zum Hoffnungsstollen in Todtmoos. Das kann im Sommer, wenn das Thermometer über dreißig Grad anzeigt, eine angenehme Abkühlung schaffen. In manchen Stollen wird es nie wärmer als acht Grad. Warme Kleidung wird empfohlen. Helme und Stirnlampen werden gestellt, was bei Kindern sehr gut ankommt.

So richtig Schwung brachte freilich erst die Industrialisierung. Die fand zwar unten in der Ebene statt, war aber auf einen Rohstoff angewiesen, den es hier oben in Hülle und Fülle gab: Holz. Holz wurde überall eingesetzt. Es war Heizmaterial, der Bergbau brauchte es, um die Stollen abzustützen und das Erz zur Verkoksung zu erhitzen, der Schiffsbau war darauf angewiesen. Nachdem Amerika entdeckt und der Seeweg nach Indien gefunden worden war, schickten die Handelshäuser immer mehr und immer größere Schiffe an immer entlegenere Punkte der Welt, um die dortigen Reichtümer zurück nach Europa zu bringen. Dafür brauchten sie immer größere und kräftigere Baumstämme. Sie fanden sie im Schwarzwald. Die größten und mächtigsten Tannen wurden *Holländer* genannt. Weil sie die Mastbäume auf den Schiffen der holländischen Handelsflotte wurden. Und immer mehr Menschen zogen in die prosperierenden Städte, es mussten Lagerhallen, Fabriken, Silos und immer mehr Wohnhäuser errichtet werden. Ein *Holländer* musste 18 bis 33 Meter lang sein und am dünnen Ende einen halben Meter dick. Man sagt, Amsterdam sei auf Schwarzwälder Tannen gebaut.

Die Waldbauern fällten die dicken Stämme und zogen sie mit Ochsen und Pferden an die Ufer der Murg und der Enz, zwei schmale Flüsschen im Nordschwarzwald. Dort wurden sie von den Flößern zu Flößen »eingewälzt«, also zusammengebunden. Diese Flöße waren bis zu vier Meter breit und bis zu 280 Meter lang und im Gegensatz zu den großen Flößen auf dem Rhein in sich gelenkig. Sie wurden mit allem beladen, was aus Holz gemacht wurde, wie ein schwimmender Amazon-Lieferwagen: mit Klötzen, Balken, Brettern, Dielen, Bohlen, Pfählen, Hopfenstangen. Aber auch Radspeichen, Stielen oder Schindeln.

Geflößt wurde im Frühjahr, wenn die Flüsse wegen der Schneeschmelze genügend Wasser führten. Dafür mussten die Schiffer die Flüsse von Steinen und Unrat befreien, die Ufer befestigen und ausgeklügelte Stau- und Wehrsysteme anlegen, um den Wasserlauf und -stand steuern zu können. Wenn alles klappte, konnten die Flöße bei geöffneter Schleuse auf einer künstlichen Welle treiben. Flößer waren raue Gesellen, trinkfest und derb. *Der fluecht wie ein Flaizer*, sagte man.

Viele Städte wurden auf diese Weise mit Brennholz versorgt. Freiburg über die Dreisam, Basel über Wiese und Wutach, Straßburg über die Kinzig. Wo es keine Flüsse gab, wurden künstliche Wege angelegt. Bis zu drei Kilometer lang waren diese sogenannten Weg- und Erdriesen, ins Erdreich gegrabene Rinnen, in denen die Stämme wie auf einer Rutschbahn ins Tal hinab rasten. Sie konnten bis zu siebzig Kilometer pro Stunde schnell werden. Wobei ich mich frage, wie man das damals gemessen hat.

Am Rhein oder in Besigheim, wo die Enz in den Neckar mündet, wurden sie zu noch größeren Flößen zusammengebunden. Für die meisten Flößer war die Reise hier zu Ende. Sie verkauften ihre Ware und kehrten nach Hause zurück, selbstverständlich zu Fuß. Manche fuhren aber auch weiter bis nach Köln, Duisburg und nach Holland. Durch sie hörten die Menschen im Norden zum ersten Mal, dass es so etwas wie den Schwarzwald überhaupt gab.

Ein weiteres holzfressendes Gewerbe war die Glasbläserei. Ein Grundstoff dafür war Pottasche, die man aus der Asche von Laubbäumen gewann. Buchen wurden verbrannt, mit Wasser ausgelaugt und in Pötten eingedampft. Damit konnte man den Siedepunkt von Quarz von 1800 auf 1200 Grad senken. Für die Glasbläser war das eine feine Sache, für den Wald aber eine Katastrophe, denn um ein Kilogramm Glas herzustellen, musste man einen ganzen Kubikmeter Holz verfeuern.

Die Schwarzwälder fällten und hackten und heizten und verbauten, was das Zeug hielt. Sie betrieben so rücksichtslosen Raubbau, dass genau das passierte, was den Regenwäldern Südamerikas in den nächsten zwanzig Jahren blühen könnte: Der Schwarzwald verschwand. Gegen Ende des 18. Jahrhunderts waren nur noch zehn Prozent des Südschwarzwalds mit Bäumen und Büschen bedeckt! Anfang des 19. Jahrhunderts wurde in Stuttgart sogar das Brennholz knapp. Aber die Holzfäller hängten ihre Axt nicht an den Nagel. Es war ein Teufelskreis: kein Holz, keine Arbeit, kein Lohn, kein Essen. Also schlugen sie weiter. Andere Arbeit gab es nicht. Die Menschen sägten buchstäblich den Ast ab, auf dem sie saßen.

Der Holz-Boom hatte dem strukturschwachen Schwarzwald für zwei-, dreihundert Jahre einen kleinen Aufschwung beschert. Reich waren seine Bewohner dadurch aber nicht geworden, von ein paar wenigen Großgrundbesitzern einmal abgesehen. Das Erbrecht tat ein Übriges. Im Schwarzwald galt nämlich das Anerbenrecht. Der Hof wurde komplett vererbt, meist an den ältesten Sohn, weswegen zwar der Besitz beisammenblieb, die anderen Kinder aber zeit ihres Lebens arm blieben. Manche behaupten, dass die Erbregelung die Badener zur Weltoffenheit verdammt habe, während das nachgerade zwanghafte Häuslebauen der Schwaben eine Folge der Realteilung sei.

Die Silber- und Erzvorrate in den Minen gingen langsam zur Neige, und die aus Schwarzwälder Tannen gebauten Schiffe brachten aus Südamerika so viel Silber und Gold mit, dass die Preise für heimische Edelmetalle in den Keller fielen. Die Schwarzwälder Minenarbeiter waren also die ersten Opfer der Globalisierung. Der Wald hat's gegeben, der Wald hat's genommen. Auch die Flößer wurden durch die Erfindung neuer Maschinen und Transportmittel überflüssig. Der Schwarzwald verarmte so stark, dass im 19. Jahrhundert viele seiner Bewohner nach Amerika auswandern mussten. Einen entfernten Hauch von Flößerei vermittelt heute eine Runde in einem der Stocherkähne, die am Waldachufer im Städtchen Nagold ablegen. Darin sitzt man wie in einer venezianischen Gondel. Die Gondolieri heißen Captain Uli und Captain Jürgen.

Es musste etwas geschehen, um die totale Entwaldung zu verhindern. So verabschiedete die badische Regierung im Jahre 1833 ein Gesetz zur Wiederaufforstung. Man setzte auf Fichten, die wesentlich schneller wachsen als Tannen. Wenn Sie heute durch den Schwarzwald wandern oder fahren, tun Sie das also meist durch Fichtenwälder. Leider haben Fichten ein sehr flaches Wurzelwerk, sodass sie für die Unwetter, die es hier im Herbst und Winter manchmal gibt, zur leichten Beute werden.

Eine Gedenktafel an der Freiburger Schwabentorbrücke erinnert an das Jahr 1896, als heftige Frühjahrsstürme die Flüsse im Schwarzwald rasch ansteigen ließen und die Dreisam sich in kürzester Zeit von einem friedlichen Talfluss in einen reißenden

Strom verwandelte, der die steinerne Schwabentorbrücke (die damals noch Schwabenthorbrücke hieß) zum Einsturz brachte. Der Oberregierungsrat Karl Siegel und der Regierungsrat Leopold Sonntag starben, als sie – trotz Warnungen der Feuerwehr – von der Brücke aus die Schutzmaßnahmen leiteten.

Zahlreiche weitere Stürme haben seitdem gewütet: Sabine. Burglind. Lothar – so hieß der Orkan, der sich am tiefsten ins kollektive Gedächtnis des Schwarzwalds eingebrannt hat. Er hinterließ im Winter 1999 eine Spur der Verwüstung und vernichtete über 3000 Hektar Wald. Die Holzfäller brauchten ein paar Hundert Jahre, um das Bild einer ganzen Region nachhaltig zu zerstören, Lothar genügten dafür ein paar Stunden.

Dass der Schwarzwald gerade im großen Stil abstirbt, liegt auch an den Sommern, die immer heißer und regenärmer werden. Was den Grundwasserspiegel absinken lässt. Weshalb viele Baumwurzeln kein Wasser mehr aus dem Boden ziehen können und die Bäume ihre Spaltöffnungen schließen. Und sie, weil die Fotosynthese aussetzt, verhungern und austrocknen. Und ein gefundenes Fressen für Borkenkäfer sind.

Im Schwarzwald haben sich Borkenkäfer zu einer Plage biblischen Ausmaßes entwickelt. Ganze Landstriche sind befallen. Weltweit gibt es etwa sechstausend Borkenkäferarten. In Deutschland hundert. Im Schwarzwald sind vor allem *Ips typographus* und *Pityogenes chalcographus* aktiv. Auch bekannt als Buchdrucker und Kupferstecher. Borkenkäfer sind nur wenige Millimeter groß und – da lege ich mich jetzt mal fest – total hässlich. Sie sehen aus wie ein abgebrannter Zündholzkopf mit klebrigen, behaarten Beinen, an dessen Hinterteil ein kleinerer, siamesischer Zwilling klebt. Diese Monster befallen geschwächte Bäume, durch deren Rinde sie sich fressen, und frisches Holz, das am Boden herumliegt.

Ein gesunder Baum verklebt den Eindringling mit seinem Harz und tötet ihn so ab. Ist der Baum aber trocken und schwach, kann der Borkenkäfer die Rinde durchbohren und seine Eier ablegen. Manche Buchdrucker-Weibchen haben über 100 000 Nachfahren.

Besonders anfällig sind Fichten. Fichtenwälder. Fichtenäste. Fichtenrinden. Und aus was besteht der Schwarzwald zum größten Teil? Eben. Kam es früher zu trockenheitsbedingten Borkenkäferplagen, war der Spuk im nächsten Winter meist wieder vorbei, wenn Käfer und Larven erfroren. In den heutigen milden Wintern kommt die Brut meistens durch.

Besonders betroffen sind die trockenen Kammlagen am Hochrhein und im Südschwarzwald. Am schlimmsten hat es den Landkreis Waldshut erwischt, wo der Wald aussieht, als wären Aberhunderte Panzerdivisionen durchgewalzt. 2018 hat der Landkreis sogar eigens eine Borkenkäfermanagerin eingestellt. Diese koordinierte acht Monitoring-Kräfte, die durch den Wald liefen und nach frischem Harz an den Baumrinden und roten Holzmehlhäufchen Ausschau hielten, die die Borkenkäfer hinterlassen, wenn sie in einen Baum eindringen. Aber die kamen mit dem Zählen überhaupt nicht hinterher, weshalb das Projekt bald wieder eingestellt wurde. Derzeit arbeitet das »Modellgebiet Schwarzwald« an umfangreichen Strategien, die landesweit zum Einsatz kommen sollen.

Natürlich hat der Borkenkäfer natürliche Feinde. Spechte. Schlupfwespen. Verschiedene Pilzarten. Aber viel zu wenig, um den Millionen von Borkenkäfern beizukommen, die hier wüten. Insektizide sind tabu, weil die auch andere Insekten abtöten. An der Forstlichen Versuchsanstalt experimentiert man mit Pheromonen, mit denen man die Bäume bestreicht, um den Borkenkäfern vorzugaukeln, dass die bereits von so vielen anderen Käfern belegt seien, damit sie weiterziehen. So wie Menschen weiterziehen, wenn eine Kneipe zu voll ist. Aber bis das flächendeckend angewandt werden kann, dürften noch ein paar Jahrzehnte vergehen. So viel Zeit hat der Schwarzwald nicht. Zumal es sieben Prozent der Käfer piepegal ist, wenn ein Baum voll ist – die lassen sich trotzdem nieder. So wie manche Menschen in eine Kneipe wollen, gerade *weil* sie rappelvoll ist.

Mittlerweile gehört es zum guten Ton, auf die Fichte zu schimpfen. Sie sei falsch, billig, verlogen, instabil, anfällig und aus niederen, nämlich monetären Gründen gezüchtet. Dabei werden die vielen positiven Eigenschaften der Fichte ignoriert, die sie zum *Brotbaum* der deutschen Forstwirtschaft gemacht haben. Gesunde Exemplare können mehrere Hundert Jahre alt werden. Sie wachsen verhältnismäßig schnell, ihr Holz ist gut behandelbar und stabil und deshalb ein gutes Konstruktions- und Bauholz (Laubholz ist dafür zu schwer und instabil). Bretter und Balken, Paletten, Transportkisten und Papier werden aus Fichte hergestellt. Fichtenholz aus Hochgebirgslagen kommt sogar im Instrumentenbau zum Einsatz. An wasserreichen Standorten wird dieser Baum sich auch behaupten können.

Trotzdem muss und will man im Schwarzwald wegkommen von einem Fichtenanteil von bis zu sechzig Prozent. Die Zukunft gehört dem Mischwald. Weil der Borkenkäfer in Mischwäldern nicht so viel Nahrung findet und sich entsprechend weniger verbreitet. Zudem sind Laubbäume weniger sturmanfällig, weil sie im Herbst ihr Laub verlieren und nicht so leicht umstürzen, wenn mal ein Sturm durch ihre Kronen pfeift. (Aber gegen Dürre und Trockenheit sind Buchen, Ulmen und Eschen auch nicht gefeit. Eine ausgewachsene Buche braucht rund 400 Liter Wasser täglich.) Der tiefe, dunkle Schwarzwald wird also schon bald sehr viel heller aussehen als jetzt.

Große Stücke setzt man auch auf die Douglasie, einen anspruchslosen, schnell wachsenden Nadelbaum, dessen Holz vielseitig einsetzbar ist. Und im Kleinen Wiesental experimentiert man mit Libanon-Zedern, die mit wenig Niederschlag auskommen. Kritiker bemängeln, dass das keine hiesigen Baumarten sind. Aber was soll man tun, wenn die Einheimischen bei den hiesigen Klimabedingungen absterben? Klimaforscher prophezeien, dass im Südschwarzwald in zehn bis zwanzig Jahren ein Tagesklima wie in Kroatien herrschen wird.

Ein Übriges tun auch Neophyten, also invasive Tier- und Pflanzenarten, die ursprünglich nicht hier vorkamen und nachweislich negative Auswirkungen auf Fauna und Flora haben. Die amerikanische Lupine vertreibt Katzenpfötchen, Knabenkraut und Arnika. Das rosafarbene Indische Springkraut verdrängt restlos alles, genauso wie der Japanische Staudenknöterich und die Kanadische Goldrute. Auch der kaukasische Riesen-Bärenklau, der giftige Säfte produziert und extrem allergen ist, hat sich längst im ganzen Land ausgebreitet. Ein niedersächsischer Hobbygärtner hatte 1982 erstmals ein paar mitgebrachte Samen in seinem Garten ausgesät.

Auch heimische Insektenarten werden durch invasive ersetzt werden, denen die Trockenheit nichts ausmacht. Denn durch sinkende Grundwasserspiegel werden Bäche, Pfützen, Moore verschwinden und damit der Lebensraum von Libellen und vielen anderen Insekten (von denen wiederum Frösche, Mäuse und andere Nager leben). Die Invasion kommt durch die Burgundische Pforte, eine knapp dreißig Kilometer breite Senke zwischen den Vogesen und dem Jura, durch die die mediterrane Luft ins Rheintal strömt: Buchsbaumzünsler, Kirschessigfliegen, Bläulingszikaden, Grüne Reiswanzen und Walnussfruchtfliegen. Selbst Amerikanische Büffel- und Glasflügelzikaden wurden am Kaiserstuhl schon gesichtet. In den Startlöchern stehen der Japankäfer und der Asiatische Eschenprachtkäfer. Dessen Larven können eine gesunde Esche in wenigen Jahren zerstören. Das Landwirtschaftliche Technologiezentrum in Karlsruhe rät mittlerweile, bei der Neubepflanzung hiesiger Wälder auf Eschen zu verzichten. In den USA, wo der Eschenprachtkäfer erstmals 2002 entdeckt wurde, hat er bereits Millionen Bäume vernichtet.

Andere Neozythen erreichen uns per Schiff, Lkw oder Flugzeug. So kam die Marmorierte Baumwanze 2006 zu uns, als die chinesische Stadt Kunming der Stadt Zürich einen Chinesischen Garten schenkte. Die Wanzen steckten in den Kisten, in denen er in Einzelteilen geliefert wurde. 2011 wurde sie erstmals in Deutschland beobachtet. Bestimmt haben Sie schon mal eine gesehen. Dieses harmlos wirkende Tier, das wie eine grau melierte Schuppe eines Tannenzapfens aussieht, nistet sich im

Herbst gern in Häusern und Wohnungen ein, wo es warm und kuschelig ist. Oder Sie haben sie schon gerochen. Wird die Marmorierte Baumwanze gedrückt oder bedroht, sondert sie nämlich ein übel riechendes Sekret ab, weshalb sie auch Stinkwanze genannt wird. Sie frisst alles, was ihr vor die Greifer kommt: Äpfel und Birnen, Pfirsiche und Haselnüsse, Weintrauben und Beeren, Soja und Gurken, Tomaten und Paprika. Die Wanze bohrt ein kleines Loch in die Frucht, durch das sie den Fruchtsaft saugt. Zurück bleibt eine kleine Delle, das Fruchtfleisch wird holzig, braun und hart und das Obst damit ungenießbar. Und unverkäuflich. Wer greift im Laden schon zu schlechtem Obst? Die jährlichen Schäden in Italien und der Schweiz gehen in die Millionen.

Europaweit suchen Forscher nach einheimischen Schlupfwespen, die ihre Eier in die Eier der Marmorierten Baumwanze legen und sie so abtöten. So wie die chinesische Samuraiwespe, die (noch) nicht importiert werden darf, weil niemand weiß, ob sie sogenannte Nichtzielorganismen, also einheimische Insekten, befällt oder verdrängt. So wie der Asiatische Marienkäfer, der Blattläuse in Gewächshäusern vernichten sollte und längst selbst zum Schädling geworden ist, der einheimische Marienkäferarten verdrängt und, wenn er in der Weinpresse landet, ganze Weinernten vernichten kann. Von wegen, Marienkäfer bringen Glück.

Wenn das so weitergeht, wachsen im Schwarzwald bald keine Nadel- und Laubbäume mehr, kein Wein und keine Äpfel. Sondern Palmen, Mangos und Kokosnüsse, und auf den Wiesen grasen keine Hinterwälder Kühe mehr, sondern Elefanten und Giraffen, und in den Flüssen gibt's statt Forellen Thunfisch und Shrimps. Hoffentlich bio.

Kuckucksuhren, Kirschroten, Bollenhüte

Die Insignien des Schwarzwalds

Der Bollenhut

Als ich jung war … Wenn man einen Satz so anfängt, ist das ein untrügliches Zeichen dafür, dass man alt wird. Opa erzählt vom Krieg. Onkel Jens erzählt von seiner Schulzeit. Sei's drum. Als ich jung war, waren Trachten etwas Altes, Konservatives, Spießiges, Rückständiges, und, ja, auch Verachtenswertes. Tracht trug man nur im Trachtenverein. Oder man tanzte darin am Sonntagmorgen im Kurgarten zur Belustigung der Kurgäste im Kreis herum. Tracht hatte so gar nichts mit Jungsein, Freiheit und Weltoffenheit zu tun. Beziehungsweise mit dem, was ich mir darunter vorstellte. Hätte man mir damals gesagt, dass junge Menschen sie eines Tages freiwillig tragen würden, hätte ich mein ganzes Geld dagegen gewettet. Und alles verloren.

Als ich vor einiger Zeit mal im September mit dem Zug von Karlsruhe nach München fuhr, war der voller junger Leute in Tracht. Ich setzte mich zu ihnen und fand heraus, dass sie aus Offenburg stammten und auf dem Weg zum Cannstatter Wasen in Stuttgart waren, dem zweitgrößten Volksfest Deutschlands. Dabei musste ich über die vielen Widersprüche des Daseins nachdenken. Auf der einen Seite tragen immer mehr Menschen Tracht. Auf der anderen steht die Trachtengruppe Löffingen, die es seit bald hundert Jahren gibt, kurz vor der Auflösung. Sie finden einfach keine Mitglieder mehr.

Die berühmteste Tracht des Schwarzwalds, ja, vielleicht sogar Deutschlands, ist die aus Gutach. Die mit dem Bollenhut. Für einen Bollenhut werden in Handarbeit 14 Wollrosen auf einen Strohhut genäht. Die Wollbollen symbolisieren der Legende nach das Blut Jesu am Kreuze, das sich in rote Rosen verwandelte, beziehungsweise die Tränen Marias am Grab ihres Sohnes, die sich in schwarze Blüten verwandelten. Sein Gewicht von zwei Kilo lässt darauf schließen, dass er nur zu ganz besonderen Anlässen aufgesetzt wurde. Unverheiratete Mädchen und Frauen tragen rote, verheiratete Frauen schwarze Bollen. Diese doch sehr eigenwillige Kopfbedeckung ist schon seit langer Zeit eines *der* Wahrzeichen des gesamten Schwarzwalds. Ob eingeschweißter Schinken, Werbeprospekt oder Papierserviette – alles, was auch nur im Entferntesten mit dem Schwarzwald zu tun hat, wird heute mit einem Bollenhut oder einem bollenhuttragenden Mädchen verziert.

Dabei wurde sie ursprünglich nur in Gutach, Reichenbach und wenigen anderen Dörfern des Gutachtals getragen. Die Operette »Schwarzwaldmädel« machte diese Kopfbedeckung so berühmt, dass sich auch die anderen Gemeinden mit ihr zu schmücken begannen. Den Gutachtalern gefiel das nicht, verständlicherweise. Heutzutage, wo Trachten nur noch zu folkloristischen Zwecken getragen werden, haben sie sich an den Vorzeigecharakter der eigenen Tracht gewöhnt.

1955 war das noch anders. Es ging rund, als der württembergische Fremdenverkehrsverband eine Delegation in die USA schickte, um reisewilligen Amerikanern die Schönheiten Germanys im Allgemeinen und Schwabens im Besonderen nahezubringen. Wer sich wohl zehn Jahre nach Kriegsende ausgerechnet Deutschland als Ferienland aussuchte? Vielleicht ehemalige GIs, die ihren Familien die Schlachtfelder zeigen wollten, auf denen sie gekämpft hatten. Auf jeden Fall hatte eine Pressereferentin des württembergischen Fremdenverkehrsverbands offensichtlich das Bedürfnis, den eigenen Auftritt etwas aufzupeppen, und erschien im Bollenhut, dem Markenzeichen des badischen Schwarzwalds schlechthin! Können Sie sich vorstellen, was los war, als das die Runde machte? Die verlorene Abstimmung pro Südweststaat lag noch keine drei Jahre zurück, einer Verfassungsbeschwerde wegen »überspieltem Volkswillen« wurde erst 1956 vom Bundesverfassungsgericht stattgegeben (mehr dazu im Kapitel »Durch Freundes- und Feindesland«). Die Badener fühlten sich übervorteilt und fürchteten, für die immensen Schulden Württembergs aufkommen zu müssen, ganz abgesehen davon, dass sie Schwaben auf den Tod nicht ausstehen konnten. »Trachtenmissbrauch einer Großstadtdame«, wie eine Bauernzeitung schrieb, war noch das Harmloseste.

Im Haslacher Trachtenmuseum erfahren Sie, dass zur Gutacher Tracht nicht nur der berühmte Bollenhut, sondern auch ein *Goller* (Halsmantel für Mädchen und Frauen mit ornamentaler Stickerei, z. T. mit sinnbildlichen Zeichen), ein *Libli* (Mieder aus geblümtem Samt, bis Ende des 19. Jahrhunderts Schnürmieder, später seitlich geschlossen), eine *Schobe* (offen getragene, rot gefütterte Jacke), ein *Wifelrock* (Gewebe aus Hanf und Wolle, geleimt und geschwärzt, nicht waschbar), *Hasenhärene* (Strümpfe aus Angorawolle) und *Watschen* (weit ausgeschnittene, flache Schuhe) gehören. Außerdem sind hier über hundert andere Schwarzwälder Trachten ausgestellt, die sich teilweise ganz erheblich voneinander unterscheiden. Der *Schäppel* aus dem ehemals fürstlich fürstenbergischen Gebiet im oberen Kinzigtal etwa ist eine riesige, mit Hunderten von Glasperlen und kleinen Spiegeln bestickte Brautkrone, so groß wie eine Waschtrommel und bestimmt genauso schwer. Da hatten es die Frauen aus Simonswald leichter, die nur einen gekalkten und eingefärbten Strohzylinder trugen. Zu sehen gibt es auch Fasnetmasken, Schwarzwaldsouvenirs und ein Zwergenkostüm, das 1909 bei Preismaskenbällen in Haslach und Karlsruhe den ersten Preis gewann. Das Museum ist etwas angestaubt und unfreiwillig schaurig. Trotzdem oder gerade deswegen ist es so schön. Lebensgroße Puppen stehen in holzverschlagenen Vitrinen, die schlecht beleuchtet sind. Viele dieser teilweise sehr alten Figuren starren mit erschrecktem Blick ins Leere und sehen durch die indirekte Beleuchtung aus wie das stumme Personal einer Geisterbahn.

Wem das zu staubig ist, empfehle ich einen Besuch bei *Schwarzwald Couture* in der Hildastraße in Freiburg. Die Modedesignerin Kim Schimpfle näht traditionelle Trachten in bunten Farben, die sie mit röhrenden Hirschen und Kuckucksuhren verziert. Oder sie bedruckt sie mit Bildern von Schwarzwaldhäusern und -mädchen, Poststempeln und alten Liedtexten. Dieses Cross-over kommt gut an und hat Ende 2020 sogar höchste Weihen erfahren. Da hat das Badische Landesmuseum in Karlsruhe eines ihrer Modelle gekauft.

Das Chilbifeuer

Im traditionell katholischen Schwarzwald wird der Kalender von kirchlichen Feiertagen bestimmt. Kirchweih wird am Namenstag des Kirchenpatrons gefeiert. Wo der unbekannt ist, feiert man den Kirchweihtag im Oktober. Abends wird das große Chilbifeuer (oder Kilbifeuer beziehungsweise Kilwifeuer) angezündet. Die Dörfer veranstalten regelrechte Wettkämpfe, wer das größte zustande bringt. Tagelang tragen die jungen Leute Holz und anderes brennbares Material zusammen, um das größte Feuer weit und breit zu haben. Manche sind besonders raffiniert und entfachen einen ersten Haufen, damit die anderen Dörfer auch ihr Feuer anzünden, um dann später mit einem zweiten, noch viel größeren zu brillieren.

Bei vielen Kirchweihfeiern gibt es eine Tombola, und der Hauptpreis ist traditionell ein Hammel. Früher waren die Menschen hier arm, das Fleisch eines Hammels war ein willkommenes Zubrot für den kommenden Winter. Die Waldshuter verlosen den ihrigen in Erinnerung an die Belagerung der Stadt durch die Schweizer vor über 500 Jahren, als sie einen Hammel auf die Stadtmauer stellten und so den Angreifern zeigten, dass sie noch genug zu essen hatten.

Bei einer Chilbi in Lenzkirch hat vor einigen Jahren Frau Winter den Hauptpreis gewonnen. Vielleicht weil sie eine Zugereiste war, brachte Frau Winter es nicht fertig, den Hammel schlachten zu lassen. Zwei Jahre lebte der Bock, dem sie den Namen Kilbi gab (auf den er aber nicht hörte), bei ihr im Garten, fraß die Küchenabfälle und hielt das Gras niedrig. Bis eines Tages ein Hund, der Witterung aufgenommen hatte, über den Zaun sprang. Kilbi erschrak so sehr, dass er auf der Stelle tot umfiel. (Der Hund war unserer. Später hat er mal ein Huhn erlegt. Der Bauer, dem wir die Schandtat gestanden, wollte nur eins wissen: »War's e wießes oder e bruuns?«)

Fasnet

Jedes Jahr übertragen die deutschen Fernsehanstalten stundenlange Karnevalssitzungen aus den sogenannten Hochburgen Köln und Mainz. Ich kann mir das beim besten Willen nicht ansehen. Denn ich bin mit der schwäbisch-alemannischen Fastnacht aufgewachsen. Die Narren im Südwesten tragen keine Soldatenuniformen wie die Funkenmariechen, sondern handgeschnitzte Holzmasken, die *Larven* heißen, und bunte, mit großen oder kleinen Glocken behangene Kostüme, die man *Häs* nennt. Auch wenn im Alemannischen *Häs* generell für Kleidung steht, ist doch meist das Narrenkleid damit gemeint. Die meisten sind aufwendige *Fleckle-Häs*, mit vielen kleinen wie Schindeln übereinandergenähten Stofffetzen. *'s goht dagege*, sagt man, wenn die Fasnet unmittelbar bevorsteht. Der Begriff Fasnet kommt natürlich von der unmittelbar folgenden Fastenzeit. Warum die Fasnet in Gengenbach, Berghaupten, Biberach und ein paar anderen Dörfern Fasend heißt, konnte mir noch niemand erklären.

Traditionelle Fastnachtsfiguren wie Wald- und Seeteufel, Moorhexen und Wilde Leute entstammen der örtlichen Sagen- und Mythenwelt. Weil diese aber nur über ein begrenztes Personal verfügt, mussten viele Zünfte, die in den letzten Jahren ins Leben gerufen wurden, auf die neutrale Hexe zurückgreifen. Angesichts der vielen Neugründungen befürchtet die *Vereinigung Schwäbisch-Alemannischer Narrenzünfte*, kurz *VSAN*, mittlerweile, historisches Brauchtum und Traditionen könnten verraten werden. Es wurden sogar schon Narrenzünfte aus dem *VSAN* ausgeschlossen, weil sie historisch unverbürgte Hexen als Unter-Narrengruppe aufgenommen hatten. In der stetig wachsenden Zahl überregionaler Narrentreffen, bei denen hundert und mehr Zünfte aus nah und fern durch den Ort ziehen, sieht die *VSAN* ebenfalls eine Gefahr für die traditionellen ortsansässigen Umzüge.

Das ist mal wieder so eine Zwickmühle der modernen Welt: Soll man Brauchtum, das die Sehnsucht der Menschen nach Traditionen und Altüberliefertem, nach Ehrlichem und Authentischem befriedigt, kommerzialisieren und auf diese Weise riskieren, dass es seine Seele verliert? Oder zulassen, dass es vielleicht irgendwann ausstirbt?

Vielleicht ist der *VSAN* in ein paar Jahren oder Jahrzehnten ja auch froh über die Hexen. Denn so manche traditionelle Narrenzunft beklagt, dass zwar alle die Fasnet und die Masken und die Umzüge schön finden – aber niemand mehr aktiv mitmachen will. Weil Mitmachen Mitarbeiten bedeutet. *Larve* ja, aber bitte ohne Pflichten. Doch so ein Verein funktioniert nun mal nur, wenn sich seine Mitglieder auch einbringen.

Vom Untergang bedroht war die schwäbisch-alemannische Fastnacht mehr als einmal. Im Mittelalter wurden zur Fasnet der Winter vertrieben und die verderblichen Lebensmittel vor Beginn der Fastenzeit aufgebraucht. Die Reformation machte in den protestantischen Ländern die Fastenzeit überflüssig und mit ihr logischerweise auch die Fastnacht. In den pietistischen Gegenden des Nordschwarzwalds wird sie heute noch nicht gefeiert.

Im 18. Jahrhundert begann sich zudem der rheinische Karneval auszubreiten.

Es brachen düstere Zeiten für die alemannische Fasnet an. 1903 machten beim Rottweiler Hexensprung nur noch sieben Hexen mit. Das ist bei einer Veranstaltung, bei der die *Häs*-Träger durch meterhohe Flammen springen und die heute so viele Menschen anzieht, dass sie auf mehrere Tage verteilt werden muss, kaum mehr vorstellbar.

Anfang des 20. Jahrhunderts fingen die Bauern an, sich vom bildungsbürgerlich dominierten Karneval zu distanzieren, und besannen sich wieder auf die überlieferten Traditionen. Dem Bildungsbürgertum war das erst mal egal. Was der Bildungsbürger nicht kennt, juckt ihn nicht. Doch dann – das musste ja so kommen – fand er Gefallen an der authentischen und traditionellen Fasnet und wollte auch mitmachen. Die Zünfte wuchsen an und verhängten irgendwann einen Aufnahmestopp, weshalb neue Zünfte gegründet wurden und so weiter und so fort.

Die Menschen schlüpfen eben gern aus ihrer Haut, verkleiden sich gern, und die Fastnachtszeit kann eine besonders schöne, aufregende und wilde sein. Unter der Maske darf man vieles tun, was man sich sonst nicht getraut hätte. Früher war alles besser, das gilt natürlich auch für die Fasnet. Alte Narren berichten, wie viel wilder es damals noch zuging. Noch in den 1980ern schlossen die Fabriken ihre Tore ganz selbstverständlich vom *Schmutzige Dunnschdig* bis zum *Aschermittwoch*.

Eine der schönsten Masken haben die Kühe aus Raitenbuch, einem kleinen Hangdorf im Hochschwarzwald. Sie sind die einzige mir bekannte Zunft, die in all den Jahren nicht größer geworden ist, obwohl es wahrlich viele Interessenten gab. Aber auch nicht kleiner. Seit jeher gibt es sieben Kühe. Mitmachen darf nur, wer aus Raitenbuch stammt, über achtzehn, männlich und Junggeselle ist, wobei die maximale Zeit als *Häs*-Träger auf elf Jahre begrenzt ist. Nicht wenige Bedingungen für ein Dorf mit 160 Einwohnern. Aber bis jetzt hat es noch immer geklappt. Die Kühe tragen ein hellblaues Hemd und eine weiße Hose, und ihre große Holzmaske erinnert mit ihren weit aufgerissenen Augen und großen Nasenlöchern an eine Kreuzung aus Teufel und wild gewordener Kuh.

Am Rosenmontag treiben es die Raitenbucher Kühe ganz besonders wild. Sie fliegen immerzu im Dreck herum, wie der Hans aus dem Fasnet-Lied »Hans gang heim«: »Ob es regnet oder schneit, ob de Hans im Dreck rumkeit.« Wenn sie nicht gerade im Dreck herumfliegen, schnappen sie sich die schönsten Mädchen und nehmen sie ein Stückchen mit. Hat eine Kuh ein besonders schönes Mädchen entdeckt, mustert sie es erst mal in aller Ruhe. Da das Mädchen bei den krummen Augen der Maske nicht erkennen kann, ob es tatsächlich gemeint ist, wird es nervös. Ist das Mädchen nervös, freut sich die Kuh. Und lässt sich noch mehr Zeit. In aller Ruhe nähert sie sich, wissend, dass ihr das Opfer nicht entkommen kann. Dem Mädchen rutscht dabei das Herz in die Hose vor Angst und nervöser Erregung, und packt die Kuh dann endlich zu, kreischt es und wehrt sich mit Händen und Füßen, schließlich will es nicht mitgenommen werden, schon gar nicht von so einer hässlichen Kuh aus Raitenbuch. Aber da muss das Mädchen aufpassen, denn wenn es zu sehr zappelt, kann es passieren, dass die Kuh ablässt und sich ein neues Opfer sucht, und das wäre noch viel schlimmer, als mitgenommen zu werden, denn von einer Raitenbucher Kuh auserkoren zu werden, ist ja eigentlich die größte Ehre, die einem Mädchen zuteilwerden kann. Weiß doch jeder, dass sich die Kühe nur die Allerhübschesten aussuchen und dass hinter ihren Masken die coolsten Kerle vom ganzen Hochschwarzwald stecken, zumindest während der Fastnachtstage.

Kuckucksuhren

Ich habe mal in einem Souvenirshop am Frankfurter Flughafen einen kleinen Kühlschrankmagneten in Form einer Schwarzwälder Kuckucksuhr entdeckt. In einem Anfall von Nostalgie kaufte ich ihn, obwohl er überteuert und auch nicht besonders schön war. Das sah die junge Verkäuferin wohl auch so, sie legte die Stirn in Falten und fragte, warum ich ausgerechnet dieses Andenken haben wolle. Vermutlich sei die Uhr für einen japanischen Freund. Ich nickte. Dabei kenne ich gar keine Japaner.

Ihr Gedanke lag nahe. Tatsächlich sind Touristen aus Japan und Nordamerika ganz verrückt nach Kuckucksuhren und anderem folkloristischen Schnickschnack. Am Titisee und an der Deutschen Uhrenstraße, die einmal quer durch den Schwarzwald führt und all seine chronometrischen Sehenswürdigkeiten erfasst, liegen Aberhunderte von Geschäften, die fast ausschließlich Kuckucksuhren verkaufen. Sie haben sich längst darauf eingestellt, für ihre Kunden nur ein Ziel von vielen zu sein und dass es diese vor logistische Probleme stellen würde, wenn sie eine große Schachtel durch halb Europa schleppen müssten, in der sich ein filigran gearbeitetes Holzkunstwerk befindet. Deswegen kann man sich seine Uhr heute aussuchen, vor Ort bezahlen, verpacken, frankieren und sich zum Wunschtermin nach Hause schicken lassen.

Aber auch Europäer mögen sie. Im Zug saß ich mal neben einem französischen Herrn, der auf dem Weg nach München war. Er sprach sehr gut Deutsch, wir kamen ins Plaudern. Er hatte ein paar Jahre in der bayerischen Hauptstadt gearbeitet und zählte stolz auf, wie gut er Bayern kannte: Hofbräuhaus, Schwabing, Königsschlösser. Eine typisch bayerische Kuckucksuhr habe er damals auch gekauft, erklärte er, seit vielen Jahren hänge sie in seinem Wohnzimmer in Paris. Ich protestierte natürlich und erklärte, dass diese Uhr mitnichten aus Bayern, sondern aus dem *Forêt Noire* stammt. Aber das ließ der gute Mann einfach nicht gelten. »Mais non, Monsieur, natürlich stammt die Uhr aus Bayern!« Ich versuchte es noch zweimal. Aber da war nichts zu machen. *Merde alors.*

Die ersten Uhren, die im Schwarzwald hergestellt wurden, waren noch keine Kuckucksuhren. Die aufkeimende Industrialisierung hatte die Bauern des Schwarzwalds einfach übergangen.

Sie waren zwar handwerklich geschickt, hatten aber ein entscheidendes Problem: Sie lebten in tiefen und abgeschiedenen Tälern, in denen sich keine Großindustrie ansiedeln ließ. Mehr als Kleinkram war nicht drin. So konnten sie sich auch nie etwas von den Kostbarkeiten kaufen, die italienische Händler, die den Weg über die Alpen gefunden hatten, mit sich führten. Irgendwann brachte einer von ihnen eine Uhr mit. Die Schwarzwälder sahen dieses Ding und dachten das Gleiche, was sich heute asiatische Plagiatoren denken, wenn sie Waren aus Europa sehen: »Des könne mir au.« Sie bauten die Uhren nach. In den Wintern, die lang und kalt und schneereich waren, hatten sie genügend Zeit dafür. Mitte des 17. Jahrhunderts war das. Sie benutzten das einzige Material, das ihnen zur Verfügung stand: Holz. Ihre Uhren hatten nur einen Zeiger. Später nahmen sie Metall aus den heimischen Eisen- und Erzminen und bauten einfache Bauernuhren mit bemalten Metallplatten. Nebengewerbe wie Gestell- und Werkzeugmacher, Schildermaler und Gießer entwickelten sich. Das feinmechanische Geschick der Schwarzwälder, die kurzen Wege und das Material direkt vor Ort ließen die erste Schwarzwälder Industrie entstehen.

Nun waren die Schwarzwälder Uhrmacher so gut, dass ihre Produkte eine Ewigkeit hielten. Als alle Leute in der Umgebung mit einer Uhr ausgestattet waren und die Absatzzahlen sanken, kam einer auf die Idee, aktiv auf neue Kunden zuzugehen. So entstand der Beruf des *Packers*. Dieser packte so viele Uhren, wie er auf seinem Rückengestell tragen konnte, und zog los. Zuerst ging es in die Großstädte in Deutschland und im benachbarten Ausland, später wurde die ganze Welt von Asien bis Amerika mit robusten und günstigen Gebrauchsuhren versorgt.

Die Geburtsstunde der Kuckucksuhr, wie wir sie heute kennen, schlug Mitte des 19. Jahrhunderts. Die ganze Welt war mit Schwarzwälder Uhren versorgt, und die Absätze begannen einzubrechen. Ihr veraltetes Design und die amerikanische Konkurrenz, die mit billiger Ware auf den Markt drängte, taten ein Übriges.

1844 fand ein Regierungsdirektor, dass die Schwarzwälder Uhrmacher »von den Fortschritten der Kunst gar keine Notiz nehmen und ihren Wanduhren noch die nemliche geschmacklose Form und Gestalt geben, wie vor einem halben Jahrhundert.« Noch fast dreißig Jahre später klagte ein Besucher der Wiener Weltausstellung: »Diese einst so beliebten Figurenuhren sind jedoch in neuester Zeit, mit wenigen Ausnahmen, ganz aus der Uebung gekommen.«

1850 hatte Robert Gerwig die rettende Idee. »Dieser seltene Mann« (*Badische Biographien*, Band 4, 1891) war der Gründer und Direktor der Uhrmacherschule in Furtwangen, entwarf Straßen, die Schwarzwald- und die Gotthardbahn, leitete den Bau der Rheinbrücke Waldshut-Koblenz, der Rheintalbahn, der Höllentalbahn und der Ravennabrücke. Er schrieb eine Studie über die Bedeutung der Moose für die Wasserverteilung auf der Erdoberfläche und saß als Abgeordneter im badischen Landtag und später im Deutschen Reichstag. Gerwig also veröffentlichte im September 1850 einen »Aufruf an die vaterländischen Künstler und Kunstfreunde«, sie mögen professionelle Gehäuseentwürfe einreichen, die das notleidende Hausgewerbe aus der Krise führen können.

Der Architekt Friedrich Eisenlohr, der auch die Gebäude der Badischen Staatsbahnen entworfen hatte, reichte ein Bahnwärterhäuschen mit Zifferblatt ein und nannte sie »Wanduhr mit in Epheu-Laubwerk verziertem Schild«. Etwas Moderneres hatte die Uhrenwelt noch nicht gesehen! Um 1860 entfernte sich die Bahnhäusle-Uhr zunehmend von ihrer strengen grafischen Form. Das Gehäuse wurde mit Reb- und Eichenlaub sowie Tieren aus heimischen Wäldern verziert. Gewichte in Form von Tannenzapfen wurden hinzugefügt. Als dann noch der Kuckuck dazukam, war der Erfolg besiegelt.

Am Anfang wurden sie auch »Figuren-« oder »Männle-Uhren« genannt. Denn es schlugen nicht nur der Vogel, sondern auch Figuren, Soldaten, Ziegen und andere Tiere die volle Stunde an. In anderen Männle-Uhren erschlugen Metzger einen

Ochsen, Bären tanzten im Kreis, und auch die ersten Kuckucke und Wachteln pfiffen schon ein Lied. Mechanische Männle aus dem Schwarzwald waren auch in Automaten und Drehorgeln, die auf Jahrmärkten und Volksfesten zum Einsatz kamen (nachdem sie lange Zeit dem Adel vorbehalten gewesen waren). Auf diesen Instrumenten saßen Hütchenspieler, Trinker und Soldaten, die im Takt der Musik zockten, tranken und salutierten. Auch zeitgenössische Mythen wurden aufgegriffen. So gab es beispielsweise Orgeln, auf denen Napoleon I. tot in einem Sarg lag und zur Musik wie ein Vampir wiederauferstand. Das spielte auf die Sorge an, der 1821 gestorbene Großimperator könnte immer noch am Leben sein und, wie schon 1815, die Macht über Frankreich und Europa erneut an sich reißen. Für solche Gerüchte haben wir heute das Internet.

Dass sich schließlich der Kuckuck als Uhrentier durchsetzte, lag daran, dass sein Ruf am leichtesten herzustellen war und am schönsten klang. Der Furtwanger Uhrmacher Jacob Bäuerle brachte 1858 eine Trompeter-Uhr auf den Markt. Der große Erfolg des *Trompeters von Säckingen* von dem Dichter Joseph Victor von Scheffel hatte ihn auf die Idee gebracht. Es ist nicht überliefert, ob er von Scheffel dafür Lizenzgebühren bezahlen musste. Aber viel wäre es sowieso nicht gewesen. Das Geräusch, das der Trompeter in Bäuerles Uhr von sich gab, klang nicht wie eine Trompete. Eher nach einer Mischung aus Panflöte und Mundharmonika. Trotz einer Silbermedaille auf der Gewerbeausstellung in Villingen stellte er die Produktion bald wieder ein.

Der Schwarzwald wurde im 19. und 20. Jahrhundert eines der wichtigsten Zentren der Uhrenindustrie und der Feinmechanik. Auch die Massenfabrikation hielt Einzug. Die Schwarzwälder Uhrwerke-Fabrik Burger Schonach warb in den 1890ern stolz für Uhrenbestandteile für »Amerikaneruhren«. Diese Uhren wurden nicht mehr in Handarbeit, sondern in Serie aus vorgefertigten Messingteilen zusammengesetzt: »Unser amerikanisches Fabrikationssystem trägt … den vorherrschenden Anforderungen der Neuzeit Rechnung. Billig und gut, d. h. dem Zweck entsprechend.« Das waren moderne Zeiten. Charlie Chaplin und Henry Ford lassen grüßen. Die Firma SBS-Feintechnik, die daraus hervorging, ist übrigens bis heute Weltmarktführer für Kuckucksuhren-Uhrwerke.

Klein- und mittelständische Unternehmen stellten medizinische Geräte oder Hi-Fi-Elektronik her. Dual-Plattenspieler aus St. Georgen und SABA-Fernsehgeräte (Schwarzwälder Apparate-Bau-Anstalt) aus Villingen waren führend in der Welt. Bis auch die Tage der mechanischen Uhren, Plattenspieler und Tonbandgeräte gezählt waren. Im Zeitalter von Quarz, LCD und Smartphones braucht niemand mehr eine mechanische Uhr, und wenn doch, dann greift man zu einem Billigprodukt aus Asien, das man einfach wegwirft, wenn es kaputt ist.

Mein Neffe bekam zu seiner Konfirmation eine wunderschöne Max-Bill-Uhr von Junghans. Der Uhrenhersteller aus Schramberg im Mittelschwarzwald ist schon mehrmals am Konkurs vorbeigeschrammt, hat sich aber immer wieder zurück in den Markt gekämpft. Die über 150 Jahre alte Firma war Anfang des letzten Jahrhunderts die größte Uhrenfabrik der Welt, hat die erste Quarzarmbanduhr Deutschlands hergestellt und die erste Funkarmbanduhr sowie die erste Funk-Solaruhr und die erste Multifrequenz-Funkuhr. Und schoss außerdem das erste farbige Zielfoto der Welt. 1972 war das, bei den Olympischen Spielen in München.

Feierlich überreichte der Patenonkel diese ebenso schlichte wie elegante Automatikuhr mit den markanten langen Strichen auf dem versilberten Blatt. Die Eltern waren beglückt, der Schenkende war stolz, alle Erwachsenen wollten die Uhr mal anfassen. Nur der Beschenkte selbst fragte leise, was er denn bitte schön mit einer Armbanduhr anfangen solle, wo doch sein Smartphone die genaue Uhrzeit habe. Das kränkte den schenkenden Onkel, aber wir anderen konnten ihn beruhigen: In ein paar Jahren wird der junge Mann die Uhr mit Stolz und Dank tragen. Wenn er sie nicht verliert, wahrscheinlich sogar bis ans Lebensende.

Vieles, was ausrangiert wurde, weil es altmodisch und out ist, wird irgendwann wieder schön, und Sammler beginnen sich dafür zu interessieren. Im Internet, auf Flohmärkten und auf Uhrenbörsen werden heute alte mechanische Uhren gehandelt. Zugegeben, Höchstpreise erzielen nur Produkte aus der Schweiz, die so klangvolle Namen wie Patek Philippe oder Rolex tragen.

Vor ein paar Jahren hat mich diese Leidenschaft ebenfalls gepackt. Ich habe keine wertvollen, aber ein paar schöne Stücke. Mein besonderer Stolz ist ein Modell aus den Sechzigern, das seit Jahren nicht mehr hergestellt wird. Es handelt sich um eine wunderschöne Armbanduhr von schlichter Eleganz. Sie hat ein bronzefarbenes Zifferblatt, ihr Laufwerk stammt vom Fließband, und auch sonst fällt sie nicht weiter auf. Was sie so besonders macht, ist ihr Name, der in geschwungenen Buchstaben schräg unter der Zwölf steht. Sie heißt *Schwarzwälder* – und hat mich auf dem Flohmarkt 19 Euro gekostet. Ich trage sie trotzdem nur zu besonderen Anlässen.

Als die Amerikaner nach den Terroranschlägen vom 11. September 2001 nicht mehr verreisten, brach das Geschäft mal wieder ein, und die Schwarzwälder Kuckucksuhrenindustrie musste sich mal wieder neu erfinden. Nachdem auch der Export in die USA darunter litt, trafen die Umsatzeinbußen die Branche so hart, dass zwei Firmen pleitegingen. Beim Uhrenhersteller Rombach & Haas in Schonach begann man daraufhin zu experimentieren. Neue Farben, neue Formen, neue Materialien. Weg vom braunen Holzhäuschen, hin zu pinkfarbenen Kästen aus Kunststoff. 2006 kamen die ersten Exemplare auf den Markt. Erst rümpften die Leute die Nase ob der schrillen Uhren. Dann fanden sie sie witzig. Und dann kauften sie sie. Neben traditionellen Kuckucksuhren, die weiterhin hergestellt werden, gibt es heute quietschbunte und goldverzierte, kleine gedrungene und schlanke weiße. Es gibt sie in Quader-, Rauten- und Pyramidenform, im kubischen Bauhausstil, aus Aluminium und aus 200 Jahre altem Schwarzwaldholz. Der Fantasie sind keine Grenzen gesetzt.

Jogi Löw hat eine schwarz-rot-goldene Uhr und Wladimir Putin eine mit Bundesadler drauf. Die hat Angela Merkel ihm 2013 geschenkt. Die Mitglieder der Heavy-Metal-Band *Iron Maiden* sollen eine haben. Prinz William und Herzogin Kate auch. Ob die wirklich bei den Royals zu Hause an der Wand hängt, weiß man nicht. Aber allein der Gedanke, dass die Corgis der Queen verrücktspielen, wenn der Schwarzwälder Kuckuck trällert, ist schön.

Falls Sie sich nun selbst eine traditionelle oder eine moderne Kuckucksuhr oder eine Armbanduhr kaufen wollen: Echt sollte sie sein. Im Internet stößt man auf lustige Formulierungen wie »Schwarzwald-Uhr aus dem Erzgebirge«. Wie heißt es beim *Verein die Schwarzwalduhr e. V.*, einem Zusammenschluss von Herstellern, Händlern und Experten, doch so schön: »Es ist Ihr Recht, eine original Schwarzwalduhr zu bekommen!«

Longinuskreuz

Eine anderes Schwarzwälder Original ist das Longinuskreuz, eine Sonderform des Arma-Christi-Kreuzes. Arma-Christi-Kreuze sind Wegkreuze, an denen außer dem gekreuzigten Jesus noch diverse Werkzeuge hängen, die an dessen Martyrium erinnern sollen. Das können Zangen, Fesseln, Leitern, Lanzen und Ähnliches sein. Auf einigen Arma-Christi-Kreuzen gibt es auch Hähne, Würfel und Silberlinge; wieder andere kommen ganz ohne Christusfigur aus. Bei einem Longinuskreuz gibt es zusätzlich einen kleinen Reiter auf einem Pferd, der den Heiland ehrfurchtsvoll anstarrt. Das ist Longinus, der römische Hauptmann, der Jesus die Lanze in die Seite stach, um zu prüfen, ob er schon tot war. Die Legende will, dass das Blut ungestockt aus Jesu Leib floss. Einige Tropfen fielen auf die Augen eines Blinden, der sehend ward. Manchmal war es auch Longinus selbst, der wieder sehen konnte. Longinus erkannte, dass der Gekreuzigte tatsächlich Gottes Sohn war, und sammelte das Blut von der Erde auf.

In der Staatsgalerie Aschaffenburg hängt ein Longinus von Lucas Cranach, im Petersdom in Rom steht ein überlebensgroßer Marmor-Longinus von Gianlorenzo Bernini. Die Schwarzwälder Holzschnitzer der Longinuskreuze sind unbekannt geblieben. Der niedliche Reiter in seiner blauen Jacke und den roten oder weißen Hosen hat so gar nichts von einem römischen Hauptmann. Das ist die Uniform der Durlacher Reiterregimenter des badischen Markgrafen aus dem 18. Jahrhundert. Vermutlich, weil Schwarzwälder Bauern gut mit Pferden umgehen konnten und im Kriegsfall als Kavalleristen eingesetzt wurden. Ich könnte mir auch vorstellen, dass ein Schnitzer, der nach einem langen und kalten Winter einfach nicht mehr wusste, was er noch schnitzen sollte, auf die Idee mit dem Reiter kam. Das hat den anderen so gut gefallen, dass sie es nachgemacht haben.

Wie viele Longinuskreuze es insgesamt gibt, weiß ich nicht. Sehr viele sind es nicht. Vielleicht zwanzig oder dreißig Stück, eher weniger. (Es gibt auch kaum Literatur über sie. Wer Kunstgeschichte studiert oder Europäische Ethnologie und noch ein Thema für die Abschlussarbeit sucht: *Do hesch eins.*)

In freier Wildbahn habe ich bisher nur ein einziges gesehen. Das war im Kinzigtal. Die meisten Longinuskreuze stehen im Mittleren Schwarzwald, im Oberprechtal etwa, im Elztal und im Glottertal. Auch bei St. Peter und bei Schonach gibt es wohl welche. Ganz sicher finden Sie eins in den Vogtsbauernhöfen.

Freilichtmuseum Vogtsbauernhof

Das imposante Freilichtmuseum Vogtsbauernhof bei Gutach zeigt, wie das Leben der Schwarzwaldbauern in den letzten 400 Jahren ausgesehen hat. Hier wurden zwanzig Bauernhöfe, Mühlen und Sägen aus dem ganzen Schwarzwald zusammengetragen. Die riesigen Höfe wurden Stück für Stück auseinandergenommen und im schönen Gutachtal wieder aufgebaut. An der Hauswand vom Hippenseppenhof hängt ein schönes großes Longinuskreuz. Der Hippenseppenhof ist ein Koloss von einem Bauernhof. Er stand mal in Furtwangen und stammt aus dem Jahr 1599. Für den Bau eines solchen Hofes wurden tausend Festmeter Rundholz benötigt. Der jährliche Holzbedarf belief sich auf siebzig Raummeter Brennholz, zwei Festmeter Nutzholz und zwei Festmeter Schneflerholz zum Anfertigen von Werkzeugen und Haushaltsgeräten. Die meisten Schwarzwaldhöfe standen einzeln auf der Wiese oder im Wald. Wegen der großen Distanzen zu anderen Häusern handelte es sich meist um autarke Selbstversorgerhöfe. Sie heißen Eindachhöfe, weil sich alles unter einem Dach befindet, die Wohnung, der Stall, die Schenke.

Die historische Schwarzwälder Holzbauweise zählt neben der japanischen zu den höchstentwickelten Holz-Konstruktionssystemen der Welt. Sagt zumindest der *Bauwerk Schwarzwald e. V.* Dieser Zusammenschluss regionaler Unternehmen, Verbände, Architekten und Handwerker will die im Schwarzwald regionalspezifische Bau- und Handwerkskultur fördern und eine Verbindung zwischen Tradition und Moderne schaffen.

Ein Freund meines Bruders ist in einem solchen Eindachhof aufgewachsen. Michael war eine Leseratte, die ein Buch nach dem anderen verschlang. Meine Mutter lieh sich manchmal eins aus. Jahre später hat sie erzählt, dass sie oft abends im Bett lag und sich wunderte, wieso es in ihrem Schlafzimmer neuerdings so nach Kuh roch. Immer wieder schnupperte sie an ihren Schuhen und Kleidern, weil sie dachte, sie wäre in Kuhdung getreten oder hätte sich wo reingesetzt (das wäre im kuhreichen Schwarzwald ja nichts Ungewöhnliches gewesen). Bis sie irgendwann merkte, dass es Michaels Bücher waren, die so müffelten. Dessen Zimmer lag quasi überm Kuhstall. Die viehischen Gerüche zogen durch die Holzdecke hinauf in seine Bude und fraßen sich in den Büchern fest. Mittlerweile weiß man, dass es den Kühen in so einem Hausstall viel zu warm ist, weshalb sie heute meist in einem separaten Gebäude gehalten werden.

Das Freilichtmuseum Vogtsbauernhof ist auf jeden Fall eine Reise wert. Das letzte Mal war ich an Ostern da. Wir hatten geglaubt, ein paar frühe Sonnentage in der wärmsten Region Deutschlands verbringen zu dürfen. Stattdessen war es, auf gut alemannisch, *iisig kalt*. Der Himmel war neblig trüb, die Wiesen waren nass und grau, auf den Bergen lag noch meterhoch der Schnee. Durch das Museumsareal pfiff ein eiskalter Wind. Unsere Rettung war das Brenn- und Backhäusle, in dem eine freundliche Frau stand und Holzscheite in den Ofen schob. Aus dem wohligen dunklen Raum roch es nach Holz und frischem Brot.

Rita Vitt vom Brunnenhof im nahen Prinzbach kommt ein paarmal pro Woche her, um im Wechsel mit anderen Bäuerinnen aus der Umgebung den Brenn- und Backofen anzufeuern, Brot zu backen und selbst gebrannten Schnaps zu verkaufen. Sie gab uns mit einem freundlichen Nicken zu verstehen, dass wir reinkommen sollten. Wir gehorchten und wärmten unsere Hände und Mägen an frisch gebackenen, mit Schmand und Speck belegten Brotfetzen, die köstlich schmeckten. Frau Vitt zog sie mit den bloßen Händen aus dem großen rußigen Ofen, der die ganze Wand bedeckte. Rechts davor stand ein kleiner gusseiserner Ofen, unter dem ein Feuer brannte. Ich war erstaunt, dass dieses kleine Feuer es schaffte, den riesengroßen Ofen zu beheizen. Frau Vitt schüttelte nur den Kopf, *a wa*, und schob einen großen Holzscheit in die große Luke des Ofens, aus der sie eben die Brotlaibe gezogen hatte. Seitdem weiß ich, was mit Holzofen gemeint ist. Wenn ein Städter aufs Land fährt …

Wenn Sie in den Genuss von frischem Holzofenbrot und Schnaps kommen wollen, sollten Sie sich vorab bei den Vogtsbauernhöfen erkundigen, wann der nächste Backtag ist. Es gibt auf dem Gelände noch ein größeres Backhäusle, in dem man sich selbst im Bäckerhandwerk ausprobieren kann. Der ist besonders bei Schulkassen beliebt. Und bei ihren Lehrern.

Der Schwarzwaldverein

Ein Verein, der den Schwarzwald im Namen trägt, muss was Besonderes sein. Den sollten wir uns mal genauer anschauen. Der Schwarzwaldverein ist aus dem Schwarzwald nicht mehr wegzudenken. Umgekehrt ist der Schwarzwald so, wie er ist, ohne Schwarzwaldverein nicht denkbar. Er hat für dessen Image genauso viel getan wie die Schwarzwaldklinik und der Bollenhut. Er wirkt aber eher im Hintergrund. Oder vielleicht eher auf dem Untergrund? Sollten Sie den Verein nicht kennen – seien Sie versichert, dass Sie seiner Arbeit auf Schritt und Tritt begegnen.

1864 kamen 66 honorige Schwarzwälder, meist Gastwirte und Industrielle, in Freiburg zusammen, um einen »Badischen Verein von Industriellen und Gastwirten zum Zweck, den Schwarzwald und die angrenzenden Gebiete immer bekannter und dem Publikum zugänglich zu machen« zu gründen. Drei Jahre später kürzte man das auf »Badischer Schwarzwaldverein«, 1884 wurde ein »Württembergischer Schwarzwaldverein« gegründet. Ob aus Gründen der Abgrenzung oder um darauf hinzuweisen, dass der Schwarzwald nicht nur badisch, sondern auch schwäbisch ist, lässt sich heute nicht mehr rekonstruieren. 1934 fusionierten sie zum Schwarzwaldverein, der heute knapp 70 000 Mitglieder hat. Damit ist er der zweitmitgliederstärkste Wanderverein Deutschlands. 70 000 Menschen, die aktiv und passiv dafür sorgen, dass der Schwarzwald so schön bleibt, wie er ist.

Der Verein kümmert sich um Brauchtumspflege, Heimatgeschichte und Mundartdichtung und renoviert historische Gebäude und Kleindenkmäler. Er bietet Wanderkarten und -bücher und geführte Wanderungen an. Er betreut 26 Wanderheime und hat darüber hinaus den 375 Kilometer langen Schwarzwald-Radweg angelegt, der von Karlsruhe über Freudenstadt und Titisee-Neustadt nach Lörrach führt. Mittlerweile gibt es über 15 000 Wegweiser und 250 000 Markierungszeichen. Vor allem betreibt der Schwarzwaldverein über 24 000 Kilometer Wanderwege. Jeden Meter, den Sie hier wandern, gehen Sie auf einem vom Schwarzwaldverein betreuten Weg.

Bekannt sind der Kandelhöhenweg oder der Schluchtensteig oder das Markgräfler Wiiwegli. Und natürlich der Westweg, der von Pforzheim nach Basel führt. Er ist der berühmteste Fernwanderweg des Schwarzwalds und der älteste in Deutschland. Schon 1900 sorgte der Schwarzwaldverein für seine Beschilderung. Als eine Art Marketingkampagne sollte er helfen, den Schwarzwald für Touristen zu erschließen. Er führt über das Murgtal, den Mummelsee und die Hornisgrinde zum Titisee, auf den Feldberg und den Belchen runter ins Markgräflerland und dann nach Basel. Der Westweg ist 285 Kilometer lang und streckenweise recht anspruchsvoll. Dafür bietet er eine Art *Best-of*-Schwarzwald: viel Wald und Seen, sehr helle und sehr dunkle Täler, schöne Weiler und Dörfer, zahlreiche Berggipfel mit malerischen Aussichten.

Leider hapert es in letzter Zeit an Mitgliedern, speziell an jungen. Vereine und Ehrenämter sind auch nicht mehr das, was sie mal waren. Während der Deutsche Alpenverein stetig anwächst, stagniert der Schwarzwaldverein. Vielleicht liegt es daran, dass Ersterer viele Klettersteige und Hütten betreut, die man als Mitglied verbilligt nutzen kann. Der Schwarzwaldverein wirkt eher im Verborgenen. Aber Wanderwege wuchern zu und verkommen, wenn sie nicht gewartet werden. Wegereferenten, Hauptwegewarte und Wegewarte sorgen dafür, dass das Wegenetz begehbar bleibt.

Wenn Sie also regelmäßig im Schwarzwald wandern und mit den Wegen zufrieden sind – Sie können sich gern erkenntlich zeigen. Mit einer Spende zum Beispiel. Wald und Verein werden es Ihnen danken. Oder Sie werden selbst aktiv: Von Achern bis Zusenhofen gibt es 230 Ortsgruppen, die sich über jedes neue Mitglied freuen. Sektionen gibt es auch in Basel, Essen, Frankfurt, Heidelberg und Stuttgart. »Mitglied des Schwarzwaldvereins« – *sell klingt doch guet!*

Die Straßen und Bahnstrecken

Der Weg ist immer auch das Ziel. Die Schwarzwald-Panoramastraße führt von Waldkirch nach Hinterzarten, die Schwarzwald-Tälerstraße von Rastatt nach Alpirsbach und die Schwarzwaldhochstraße von Freudenstadt nach Baden-Baden. Fahren Sie durch das Münstertal, mit dem Kloster St. Trudpert, den großen Walmdachhöfen und den sonnenbeschienenen Matten, rauf auf den Belchen, von dem man die Alpen und die Oberrheinische Tiefebene mit den Weinbergen des Kaiserstuhls und der Vogesen sieht, und durchs Kleine Wiesental wieder hinab in die Weinberge Badenweilers.

Diese Strecken versprechen viele Aus- und Einsichten. Sie entdecken den Schwarzwald in seiner ganzen Pracht. Hügel und Wälder, Wiesen und Weiden, so weit das Auge reicht. Viele sind so kurvig, dass man vor lauter Kuppeln, Bremsen und Schalten gar nicht dazu kommt, aus dem Fenster zu sehen. Glücklicherweise wurden überall Parkbuchten eingerichtet, in denen Sie anhalten, das Panorama genießen und Fotos schießen können.

Viele dieser Strecken sind auch bei Motorradfahrern beliebt. Oft zum Leidwesen derer, die dort wohnen. Im beschaulichen Sasbachwalden im Ortenaukreis hat der Motorradlärm so zugenommen, dass die Bürgermeisterin Sonja Schuchter im Sommer 2019 die »Initiative Motorradlärm« initiierte. Zusammen mit dem Landeslärmschutzbeauftragten und unterstützt von mittlerweile über 150 Kommunen, Städten und Landkreisen aus Baden-Württemberg wurde ein Maßnahmenkatalog erstellt. Gefordert wird, dass Motorräder leiser werden und leiser gefahren werden müssen, dass rücksichtsloses und vorsätzlich lärmerzeugendes Fahren mit höheren Bußgeldern geahndet wird und dass Klappenauspuffanlagen genauso verboten werden wie »Sound-Designs«, durch die störende und belästigende Geräusche erzeugt werden können. Zudem müssten Geschwindigkeitsbeschränkungen und Verkehrsverbote an Sonn- und Feiertagen möglich sein.

Es sind mal wieder die Geister, die man rief. 1970 waren in Westdeutschland 230 000 Krafträder zugelassen, 2000 gesamtdeutsch 3,3 Millionen und 2020 über 4,5 Millionen. Viele davon sind bei schönem Wetter im Schwarzwald unterwegs. Klar, so kurvenreiche und bergige Strecken machen nun mal verdammt viel Spaß. Leider halten sich nicht alle an die vorgeschriebenen Lärmschutzregeln. Der Grenzwert liegt bei 78 Dezibel (gemessen wird ein Motorrad, das mit fünfzig Stundenkilometern im zweiten Gang anfährt und dann zwanzig Meter lang mit Vollgas beschleunigt). Bei Messungen in Sasbachwalden waren rund ein Viertel aller Motorräder lauter. Manche erreichten sogar 120 Dezibel, was lauter als ein Presslufthammer ist.

Natürlich fühlen sich viele Biker gegängelt und finden, dass Verbote und Begrenzungen, wennschon, dennschon, für alle Kraftfahrzeuge gelten müssten. Sie wollen auch nicht auf Elektroantrieb umsteigen, weil Motorradfahren ohne einen knatternden Auspuff nur der halbe Spaß ist. Viele investieren sogar extra ein paar Tausend Euro, damit ihre Maschine noch lauter wird. Es gibt einfach von allem zu viel, und das überall. Zu viele Menschen, zu viele Motorräder, zu viele Ruhesuchende. Nur Ruhe gibt es überall zu wenig.

Falls Sie ganz auf ein motorisiertes Gefährt verzichten wollen: Der Schwarzwald wurde in den letzten Jahren mit einem umfangreichen Netz an Freizeit- und Wanderbusstrecken überzogen. Es gibt Zwei-, Drei- und Viertälertickets, Fahrradmitnahme ist überall möglich.

Am schönsten und ökologischsten erkundet sich der Schwarzwald natürlich mit dem Zug. Allein die Strecke von Karlsruhe nach Freiburg ist allerliebst, wenn links die Westkante des Schwarzwalds wellengleich ansteigt und rechts die Getreidefelder und Gemüsewiesen vom Kaiserstuhl und den Vogesen durchbrochen werden.

Langsamer, gemütlicher und aufregender ist da die Albtalbahn, die sich von Karlsruhe nach Bad Herrenalb hinaufschlängelt. Oder die 250 Kilometer lange Strecke, die von Offenburg über St. Georgen nach Singen am Bodensee führt. Die Badische Schwarzwaldbahn, die hier fährt, wurde 1873 fertiggestellt und ist mit 670 Höhenmetern und 39 Tunneln eine der brückenärmsten Gebirgsbahnen Europas. Es gibt keinen Superlativ, den es nicht gibt. Sie ist, wie es in einem zeitgenössischen Text heißt, ein, »nach den Worten eines competenten Fachmannes, durch Eigenartigkeit, Kühnheit und Großartigkeit ausgezeichneter Bau.«

Es gibt noch viele weitere Bahnstrecken, zum Beispiel die Enztalbahn zwischen Pforzheim und Bad Wildbad, die Kinzigtalbahn von Hausach nach Freudenstadt oder die Münstertalbahn von Bad Krozingen nach Münstertal, die keine sechs Kilometer lang ist. Eine der reizvollsten Strecken ist zweifellos die Dreiseenbahn von Titisee nach Seebrugg, die den Titisee, den Windgfällweiher und den Schluchsee passiert. Sie wurde 1926 als letzte Bahnstrecke Südbadens eröffnet. Drei Jahre später benannte sich die Gemeinde Viertäler aus Marketinggründen in Titisee um. Wenn Sie bereits in Freiburg einsteigen, fahren Sie die erste halbe Stunde auf der Strecke der Höllentalbahn, die in den Hochschwarzwald und weiter nach Donaueschingen und auf die Baar führt. Doch Vorsicht am Bahnsteig: Der Zug verlässt Freiburg stündlich, aber nicht immer vom selben Gleis. Mehr als einmal freute ich mich vergebens, der einzige Wartende zu sein und freie Platzwahl zu haben.

In knapp einer Stunde bekommen Sie auf dieser Strecke wirklich alles geboten, was den (Süd-)Schwarzwald ausmacht: Freiburg und seine Tunnels, das ausladende Dreisam- und das zerklüftete Höllental mit seinen bilderbuchhaften Tälern und Felsen. Beim Hirschsprung erinnert ein eisernes Denkmal an ein kapitales Tier, das auf der Flucht vor einem Jäger über die Schlucht gesprungen sein soll. Auf einem steinernen Viadukt überqueren Sie die enge Ravennaschlucht, und anschließend kämpfen sie sich hinauf nach Hinterzarten, ehe sich in Titisee der Weg gabelt. Sie haben atemberaubende Ausblicke auf den Feldberg (Baden-Württembergs höchster), den verwunschenen

Bahnhof Bärental (Deutschlands höchstgelegener) und das Ufer des Schluchsees (Deutschlands höchstgelegene Talsperre). Seit doppelstöckige Waggons eingesetzt werden, ist die Sicht noch spektakulärer geworden, zumindest in den oberen Abteilen. Vielleicht haben Sie Glück, und ein original Schwarzwälder sitzt in Ihrem Abteil und erzählt Ihnen von seiner Heimat. Wenn nicht, lesen Sie einfach weiter.

»Ein junger Architekt verliebt sich unsterblich in ein appetitliches Schwarzwaldmädchen …«

Der Schwarzwald in Film und Fernsehen

Weil der junge, gut aussehende Architekt Hannes Cremer aus Freiburg darunter leidet, dass es seinem Chef nur ums Geld und nicht um gute Arbeit geht, schmeißt er alles hin und zieht sich für ein paar Tage zurück. Ohne sich von seiner Freundin – sie ist die Tochter seines Chefs – zu verabschieden, steigt er in sein Cabrio und macht sich auf den Weg zu seinem Großvater, der oben im Hochschwarzwald lebt. Unterwegs begegnet er vier jungen Studentinnen in engen Blusen, die auf dem Weg zu einer Hochzeit sind – auf Klapprädern. Diese vier sind »eigentlich ganz dufte Typen«, wie Hannes' zehnjährige Cousine Anni rasch erkennt, und Hannes verliebt sich sofort in Renate, die blondeste von ihnen. Diese wurde gerade von ihrem Verlobten wegen »einer Zicke mit Geld« verlassen und ist noch nicht offen für eine neue Beziehung. Nach 83 Minuten voller Kutschfahrten (Hannes und Anni müssen ein Gespann des Großvaters nach Langenbach bringen), Verwirrungen (Hannes' Freundin aus der Stadt taucht auf, und ein draufgängerischer Modefotograf wirft ein Auge auf Renate) und Gesangseinlagen (Hannes singt »Hoch auf dem gelben Wagen« und andere Schlager) liegen sich Hannes und Renate endlich in den Armen.

So weit die Story eines deutschen Kinospielfilms aus dem Jahre 1974, der »fröhlich macht wie der schönste Urlaub oder das beliebte Kirschwasser«. Die Hauptrollen in *Schwarzwaldfahrt aus Liebeskummer* spielten Roy Black, Barbara Nielsen und Hans-Jürgen Bäumler. Dem Film war kein allzu großer Erfolg beschieden, auch die Kritik ging nicht sehr gnädig mit ihm um. Vielleicht, weil im selben Jahr Klassiker wie *Der Clou*, *Harold und Maude* und *Chinatown* herauskamen. Sicher aber wegen der dümmlichen Dialoge, der hölzernen Darsteller und der einfallslosen Aneinanderreihung aller erdenklichen Klischees: Der Großvater ist Uhrmacher, lebt in einem Hüsli und vespert geräucherten Speck, am Nachbarhof wird Kirschwässerle gereicht, man trinkt Viertele, die Männer spielen Posaune, die Frauen tragen Bollenhüte, und am Ende findet eine große Trachtenhochzeit statt.

Die Stars des Films hießen Black, Bäumler und Nielsen. Der Schwarzwald war nur für die schönen Motive im Hintergrund zuständig. Aber während die Schauspieler längst wieder in der Versenkung verschwunden sind, ist der Wald immer noch da. Kaum eine Landschaft in Deutschland hat mehr Menschen vor die Leinwände und Bildschirme gezogen. Vor beinahe hundert Jahren stellte er seine Publikumswirksamkeit erstmals unter Beweis. 1917 wurde an der Alten Komischen Oper in Berlin die Operette »Schwarzwaldmädel« von Leon Jessel und August Neidhart uraufgeführt. Darin fährt der Künstler Hans für ein paar Tage zur Erholung in den Schwarzwald, wo er sich sogleich zu dem schönen Schwarzwaldmädchen Bärbele hingezogen fühlt. Die Operette wurde ein großer Erfolg und auf Aberhunderten von Bühnen nachgespielt. Nach ein paar erfolglosen Verfilmungen wurde 1950 Hans Deppes Version zum Publikumsmagneten. Es war der erste Farbfilm nach dem Zweiten Weltkrieg. Er lockte über 16 Millionen Menschen in die Kinos. Die Hauptdarsteller Sonja Ziemann und Rudolf Prack waren *das* (west-)deutsche Leinwandpaar der Fünfzigerjahre und lösten einen wahren Heimatfilm-Boom aus. Neben ein paar anderen

Landstrichen wie der Grünen Heide spielten diese Geschichten immer wieder hier: *Die Mühle im Schwarzwälder Tal* (1953), *Schwarzwaldmelodie* (1956), *Die Rosel vom Schwarzwald* (1956), *Das Posthaus im Schwarzwald* (1958), *Schwarzwälder Kirsch* (1958). Und in all diesen Filmen tauchen die Insignien des Schwarzwalds auf: Bollenhüte, Schnaps, Kirschtorten, Kuckucksuhren.

Diese Werke sind heute nur noch für Filmhistoriker interessant, die ihren Erfolg gemeinhin mit dem Bedürfnis der damaligen Zuschauer nach einer heilen Welt erklären. Als Deppes *Schwarzwaldmädel* Premiere hatte, lag das Ende des Zweiten Weltkriegs gerade mal fünf Jahre zurück. Die Menschen wollten keine Trümmerfilme mehr sehen, denn auf Trümmer blickten sie zu Hause jeden Tag. Für die Menschen in Berlin, Essen, Hamburg, Frankfurt und vielen anderen zerbombten Städten war der Schwarzwald heiler als andere Welten.

Heute lachen wir über die Klischees aus der Nachkriegszeit. Dabei idealisieren wir das Landleben immer noch. Es äußert sich nur anders. Wir reisen nicht mehr aufs Land, sondern kaufen gleich ein Häuschen mit Garten und bauen Gemüse an. Wer in der Stadt wohnt, kauft im Biomarkt und blättert alle zwei Monate in der neuen *Landlust*.

Ähnlich begründet war der Erfolg der Brüder Edwin und Hermann Faller aus Gütenbach, die nach dem Zweiten Weltkrieg anfingen, Modellhäuser für Spielzeugeisenbahnen zu bauen. In diesen niedlichen Miniaturhäusern und -städten kam eine Sehnsucht nach einer Übersichtlichkeit und Schönheit der Welt zum Ausdruck, die dieser im wirklichen Leben längst abhandengekommen war. Auch wenn die Kinder heute lieber vor dem Computer sitzen als vor der Modelleisenbahn – die Firma Faller (Motto: »Wir bauen die Welt im Modell«) gibt es immer noch.

Während die Fallers die Welt tatsächlich vom Schwarzwald aus idealisierten (der seinerseits vom Rest der Deutschen idealisiert wurde), entstanden die Operetten und Filme über den Schwarzwald immer in fernen Großstädten. Der Schwarzwald war vor allen Dingen immer das, was man in ihm sehen wollte. Im Grunde genommen hat sich daran bis heute nichts geändert: der Schwarzwald als Projektionsfläche für Millionen. Periodisch wiederkehrend erfährt er eine filmische Verklärung. Ein paar Jahre ist es still um ihn, dann taucht er wieder auf. Den Fremdenverkehr freut's, die kostenlose Werbung ist mit Gold nicht aufzuwiegen. Dass dabei immer wieder die gleichen Klischees vorgeführt werden, nimmt man gern in Kauf, denn dieselben zieren seit Jahr und Tag die eigenen Ferienprospekte und -broschüren: Bollenhut, Viertele, Speck, Kuckucksuhren, Kirschwasser, schöne Mädchen, tiefe Wälder und sanfte Hügel. In den Fünfzigern bestückten sie die Heimatfilme, in den Siebzigern Roy Blacks Schmonzetten, und als in den Achtzigern das Fernsehen dem Kino endgültig den Rang abgelaufen hatte, tauchten sie in der *Schwarzwaldklinik* wieder auf, einem der letzten großen televisionären Großereignisse des vorigen Jahrhunderts.

Die umfunktionierte Rehaklinik im Glottertal ist heute noch fast so berühmt wie das Brandenburger Tor und das Münchener Olympiastadion. Der Autor Herbert Lichtenfeld und der Berliner Fernsehproduzent Wolfgang Rademann, der auch das *Traumschiff* erschuf, hatten sich von der tschechischen Serie *Das Krankenhaus am Rande der Stadt* inspirieren lassen. Die *Schwarzwaldklinik* erreichte bis zu 28 Millionen Zuschauer und sagenhafte sechzig Prozent Marktanteil pro Folge. Von solchen Zahlen kann das Fernsehen heute nur noch träumen. Welches Bild wohl die Menschen in Ungarn, Finnland, Namibia und den fünfzig anderen Ländern, in denen die Serie lief, von uns Deutschen haben, wenn sie uns nur aus der *Schwarzwaldklinik* kennen? Mal abgesehen davon, dass die Schauspieler, die die obligatorischen Großväter, Schnapsbrenner und Bauern spielten, Bayerisch und Schwäbisch sprachen und nicht Alemannisch, die Sprache des Schwarzwalds. *Die Fallers*, eine Serie im dritten Programm über eine Schwarzwälder Bauernfamilie, ist sehr viel näher an der Realität dran und trotzdem oder gerade deshalb lange nicht so populär wie die *Schwarzwaldklinik*.

Vier Jahre lang bevölkerten Professor Brinkmann, Oberschwester Hildegard, die strenge Frau Michaelis und Co die Bildschirme. 1989 wurde es, von zahllosen Wiederholungen und zwei späteren Jubiläumsfolgen einmal abgesehen, wieder ruhig um den Fernseh-Schwarzwald. Wenn Sie sich heute – zumindest von außen – ein eigenes Bild von der Klinik machen wollen, können Sie das tun. Der Carlsbau, der vor dem Ersten Weltkrieg ein Sanatorium war und Anfang des neuen Jahrtausends lange leer stand, wurde 2014 als psychosomatische Akut- und Rehaklinik wiedereröffnet. Außerdem kann man dem Café Schill einen Besuch abstatten, wenige Hundert Meter von der Klinik entfernt. Dort sind die Wände mit zahlreichen Fotos und Souvenirs der Schwarzwaldklinik dekoriert.

Vor ein paar Jahren ist der Schwarzwald wieder auf die Bildschirme zurückgekehrt. *Das kalte Herz* wurde zweimal neu verfilmt. Es gibt einen ARD-*Tatort* aus Freiburg und einen im Schwarzwald. Dazu kommen diverse Schmonzetten, in denen Söhne oder Töchter auf den elterlichen Hof oder Weinberg heimkehren, den mit neuen Ideen auf Vordermann bringen und sich nach zähem Ringen mit dem sturen Vater versöhnen. Für hohe Einschaltquoten sorgen auch Mysterythriller, die lokale Mythen und Sagen aufgreifen und in denen völlig ironiefrei Hexen, Waldgeister und andere naturverbundene Spinner herumgeistern.

Wer wie Hannes alias Roy Black ein paar Tage aussteigen will, geht heute ins Internet. Das Paradies ist nur einen Mausklick entfernt. In wenigen Minuten sind ein Hotel, ein Zugticket oder ein Flug gebucht. Mit Karlsruhe, Basel, Zürich, Stuttgart und Straßburg befinden sich gleich fünf Flughäfen in unmittelbarer Schwarzwaldnähe. Die Menschen sind freundlich und leben noch im Einklang mit der Natur, die Wälder sind tief, die Luft ist gesund, die Hügel sind sanft, die Sonnentage reichlich und der Schnaps hochwertig. Hier ist die Welt tatsächlich noch genauso in Ordnung, wie die Filme und Serien es versprechen. Oder etwa nicht?

Eine österreichische Hand und ein französischer Mordbrenner

Geschichte und Wahrzeichen Freiburgs

»Freiburg ist ein Ort aller Orte«, schrieb Sulpiz Boisserée 1808, »alles Alte ist hier so schön mit Liebe erhalten, die Stadt hat eine herrliche Lage und in jeder Gasse einen kristallklaren Bach. Man sieht überall die milde österreichische Hand.« Boisserée, der sich um den Ausbau des Kölner Doms verdient gemacht hatte, besaß seinerzeit einen exzellenten Ruf als Kunstkenner. Einverstanden, dass hier alles Alte schön erhalten ist, die Stadt schön liegt und Bächle das Stadtbild bestimmen. Aber wo soll hier bitte schön die österreichische Hand walten, noch dazu eine milde?

Um das zu beantworten, müssen wir wieder ein bisschen reisen, diesmal in die Vergangenheit. Die Geschichte Freiburgs und große Teile des Schwarzwalds sind eng an die des Habsburger Reiches geknüpft. Beinahe 450 Jahre lang, von 1368 bis 1803, gehörte Freiburg zu Vorderösterreich. (Bis heute wird der Kosmograf Martin Waldseemüller, der Amerika seinen Namen gab und aus Freiburg stammte, immer mal wieder von Österreich vereinnahmt. Diskussionen über berühmte Söhne und Töchter beider Länder werden wohl nie enden. Nehmen wir sie hin als diskussionsanregenden, Völker verbindenden Teil deutsch-österreichischer Freundschaft.) In dieser Zeit wurde die vom

Stadtpatron Georg getragene Fahne mit rotem Kreuz im weißen Feld zum Stadtwappen. Die anderen Patrone sind Bischof Lambert von Lüttich und der Märtyrer Alexander. Fälschlicherweise wird auch Maria Muttergottes immer wieder als Patronin genannt, sie ist aber nur die des Münsters. Wegen der Habsburger blieb der Südschwarzwald katholisch, als sich Württemberg und die Schweiz im 16. Jahrhundert der Reformation anschlossen. Das Wappen Baden-Württembergs, das nach seiner Gründung 1952 entworfen wurde, würdigt diese österreichische Vergangenheit. Über den drei schwarzen Staufer-Löwen im Zentrum stehen der fränkische Rechen, der schwarz-weiße Zollernschild, das badische Gold mit rotem Balken, die württembergischen Hirschgeweihe, der Löwe aus der Kurpfalz und, ganz rechts, der rot-weiß-rote Bindenschild der Habsburger.

Eines der wenigen Familienmitglieder der Habsburger, die sich hier jemals blicken ließen, war Prinzessin Maria Antonia, die im Jahr 1770 in Freiburg Station machte. Sie befand sich auf dem Weg nach Paris, wo sie Ludwig XVI. ehelichen und ein paar Jahre später als Marie-Antoinette auf dem Schafott enden sollte. Hätte sie gewusst, was ihr blüht, wäre sie bestimmt in Freiburg geblieben.

Wenn Freiburg mal nicht zu Österreich gehörte, gehörte es zu Frankreich (das gilt natürlich für die ganze Umgebung). Die strategisch günstige Lage zwischen Oberrhein und Schwarzwald, an der Grenze zur Schweiz und zu Württemberg, weckte immer wieder das Interesse der zweiten europäischen Großmacht dieser Zeit. Bis auf eine kurze schwedische Besetzung um 1632 wurde die Stadt stets zwischen Österreich und Frankreich hin- und hergereicht. Erstmals ging sie 1639 an Frankreich, nachdem der calvinistische Herzog Bernhard von Sachsen-Weimar gestorben war. Der hatte die Habsburger nicht ausstehen können, sich den Franzosen angeschlossen und Freiburg und Breisach 1638 eingenommen. »Breisach ist stark, stärker jedoch sind Gott und der Weimeraner«, steht auf Gedenkmünzen, die im Wentzingermuseum für Stadtgeschichte in Freiburg ausgestellt sind. Breisach war damals die größte Festung am Rhein und der wichtigste Flussübergang im Südwesten. 1644 fiel Freiburg an Österreich, 1677 an Frankreich, 1697 wieder zurück, 1713 und 1744 noch mal an Frankreich.

Als die Franzosen 1745 endgültig abzogen, ließ Ludwig XV. die riesige Festungsanlage auf dem Schlossberg schleifen. Das Schleifen und Zerstören war eine französische Spezialität; ihr Meister war der General Comte de Mélac, der im Pfälzischen Erbfolgekrieg (1688–1697) zahlreiche Städte und Landstriche zerstören ließ. Ihm fielen Baden-Baden, Frankenthal, Heidelberg, Speyer, Bretten, Pforzheim, Esslingen, Maulbronn und das Kloster Hirsau zum Opfer. Mélac war ein Mordbrenner, Zerstörer und Vergewaltiger, der oft seine grimmigen Hunde auf die Menschen hetzte. Deswegen hießen bissige, schwer erziehbare Hunde im Nordschwarzwald auch lange Zeit Mélac oder Méläcle. (Nachdem Napoleon 1805 erst als Befreier gefeiert und später dann als neuer Imperator bekriegt worden war, wurde Mélacs Name wieder ausgegraben und von den deutschen Nationalisten dankbar als antifranzösisches Propagandawerkzeug benutzt.) Heute gibt es im Kloster Hirsau im Herbst und Winter einmal wöchentlich eine nächtliche Fackelführung durch die Ruine und den Kreuzgang. Schade: Mitmachen dürfen bloß Kinder und Jugendliche zwischen sechs und vierzehn Jahren.

Mit der Freiburger Festungsanlage nahm Ludwig XV. den zukünftigen Generationen eine Touristenattraktion. Auf alten Stichen kann man sehen, dass diese Anlage gigantische Ausmaße hatte und heute bestimmt eine Sehenswürdigkeit ersten Ranges wäre. Ein paar andere Erinnerungsstücke sind dafür geblieben.

Wahrzeichen I: Die Bächle

Die Stadtbäche wurden 1250 erstmals erwähnt. Der höchste Punkt dieses ausgeklügelten Systems befindet sich am Schwabentor, wo das Wasser der Dreisam entnommen und in ein neun

Kilometer langes Netz über die Altstadt verteilt wird. Im Mittelalter verliefen sie in der Mitte der Straße, aber als mit der Neuzeit immer mehr Freiburger mit ihren Fahrzeugen in die Innenstadt kamen, legte man die Bächle auf die Seite. Mit ihrer Hilfe wurde die Stadt, die nicht direkt am Fluss liegt, mit frischem Wasser versorgt. Außerdem konnte das Wasser im Brandfall aufgestaut und als Löschwasser genutzt werden.

An dieser Stelle ein Hinweis für Kinder und Schüler, die sehnlichst darauf warten, ihre Eltern oder Lehrer bei einem Fehler zu ertappen: Wer Euch erzählt (und das passiert oft), die Bächle hätten als Abwasserkanäle gedient, lügt! Eine Verordnung von 1611 verbot den Freiburgern, die »Verunreinigung durch Harn oder Kraut und anderem Unreine«. Die Bächle sind ein Wahrzeichen der Stadt, und damit das auch so bleibt, kümmern sich zwei fest angestellte Bächleputzer um ihre Reinigung.

Und noch ein Tipp für alle Erwachsenen und Singles, die auf der Suche nach einem Lebenspartner sind. Wer in ein Bächle tritt, heißt es, wird sich in eine Freiburgerin oder einen Freiburger verlieben, heiraten und für immer bleiben. Sie können hier also auf diesem Weg vor Anker gehen. Allzu lange sollten Sie aber nicht warten. Als Tim Rocketrocker, der Gitarrist der *Leopold Kraus Wellenkapelle*, nach Berlin zog, begründete er diesen Schritt damit, dass in Freiburg die Frauen mit dreißig leider vom Markt seien.

Wahrzeichen II: Die Aussichtspunkte

Freiburger lieben ihre Stadt. Und was man liebt, das sieht man sich gerne an. Den Freiburgern bieten sich zahlreiche Möglichkeiten, ihre »geliebte alte Stadt« (so der Titel eines Bildbands von Leif Geiges) von allen Seiten zu betrachten. Freiburg ist nicht nur die »Stadt der Gotik und des Weins«, wie es immer auf den Postkarten heißt, sondern auch die »Stadt des Aussichtspunkts«. Sollte Ihnen dieser Name noch nicht untergekommen sein – er wurde eigens für diese *Gebrauchsanweisung* erfunden. Es hat aber auch wirklich kaum eine Stadt so viele Stellen mit so unglaublich guter Aussicht wie Freiburg.

1. Das Neko

Im 17. und 18. Stockwerk der Büro- und Häuserzeile am Hauptbahnhof (nicht im *Intercity*-Hotel links, sondern im *Solar Tower* rechts des Bahnhofs) residiert das *Neko*, ehemals *Kagan*. Ab 17 Uhr gibt es Sushi. Nachts, wenn Discothekenbetrieb herrscht, tanzen hier die Freiburger über den Dächern der Stadt. Das voll verglaste Stockwerk bietet ein sagenhaftes 360°-Panorama. Von hier sieht man restlos alles, was Freiburg ausmacht: das Münster und das enge Gassengewirr der Altstadt, den Schlossberg und die Schwarzwaldhöhen dahinter, daneben die toskanisch anmutenden Hügel des Hexentals und auf der anderen Seite den Kaiserstuhl und die Vogesen und die Rheinebene, deren Flimmern im Hochsommer mediterran anmutet. Vom *Neko* sieht man die schöne Aussichtsplattform auf dem Dach des Universitäts-Kollegiengebäudes II in der Bertoldstraße. Die ist aber schon vor Jahren geschlossen worden, da zu viele lebensmüde Studenten von ihr heruntergesprungen sind.

2. Kanonenplatz, Sternschanze, Greiffenegg-Schlössle

Vom Kanonenplatz und der Sternschanze, einem Überbleibsel der von den Franzosen geschleiften Wehranlage auf dem Schlossberg, hat man einen schönen Blick auf die Altstadt, das Münster, ins Dreisamtal, auf die Vogesen und den Schönberg. Vermutlich meinte Charles de Gaulle den Schlossberg, als er an seine Mutter schrieb: »Der Lillisberg ist ein steiler Berg, der Freiburg überragt. Von dort oben sieht man durch die Belfort-Schneise bis nach Frankreich, und von dort habe ich Euch aus der Ferne gegrüßt.« Der spätere französische Präsident hatte Deutschland als Student bereist. 1908 war das.

Ein paar Hundert Meter weiter hinten beginnt der Treppenaufstieg zum neu errichteten Schlossbergturm. Direkt unter der

Sternschanze lädt das *Greiffenegg-Schlössle* zum Verweilen ein, dessen beste und beliebteste Plätze am hinteren Rand liegen. An Sommerabenden ist hier sehr viel los, aber nachmittags ergattert man mit Glück einen Platz an der Sonne. Der Biergarten ist so nah am Felsen gebaut, dass man von dort quasi senkrecht auf die Wiehre herunterschauen kann. Dieser schöne Stadtteil, der wegen seines hohen Altbaubestands sehr begehrt ist, liegt auf der anderen Seite der Dreisam.

3. Der Dattler

Weiter nördlich lockt das *Café Dattler* mit seiner Aussichtsterrasse und einer ansprechenden Speisekarte. Bis vor ein paar Jahren fuhr hier eine putzige kleine Seilbahn hoch, die ihre Talstation im Stadtgarten hatte. Sie wurde aus Altersgründen gegen eine moderne Schienenbahn ausgetauscht.

Vom Stadtgarten führt der Karlssteg zurück in die Altstadt. Diese schmale Betonbrücke ist eine Spannbandkonstruktion, die man zum Schwingen bringen kann, wenn man genügend Leute beisammenhat. Dreimal gemeinsam hochspringen und dann abwarten, was passiert. Es lohnt sich.

4. Der Roßkopf

Von der Sternschanze kann man in zwei Stunden auf den Roßkopf laufen, ein beliebtes Kurzwanderziel der Freiburger. Vom Roßkopfturm, einer prächtigen Eisenkonstruktion aus dem 19. Jahrhundert, sieht man von Freiburg nicht mehr allzu viel, dafür hat man einen wunderbaren Blick auf den Schwarzwald. Man hat auch einen Blick *aus* dem Schwarzwald *heraus*, denn hier oben wimmelt es von Bäumen. Sie bedecken jede Anhöhe und jedes Tal; wo man hinsieht, Wald. Die geringe ästhetische Anziehungskraft der Windkrafträder, die auf immer mehr Gipfeln stehen, nehmen wir hin. Irgendwoher muss der Ruf der Ökohauptstadt Deutschlands ja kommen.

Wer immer noch nicht genug hat, kann weiter ins Kloster St. Peter laufen. Alle anderen kehren bitte wieder um. Alle Wege führen talabwärts. Besonders lohnenswert ist der nordwestliche über den Hasenkopf, auf dem man im unberührt daliegenden Wildtal landet, das mit seinen wenigen Bauernhäusern, Wiesen und Obstbäumen aussieht wie aus dem Bilderbuch.

Geht man vom Roßkopf in südlicher Richtung durch den Ottilienwald mit dem einladenden Ausflugslokal *St. Ottilien*, liegt einem wenig später das alte SC-Stadion zu Füßen. *Seller Rase war e Pläsier.* Man versteht, warum Zlatan Bajramović die Freiburger Idylle so gefiel. Der bosnisch-herzegowinische Fußballer, der drei Jahre lang in Freiburg spielte, sagte: »Die Trainingseinheiten, bei denen einfach mal keiner zuguckt und man das Plätschern der Dreisam hört, das war schon sehr schön.«

5. Schauinsland

Der 1284 Meter hohe Schauinsland befindet sich noch auf Freiburgs Gemarkung. Sie können auf Freiburgs Hausberg wandern oder die Seilbahn nehmen (Talstation ist in Horben) oder mit dem Rad oder Auto die Serpentinen erklimmen. Motorradfahrer dürfen am Wochenende und an Feiertagen hier nicht fahren. Es wurden irgendwann einfach zu viele.

Vom Schauinsland sieht man alles: Teile von Freiburg und die Oberrheinische Tiefebene, den Feldberg und den Belchen, die Vogesen und die Alpen; vom Turm aus an guten Tagen sogar den Mont Blanc. Bezaubernd sind auch die Bergdörfer Oberried, Münstertal und Horben.

Besonders in den kühlen Monaten lohnt sich ein Ausflug. Bei Inversion ist der Gipfel wolkenfrei, und man kann über die Wolkendecke hinweg bis zu den Schweizer Alpen sehen. Wenn dann auch noch die Sonne untergeht und alles rot einfärbt, kann einem schon mal der Atem stocken vor Schönheit.

Nehmen Sie sicherheitshalber eine Mütze mit. Wie stark der Wind hier manchmal pfeift, kann man an den Windbuchen sehen, die hier oben stehen. Die sind vollkommen schief gewachsen und sehen aus, als wären sie auf der Flucht.

Wahrzeichen III: Die Häuser

Obwohl im Zweiten Weltkrieg viele Häuser zerstört wurden, ist Freiburg eine alte Stadt geblieben. Abgesehen von ein paar architektonischen Bausünden, dem Kaufhaus Breuninger in der Kaiser-Joseph-Straße zum Beispiel, an dessen Erscheinungsbild man sich auch nach über dreißig Jahren nicht gewöhnt hat, oder jener der Stadt zugewandten Seite der Schlossberggarage, hat man sich beim Wiederaufbau an den alten Straßen- und Gassenverlauf gehalten. Es gilt: Je enger die Gassen, desto zahlreicher die Touristen.

Viele Häuser wurden nach Originalvorlagen rekonstruiert, das Kornhaus am Münsterplatz etwa. Genauso wie die unzerstörten haben sie bemalte Fassaden und einen eigenen Namen: *Zum Alten Kameeltier*, *Zum Ritter*, *Zum Herzog*, *Zum Dachs* oder *Zur Sichelschmiede*. Im Mittelalter konnten die wenigsten Menschen lesen, also ließ man die Häuser sprechen.

1565 schrieb die Stadt Freiburg diese Häusernamen, die später durch Straßennamen und Hausnummern ersetzt wurden, sogar per Gesetz vor. Viele Gasthäuser wurden in dieser Zeit eröffnet: *Zum Grünen Baum*, *Zum Schiff* oder *Zum Wilden Mann* (in Sulzburg gibt es eine Pizzeria *Zum Wilden Mann*). Dieser Name ist keine Warnung, dass man sich besser nicht über das Essen beschweren sollte, sondern geht auf eine alemannisch-germanische Sagenfigur zurück, die mit übernatürlichen Kräften ausgestattet war und als Einzelgänger in den Wäldern lebte.

Auch mancher Schwarzwälder Nachname verrät viel über die Herkunft seines Trägers. *Winterhalder* oder *Winterhalter* hießen die Bauern, die keine Sommerhalde bewohnten oder bewirtschafteten, sondern eine Winterhalde, Geländestücke der Nordseite, auf denen der Winter früher einsetzte beziehungsweise später wich.

Deutschlands ältestes Gasthaus liegt am Oberlindenplatz und heißt *Zum Roten Bären*. Es wurde zwar in seiner Bausubstanz verändert – seine jetzige Fassade stammt aus dem 18. Jahrhundert –, aber es wird seit über fünfzig Generationen von Wirtsleuten betrieben. Hamman Bienger war der erste Wirt, der im Jahr 1311 nachweislich fahrenden Händlern und Kaufleuten, die durch das Schwabentor direkt in die Stadt kamen, Schlafstatt, Essen und Schutz bot. Im *Roten Bären* traf sich die Zunft der Schuhmacher. Im Münster gibt es ein Fenster der Schuhmacherzunft »zu dem Bern«, das vom Anfang des 14. Jahrhunderts stammt. Es lohnt sich immer noch, hier einzukehren, die gute badische Küche zu genießen und nach dem Mahl anzufragen, ob man sich das Kellergemäuer ansehen darf.

Als ich das letzte Mal da war, wurde ich vom Chef persönlich drei Stockwerke unter die Erde geführt. Als die Stadt im Mittelalter wuchs und mit ihr die Bevölkerungszahl, wurde sie mit einer knapp drei Meter hohen Kiesschicht aufgeschüttet. Das musste sein, um alle Teile der Stadt weiterhin mit frischem Wasser versorgen zu können, das in Leitungen aus Holz und Stein eingeleitet wurde. Man stockte die Häuser um ein oder mehrere Etagen auf. Was einst Erdgeschoss gewesen war, wurde zum Keller, und Keller wurden zu sogenannten Tiefenkellern. Einige existieren heute noch. Einer davon ist der im *Roten Bären*. Auf der steilen Treppe, zwischen Arkaden, Steinpfeilern und Weinregalen, kann man förmlich spüren, wie man mit jedem Meter tiefer in die Geschichte hinabsteigt.

Wahrzeichen IV: Die Stadttore

Dass eines der beiden Freiburger Stadttore Schwabentor heißt, ist keine Verbeugung vor den Württembergern. Sondern ein Symbol der Abgrenzung. Früher hieß das Tor am Oberlindenplatz Obertor. Ein zehnstrophiges Gedicht von Karl Mayer erklärt, wie es zur Umbenennung kam. Es sagt viel über das aus, was man hier den Schwaben alles zutraut: »In Schwaben war ein Bäuerlein, das hatte Gold in Haufen, ward übermütig gar beim Wein und wollte Freiburg kaufen.« Dieser Landwirt ist auf der stadtzugewandten Seite abgebildet. Die Ratsherren hatten natürlich kein Interesse, ihre Stadt loszuwerden, da konnte der Schwabe noch so mit seinen Reichtümern prahlen. Außerdem hatte er die Rechnung ohne seine Frau gemacht, die in der Nacht vor seiner Abreise das Gold gegen Sand und Steine ausgetauscht hatte. »Still zog er ab mit Sack und Pack, ließ flugs die Rösslein laufen. Das Tor tät man zum Schabernack in Schwabentor umtaufen.«

Das andere erhaltene Stadttor Freiburgs ist das Martinstor in der Kaiser-Joseph-Straße. Man kann sie leicht unterscheiden; im Martinstor befindet sich eine McDonald's-Filiale. Eine alte Schwarz-Weiß-Aufnahme beweist, dass das Tor schon eine Gaststätte beherbergte, als das Fast Food noch gar nicht erfunden war. An seiner Wand prangte lange Zeit eine klassische Martinsdarstellung: Martin hoch zu Ross, zu seinen Füßen ein Bettler, mit dem er seinen Mantel teilt. Das Bild wurde 1968 entfernt, weil es zu beschädigt war.

Lange wurde darüber diskutiert, ob das weiße Tor wieder bemalt werden soll. Für die Grünen-Fraktion im Gemeinderat kam ein neuer Martin nicht infrage. Denn ein edler Reiter, der seinen Mantel teilt, transportiere ein nicht mehr zeitgemäßes Verständnis der sozialen Probleme in einer Gesellschaft. Das Bild verherrliche die Geste des gut bestallten Militärhauptmanns (oder Geschäftsmanns?) und zeige den Bettler als geschmäcklerische Zutat. Wenn schon ein Martin, forderte jemand, dann wenigstens Martin Luther King.

Knapp fünfzig Jahre lang fand sich keine Lösung. Böse Zungen behaupteten, über die Gestaltung des Tors würde so intensiv gestritten, weil es keine anderen relevanten Auseinandersetzungen mehr gebe. Seit 2016 steht fest, dass das Tor weiß bleibt. In einer Abstimmung hatte sich der Gemeinderat der Empfehlung einer eigens eingesetzten Kunstkommission angeschlossen. Es gab zwei Enthaltungen.

Wahrzeichen V: Die Studenten

Von den vielen alten Straßen und Gassen setzen sich kontrastreich die vielen jungen Menschen ab, die darin unterwegs sind. Das sind Studenten auf dem Weg ins Seminar, in die Mensa oder in die Kneipe. Alle wichtigen Universitätsgebäude befinden sich in der Innenstadt. Dafür hat Erzherzog Albrecht VI. von Österreich gesorgt, als er die Universität 1457 gründete.

»Da viele Kollegien, Professoren, Beamte, Offiziere und andere gebildete Leute in der Stadt sind, so ist die hiesige Lebensart eher nach dem Ton großer Städte als kleinstädtisch«, schrieb Philipp Ludwig Hermann Richter 1791 in seinem geografisch-statistisch-topografischen Lexikon. Daran hat sich bis heute nichts geändert. Mangels Industrie leben hier wenige Arbeiter, dafür umso mehr Akademiker. Nach dem Studium bleiben viele einfach da. Deswegen, wird immer wieder kolportiert, habe die Stadt auch die höchste Ärzte- und Rechtsanwaltsdichte im ganzen Land.

Verbrieft ist, dass Mathilde Wagner sich im Jahr 1900 als erste Studentin an einer deutschen Universität immatrikulierte. Sie hatte ihr Medizinstudium in der Schweiz begonnen und 1901 in Freiburg promoviert. Anschließend ließ sie sich als Ärztin in Weimar nieder und behandelte Männer nur, wenn es sich gar nicht vermeiden ließ. Jahre später erzählte sie, dass ein Freiburger Professor ihr nur erlaubte, an seiner Vorlesung teilzunehmen, wenn sie hinter einem eigens für sie angebrachten Vorhang saß. Seit 2014 vergibt die Universität Freiburg jährlich den Mathilde-Wagner-Preis an herausragende Wissenschaftlerinnen in der Medizin.

Insgesamt gibt es hier 30 000 eingeschriebene Studenten, bei 230 000 Einwohnern können die gar nicht anders als auffallen. Sie verteilen sich auf pädagogische, soziale und musische Hochschulen. Die allermeisten jedoch sind an der Albert-Ludwigs-Universität immatrikuliert. Wie viele von ihnen wohl wissen, wessen Namen die Universität trägt, die sie tagein, tagaus betreten – ausgenommen Wochenenden, Semesterferien und all die Tage, an denen sie so spät aufstehen, dass es sich gar nicht mehr lohnt hinzugehen?

Der *Albert* im Namen geht auf ihren Gründer zurück (Albert ist die lateinische Fassung von Albrecht), *Ludwig* kam etwa 350 Jahre später dazu. Im Jahr 1820 gab es Pläne, die Universität mit der in Heidelberg zusammenzulegen. Markgraf Ludwig von Baden verhinderte das, indem er eine ausreichend große Menge Geld zur Verfügung stellte. Um seine Verdienste zu würdigen, wurde sein Name in die Universität integriert. Eine frühe Form des Doppelnamens also.

Die Universität ist mit der angeschlossenen Klinik der größte Arbeitgeber der Stadt. Sie hat neun Nobelpreisträger hervorgebracht, darf sich Eliteuni nennen und wird mit entsprechenden finanziellen Mitteln des Landes und des Bundes ausgestattet. Dabei liegt ein Schatten über dem Haus, denn die ein oder andere Spitzenleistung wurde nicht ganz legal erzielt. Mediziner des Uniklinikums haben seit den Sechzigern systematisch Doping erforscht und Studien mit dem Titel *Regeneration und Testosteron* erstellt. Wie man heute weiß, auch im Auftrag des Innenministeriums.

Der Kampf um Medaillen ließ alle Hemmschwellen fallen. Da wurden Dopingmittel schon mal über das Konto »dopingfreier Sport« abgerechnet. Und Mediziner, die in Freiburg studierten, arbeiteten später als Olympia-Ärzte oder bei der Tour de France.

Soll man resignieren ob des systematischen Betrugs, der alle Bereiche unserer Gesellschaft erfasst hat? Oder sich dafür schämen, weil man immer wieder den Siegern zujubelt, obwohl man sich denken kann, dass es nur noch selten mit rechten Dingen zugeht?

Wahrzeichen VI: Die Bobbele

1929 war ein bedeutsames Jahr. Der Sport-Club Freiburg feierte sein 25-jähriges Bestehen mit einem großen Festprogramm. In Horben wurde der Grundstein für die Schauinslandbahn gelegt. Und Mathilde Otto gründete ein Wöchnerinnenheim für mittellose Mütter des Mittelstandes und des Arbeiterstandes. In diesem Haus in der Dreisamstraße, aus dem später das St.-Elisabeth-Krankenhaus wurde, steht die Wiege einer der wichtigsten Freiburger Stadtmythen. Nur wer im St. Elisabeth-Krankenhaus geboren wurde, heißt es nämlich, sei ein *waschechtes* Freiburger Bobbele.

Auf das waschechte Freiburger Bobbele kommt die Sprache meist dann, wenn es um das Freiburger Lebensgefühl geht. Das haben alle, die hier leben, egal, ob sie waschechte oder zugezogene Bobbele sind. Dieses Lebensgefühl nährt sich am guten Wetter, am guten Essen, an der guten Luft, der vielen schönen Natur und den vielen anderen freundlichen Bobbele um einen herum. In Freiburg ist man einfach nett zueinander, und im besten Sinne leut- und redselig. Freiburger sind selig, wenn sie andere Leute um sich haben, mit denen sie reden können. Und dass sie in einer so schönen Stadt mit einer so hohen Lebensqualität leben dürfen, mit mediterranem Flair, französischem Savoir-vivre und deutscher Organisiertheit. Ob ein waschechtes Freiburger Bobbele das mehr empfindet als die anderen?

Ein Freiburger Bobbele kann sich freuen, eins zu sein. Ein *waschechtes* zu sein kann ein Wohlgefühl auslösen, manchmal auch ein bisschen Stolz, der natürlich unbegründet ist, schließlich kann man nichts dafür, wo einen die Mutter zur Welt gebracht hat. Aber das Original zählt halt immer *e klei wengeli meh* als ein Zugereister. Dabei geht man in Freiburg aber nicht so weit wie in Berlin, wo man die Bobbele regelmäßig auffordert, die Stadt gefälligst wieder zu verlassen, und alle anderen Süddeutschen gleich mit. Ich lebe seit 25 Jahren dort und weiß, wovon ich spreche.

Über 55 000 Freiburgerinnen und Freiburger wurden seit 1929 im St.-Elisabeth-Krankenhaus geboren. Als es 2012 seine Pforten schloss, befürchteten viele das Aussterben der waschechten Freiburger Bobbele. Aber Peter Kalchthaler, der langjährige Leiter des Museums für Stadtgeschichte, erklärte diese Sorge für unbegründet: Man sprach schließlich schon von Freiburger Bobbele, als es das Wöchnerinnenheim in der Dreisamstraße noch gar nicht gab. Bobbele wurden nachweislich schon 1909 erwähnt und damit zwanzig Jahre vor der Eröffnung der Klinik. Das war im *Breisgauer Volksspiegel*, einer Sammlung volkstümlicher Sprichwörter, Redensarten, Schwänke, Lieder und Bräuche in oberalemannischer Mundart. Darin wurden alle Großstädter als Bobbele bezeichnet. Also auch Neustädter, Lörracher oder Emmendinger. Im Lauf der Jahrzehnte verschob sich die Bedeutung, bis irgendwann nur noch die Freiburger Bobbele gemeint waren. Zumindest in Freiburg und Umgebung.

Im Alemannischen ist Bobbele ein gängiger Begriff für kleine Kinder und anderes Kleines. Ein kleiner Hintern ist zum Beispiel ein Bobbele. Die kleinen Zapfen der Fichte heißen Fichtenbobbele. Und ein berühmter Tennisspieler hieß mal Bobbele. Der stammt aber nicht aus Freiburg. Sondern aus Leimen, das etwa 160 Kilometer weiter nördlich liegt. In Leimen spricht man zwar kein Alemannisch, sondern Kurpfälzisch, was eine Dialektgruppe des Rhein-Fränkischen ist, aber die sprachlichen Grenzen sind bekanntlich fließend. Als Boris Becker mit 17 Jahren Wimbledon gewann, hatte er so was Frisches und Unbeschwertes an sich, wie ein Bobbele eben. Bloß halt keins aus Freiburg.

Ursprünglich war Bobbele mal ein Schimpfwort. Das *Badische Wörterbuch*, das 1925 erstmals erschien, bezeichnet *Bobbele* und *Poppele* als kindische oder geistig beschränkte Menschen. Ansonsten existiert vom Bobbele kein Bild. Man *ist* ein Bobbele. Ein Bobbele zu sein ist ein Lebensgefühl. Eine Grundstimmung. Etwas Innewohnendes, das nur schwer in Worte zu fassen ist und noch viel schwerer in ein Bild. Oder in eine Figur.

Trotzdem kam vor wenigen Jahren eine Gipsfigur auf den Markt, die »Freiburger Bobbele« heißt, knapp 16 Zentimeter groß ist und aussieht wie eine Mischung aus Mainzelmännchen und Tanzfee. Sie trägt einen Gehrock und eine Mütze mit fünf Kugeln daran. Außerdem hat die Figur, die in vielen bunten Farben erhältlich ist, nur einen Stiefel an, den anderen hält sie in der Hand. Da die gewellten Linien auf dem Boden ein Freiburger Bächle symbolisieren sollen, dürfte die Figur gerade in ein Bächle getreten sein. Heißt das nun, dass Freiburger Bobbele öfter mal in ein Bächle treten? Und ist die Figur eine Frau oder ein Mann, ein Kind oder ein Erwachsener?

Erfunden haben die Figur zwei Freiburgerinnen, die auch den Namen »Freiburger Bobbele« schützen ließen. Was lange niemanden gestört hat. Weil niemand von diesem Coup wusste. Die Figur tauchte auf, stand in ein paar Souvenir- und Museumsshops herum und tangierte das Leben der Freiburger nicht weiter. Bis zwei waschechte Freiburger Bobbele Ärger bekamen. Ein Unterhaltungskünstler, der bei seinen Auftritten »Friburger Bobbele«-T-Shirts verkaufte, und ein Modedesigner, der »Bobbele«-T-Shirts herstellen wollte. Beide sollten dafür eine jährliche Gebühr bezahlen.

Die Fälle wurden publik. Und in Freiburg stellte man sich verwundert die Frage, ob man »Freiburger Bobbele« wirklich schützen lassen kann. Freiburger Bobbele gehörten doch bis dato niemandem und damit allen. Dieser stehende Begriff ist mit der Stadt verbunden wie die Fahrradfahrer und die Bächle und die Marktwurst. Antwort: Man kann. Wenn man beim Deutschen Patent- und Markenamt in München einen Markennamen anmeldet und eine Gebühr entrichtet.

Mindestens genauso groß war der Schreck darüber, dass das Freiburger Bobbele plötzlich eine Figur sein sollte. Es gibt zwar die Narrenzunft der »Friburger Bobbili« aus Hasslach sowie ein »Friburger Bobbele«, das zu den Blauen Narren aus Herdern gehört, und ein *Friburger Bobbele* führt durch eine Bürgerinformationsbroschüre, die alle zwei Jahre erscheint. Aber diese drei sind nur, was sie sind, und haben nicht den Anspruch, für alle Freiburger Bobbele zu stehen. In diese Lücke wollten die beiden Markennamen-Inhaberinnen vorstoßen. Sie hätten nämlich festgestellt, dass es zum Freiburger Bobbele keine historische bildliche Entsprechung gebe. Darum hätten sie eine »It-Figur« erfunden, die zu einer Auseinandersetzung mit dieser Leerstelle einladen solle. Eine Projektionsfläche, damit sich Freiburgerinnen und Freiburger mit ihr identifizieren könnten.

Blöd, dass diese Leerstelle gar nicht empfunden wird. Und sich kein Bobbele mit irgendwas identifizieren will, schon gar nicht mit einer knallbunten Gipsfigur, der man ihre Reißbretthaftigkeit ansieht. Freiburger Bobbele sind Frauen und Männer, Alte und Junge, *Dubel* und *Käpsele*, Menschen aller Hautfarben und Körperformen, die eins gemeinsam haben: Sie wurden in Freiburg geboren, *meh isches nit.*

Auch im ehemaligen St.-Elisabeth-Krankenhaus in der Dreisamstraße ist man übrigens sehr geschäftstüchtig. Der *Förderverein Elisabethschwestern* bietet waschechten Freiburger Bobbele eine offizielle Bobbele-Urkunde an, die neben den wichtigsten Geburtsdaten die Kopie des originalen Geburtsberichts enthält. Schlappe 35 Euro kostet der Spaß. Das Gute ist: Sämtliche Einnahmen fließen in soziale Projekte in Indien. Was wohl Bobbele auf Indisch heißt?

Wahrzeichen VII: Die Ruhestörung

Ein rund drei Meter hoher Leuchtkörper steht auf dem Augustinerplatz und soll nachts mit verschiedenen Farben anzeigen, wann es 23 Uhr ist und zum Schutz der Nachtruhe die Musik enden muss. Wie bei einer Verkehrsampel steht Grün für Musik, Gelb für langsame und leise Musik und Rot für keine Musik mehr. Das Konzept stammte von Schülern der Walther-Rathenau-Schule. Gezielt wurden junge Leute eingebunden, da diese sich ja hauptsächlich abends auf dem Platz treffen. Der Gemeinderat sprach von einem lohnenswerten Versuch und einer tollen Idee, von einer willkommenen Abkehr von der Law-and-Order-Politik und davon, dass die Säule zur Entschärfung der Konflikte beitragen werde. Doch das blieben Wunschträume. Die Säule bewirkte wenig bis gar nichts. Im Gegenteil, sie wurde angezündet, mit Bier begossen, besungen und verlacht.

Das sind Probleme, mit denen alle Städte zu kämpfen haben, egal ob groß oder klein. Große Teile des freizeitlichen Lebens haben sich in den öffentlichen Raum verlagert, wie man es früher nur aus mediterranen Ländern kannte. Wahrscheinlich liegt es an der Erderwärmung, die zu immer wärmeren Nächten führt. Oder weil Freiburg so viele schöne Plätze hat, die mindestens genauso gemütlich sind wie der Feierling- oder der Ganter-Biergarten. Zudem hat das Biertrinken im öffentlichen Raum einen enormen Imagewandel erfahren. Wer vor dreißig Jahren Bier auf der Straße trank, war Penner oder Alkoholiker oder beides. Heute gehört das *Wegbierle* zum guten Ton. Auch ist die Späti-Kultur aus Berlin, Leipzig und anderen Städten des Ostens in den Westen geschwappt.

Am Lederleplatz im Stühlinger hatte 2019 Freiburgs erster Späti eröffnet. Freiburg wäre nicht Freiburg, wenn es ein ganz normaler Späti gewesen wäre. Das elfköpfige Kollektiv wollte kein Geld verdienen, sondern einen Raum schaffen, der Platz bietet »für mehr als Konsum«. Ein Freiraum sollte es sein, an dem viele verschiedene Menschen zusammenkommen können, mit Musik und Lesungen und Infoveranstaltungen, einem Nähcafé, einem Umsonstregal sowie Kaffee und Tee auf Spendenbasis. Nach zwei Jahren war Schluss. Ärger mit den Nachbarn. Anzeigen wegen Lärmbelästigung. Streit wegen Uringeruch und Vermüllung. Wer spätabends in Freiburg unterwegs ist und noch ein Bier will, muss jedoch nicht verzagen. Statt Spätis gibt es hier mobile Händler, die in Eigenregie durch die Straßen ziehen und Alkohol vertreiben. Auch auf dem Augustinerplatz.

Die dortigen Anwohner sind nicht zu beneiden. Die Kombination aus Freiheitsdrang, Geselligkeit, Hormonen, Alkohol,

Drogen und lauen Sommernächten kann wirklich eine enorme Geräuschkulisse produzieren. Ein Lärmgutachten ergab, dass die nach der Freizeitlärmrichtlinie erlaubten 45 Dezibel sehr oft überschritten werden. Trommeln, Bongos, Gitarren und Autoradios verursachen sogar Lärmspitzen von bis zu 70 Dezibel. Besonders laut seien auch Schreien, Klatschen, Flaschensammeln und Junggesellenabschiede.

Seit es den neu angelegten Platz der Alten Synagoge zwischen Universität und Stadttheater gibt, ist die Zahl der nächtlichen Besucher auf dem Augustinerplatz gesunken. Aber ganz verschwunden sind die Nachtschwärmer nicht. Weswegen die Anwohner forderten, dass die Säule nach Mitternacht abgeschaltet wird, da sie nicht nur nicht für Ruhe sorge. Sondern im Gegenteil, der in rotes Licht getauchte Platz für Ruhestörer noch besonders anziehend wirke. Da ist was dran. In lauen Sommernächten gibt es kaum einen lauschigeren Ort als die Mauern und Treppen auf dem Augustinerplatz. Die Abschaffung der Säule lehnte die Stadt Freiburg aber ab, da sie mittlerweile Teil der Stadtgeschichte und in jedem Reiseführer zu finden sei. Und in jeder Gebrauchsanweisung.

Wahrzeichen VIII: Gewalt und Gegengewalt

Schreckliche Gewalttaten waren es, die in den letzten Jahren in Freiburg passiert sind und die Stadt in ihrer Seele trafen und ihr Image als friedliebende und integrative Grünenhochburg für immer veränderten. Im Oktober 2016 wurde eine Studentin nachts an der Dreisam vergewaltigt, gewürgt und in den Fluss gestoßen, wo sie ertrank. Als Täter überführt wurde ein afghanischer Flüchtling, der bei der Einreise falsche Angaben über sein Alter gemacht hatte. Wenige Wochen später wurde im Kaiserstuhl eine Joggerin missbraucht und ermordet. Ein halbes Jahr später wurde ein rumänischer Lkw-Fahrer, der in der Nähe von Freiburg wohnte, der Tat überführt. Und im Oktober 2018 wurde eine junge Frau vor einer Freiburger Diskothek von mehreren Männern vergewaltigt. Sie war völlig hilf- und wehrlos, weil sie zum ersten Mal synthetische Drogen genommen hatte, die einer der Männer ihr verkauft hatte. Angeklagt wurden zehn Flüchtlinge aus Algerien, Syrien und dem Irak sowie ein Deutscher. Einige waren der Polizei bereits wegen Alkohol- und Drogenmissbrauch, Brandstiftung und Hehlerei bekannt. Drei wurden freigesprochen, acht zu Freiheitsstrafen zwischen vier Monaten (wegen unterlassener Hilfeleistung) und fünfeinhalb Jahren verurteilt.

Die Stadt geriet bundesweit in die Schlagzeilen. Es gab Gäste, die ihren geplanten Freiburg-Urlaub absagten. Die *Bild*-Zeitung schrieb von Schlägereien, Drogenhandel, verwahrlosten Mädchen mit Bierdosen und aggressiven Kerlen, die im Colombipark die Tage und Nächte verbringen. Die *Süddeutsche Zeitung*, dass es Ecken gebe, die man nachts meiden solle, und *Spiegel Online*, dass die Stadt an ihre Grenzen stoße.

Alle hatten recht. Jedes einzelne Verbrechen war grausam. Jedes einzelne wurde heftig diskutiert. Zusammen haben sie die Stadt für immer verändert.

Den Freiburgerinnen und Freiburgern wurde klar, dass die Idylle ihrer Stadt keine Selbstverständlichkeit, vielleicht sogar ein Trugbild ist. Dass Freiburg eine ganz normale Stadt mit ganz normalen Problemen ist, in der furchtbare Verbrechen geschehen können. Seit Jahren hatte der damalige Oberbürgermeister Dieter Salomon immer wieder darauf hingewiesen, dass Freiburg die Kriminalitätsstatistik in Baden-Württemberg anführe. Mehr Polizeikräfte, die er gefordert hatte, waren nie bewilligt worden.

Die örtliche und zeitliche Dichte der Taten und die Herkunft der meisten Täter führte zu bundesweiten, teilweise heftigsten Diskussionen. Der nachfolgende Oberbürgermeister Martin Horn, der vor Pauschalisierungen gewarnt hatte, erhielt massive Gewalt- und Morddrohungen. Dass die meist von Menschen stammten, die gar nicht in Freiburg wohnen, lässt sich nicht mit der Friedfertigkeit der Freiburger erklären. Sondern mit der beängstigenden Dynamik des Internets und der völlig entgrenzten Diskussionskultur, die das kleinste Vergehen, die harmloseste Meinungsverschiedenheit dort lostreten können. Horn nannte es eine destruktive Emotionalität, die rational nicht erklärbar sei.

In Freiburg gab es Demonstrationen und Gegendemonstrationen. Die einen machten die Flüchtlingspolitik der Bundesregierung für die Taten verantwortlich: Wären keine Flüchtlinge ins Land gelassen worden, wäre nichts passiert. Die anderen mahnten, man dürfe keine Tat instrumentalisieren und Flüchtlinge nicht pauschal als Verbrecher abstempeln. Und sie verwahrten sich gegen den Vorwurf, »Blut an ihren Händen« und »diese Mädchen mitgeschändet« zu haben.

Tatsächlich hatte Freiburg seit 2016 viele unbegleitete minderjährige Flüchtlinge aufgenommen. Die Stadt ist liberal und links-grün geprägt, die Bereitschaft, zu helfen, groß. Zudem ist Freiburg der erste große Bahnhof nach der deutsch-schweizerischen Grenze, über die viele Geflüchtete kommen.

Martin Horn erklärte später in einem Interview, dass der größte Groll auf die Täter von anderen Geflüchteten gekommen sei. Weil Menschen, die hier Schutz und Hilfe bekommen hatten, mit dieser Tat pauschale Vorurteile bestätigten und für alle Geflüchteten Schande und Stigmatisierung bedeuteten.

Baden-Württembergs Innenminister überlegte, straffällig gewordene Flüchtlinge zurück nach Syrien zu schicken, und der Ministerpräsident, ob man sie aus den Großstädten holen und aufs Land bringen könnte. Es waren schlimme Verbrechen und schwierige Zeiten, die selbstverständlich kontrovers diskutiert wurden. Nicht selbstverständlich war, wie ruhig und sachlich die meisten Freiburgerinnen und Freiburger geblieben sind. Natürlich lösten die Taten Angst aus, aber die allermeisten gingen differenziert damit um, instrumentalisierten sie nicht und ließen sich zu keinen Pauschalisierungen hinreißen. Es gebe keinen Kulturkreis der Welt, der so abscheuliche Verbrechen toleriere, sagte Dieter Salomon. Man glaube an eine rechtsstaatliche Behandlung und Bestrafung der Täter, sagte Martin Horn. Die dann ja auch erfolgt ist.

Die Taten haben die Stadt verändert. Das Land Baden-Württemberg und die Stadt Freiburg bauten ihre Sicherheitspartnerschaft aus, die Polizei stockte ihr Personal auf, und die Stadt stellte mehr Sozialarbeiter ein. Ausgebaut wurden auch die Nachttaxen für Frauen, die deutlich mehr Mitfahrerinnen befördern als früher. Die Polizei darf an Treffpunkten wie dem Stühlinger Kirchplatz, dem Colombipark und dem Bermudadreieck, die zu »gefährlichen Orten« erklärt wurden, Personen anlasslos kontrollieren, wenn sie sich dort aufhalten. Außerdem dürfen diese Orte mit Videokameras überwacht werden. Was allerdings umstritten ist. Kameragegner kritisieren, dass diese bloß die freiheitlichen Bürgerrechte einschränken würden. Da Kameras bei stark emotional geleiteten Taten keine abschreckende Wirkung hätten und somit keinen Mord und keine Vergewaltigung verhindern würden. Und Dieter Salomon stellte klar, dass auch fünfmal so viele Polizisten das Verbrechen an der Dreisam nicht hätten verhindern können.

Beten und Einkaufen

Das Freiburger Münster und der Münstermarkt

Im Stadtteil Rieselfeld steht die Maria-Magdalena-Kirche, eines der wenigen ökumenischen Gotteshäuser Deutschlands. Katholiken und Protestanten haben jeweils einen Raum; einen dritten, in dem das Taufbecken steht, teilen sie sich. Den faszinierenden Bau der Architektin Susanne Gross, der 2005 mit dem Deutschen Architekturpreis ausgezeichnet wurde, sollten Sie sich ansehen. Die Gemeinden hatten bei der Ausschreibung um Materialien gebeten, die »etwas von der natürlichen Schönheit der Schöpfung« ausdrücken. Gross hat unverputzten Beton gewählt.

Zunächst mag die Kirche mit ihren schiefen und asymmetrischen Wänden ein wenig kühl und abweisend wirken. Sie sieht aus wie ein riesiger Würfel, der auf den Boden gefallen ist. Aber dann bemerkt man, dass diese ungeschminkte Kargheit etwas sehr Anregendes und Anziehendes hat.

Zwei der Innenräume bestechen durch ihren völlig unterschiedlichen Umgang mit Licht. Während die Sonne bei den Katholiken durch verschieden große Fenster eindringt und durch den Raum wandert, hat die evangelische Seite eine große Fensterfront, die den Raum in gleichmäßig helles Licht taucht.

Das kann man vom Münster nicht sagen. Dessen Inneres ist groß, mächtig, beeindruckend und vor allen Dingen dunkel. Auch wenn draußen die Sonne scheint, was in Freiburg praktisch immer der Fall ist. Sie sollten einen Besuch des Münsters aber nicht vom Wetter abhängig machen. Es ist zu jeder Jahreszeit schön. Nehmen Sie sich Zeit. Bestaunen Sie seine Größe und Eleganz, tauchen Sie ein in seine Langsamkeit und Ruhe. Beobachten Sie, wie sich das dunkle Rot des Sandsteins je nach Jahres- und Tageszeit, nach Luftfeuchtigkeit und Temperatur leise verändert. Erkunden Sie sein innerstes Geheimnis, das kein kunsthistorischer Reiseführer jemals vollständig wird erfassen können. Wie bei vielen Sehenswürdigkeiten sind die Touristen hier weitgehend unter sich. Natürlich lieben die Freiburger ihr Münster, aber deswegen müssen sie es ja nicht jeden Tag aufsuchen. (Als die Kirche im Mittelalter erbaut wurde, ist sie nur von den Einheimischen besucht worden.)

Tritt man durch den Haupteingang ein, kann man die Menschen am anderen Ende des Gotteshauses kaum ausmachen, so weit weg sind sie. Vor 250 Jahren konnte man sie gar nicht sehen. Damals stand eine Mauer vor der Vierung, dem gemeinsamen Raum von Haupt- und Querschiff, die die Sicht auf den Chor verstellte. Diese Schranke, der sogenannte Lettner, trennte die Geistlichen vom Straßenvolk. Er wurde 1790 abgebaut.

Wer wissen will, welche Wirkung ein Lettner auf das Raumgefühl haben kann, sollte unbedingt nach Breisach am Rhein fahren. Im Stephansmünster, imposant auf einem Hügel über dem Rhein gebaut, ist er noch erhalten. Breisach ist die namensgebende Stadt für den Breisgau, dessen größte Stadt Freiburg ist. Freiburg liegt ja streng genommen nicht im Schwarzwald, sondern im Breisgau.

Am Freiburger Münster wurde 300 Jahre lang gebaut. Können Sie sich vorstellen, ein Gebäude in Auftrag zu geben, von dem Sie wissen, dass Sie seine Fertigstellung genauso wenig erleben werden wie Ihre Kinder, Kindeskinder und Kindeskindeskinder? 1200 gab Berthold V. den Startschuss zum Bau einer Pfarrkirche, die zugleich Grablege des Geschlechts der Zähringer werden sollte. Um 1500 war die Kirche fertig. Ihre Bauzeit umfasste drei verschiedene Baustilphasen. Aus der Spätromanik stammen die Hahnentürme und das Querschiff mit seinen massiven Mauern und kleinen Fenstern. Das Langhaus und die beiden filigranen Seitenschiffe wurden in der Gotik errichtet und der Hochchor und weite Teile des Innenraums im spätgotischen Stil.

Vor dem Münster wird man von so viel buntem Treiben abgelenkt, dass man das Gotteshaus kaum in Ruhe auf sich wirken lassen kann. Am besten kommen Sie her, wenn wenig los ist. Das ist leichter gesagt als getan. Hier tummeln sich immer Einkaufsbummler und Studenten, Hausfrauen und Touristen, Markt- und Würstchenverkäufer. Aber es gibt diese Momente, spätnachts zum Beispiel, wenn die letzten Kneipenbesucher auf dem Weg nach Hause sind, oder in den frühen Morgenstunden, wenn noch niemand unterwegs ist außer den Bauern und Wurstverkäufern, die ihre Stände aufbauen, und einigen wenigen, die zur Frühschicht gehen. Oder an einem späten Samstag- oder Sonntagnachmittag außerhalb der Reisesaison, wenn vor den Cafés keine Tische mehr stehen und der einzige Mensch weit und breit der Fahrer des Bibliobusses ist, der regelmäßig aus dem elsässischen Mulhouse kommt, damit die Freiburger sich französische Bücher und CDs ausleihen können.

Dann kann man in Ehrfurcht vor dem majestätisch in den Himmel wachsenden Münster erstarren, dessen Spitze in den Wintermonaten manchmal in einer tief liegenden Nebeldecke verschwindet. Was ist ein Menschenleben gegen diesen majestätischen, stummen Monolithen, der als Einziger bezeugen kann, dass es die letzten 800 Jahre wirklich gegeben hat?

Auf alten Luftaufnahmen sieht das Gotteshaus noch viel größer aus. Auf diesen schwarz-weißen Fotografien sind die Häuser bis auf die Grundmauern zerstört, und das Münster wirft einen traurigen schwarzen Schatten auf ihre grauen Ruinen. In der Nacht vom 27. November 1944 wurde Freiburg von englischen Fliegern bombardiert. 3000 Menschen kamen ums Leben, große

Teile der Innenstadt wurden zerstört. Das Münster, dessen Fenster sicherheitshalber schon vorher herausgenommen und in Klöstern im Schwarzwald eingelagert worden waren, wurde nicht getroffen. Entweder die Piloten zielten ganz bewusst daran vorbei, oder sie mussten über der Stadt abdrehen, wenn sie nicht in den Schlossberg krachen wollten. Als Student wohnte ich ein paar Jahre in einem schönen Haus am Schlossberg, in dessen Wand noch ein Granatsplitter steckte. Der damalige Besitzer hatte ihn nicht entfernt, sondern als Erinnerung an diese unheilvolle Nacht einrahmen lassen.

In die Wände links und rechts des Münsterportals sind Kreise, Vierecke und Rechtecke gemeißelt. Sie stellen die Einheitsmaße für Brot, Backsteine und Holzkohle dar, an die sich jeder halten musste. Daneben beschreibt eine Inschrift von 1379 die Markttage im Frühling und im Herbst. Der Text ist in gotischer Schrift und enthält Anleihen aus dem Alemannischen: »Ein iar merkt wirdet vf de nechste mentag vn zistag nach sact niclaus kilwi. Und der and uf de nechste zistag vn mitwvche nach all heilige tag.« *Merkt* ist Markt, *mentag* und *zistag* sind Montag und Dienstag. *Kilwi* setzt sich aus Kilche und Wihe zusammen. Die Kirchweihe heißt heute noch *Kilwi* oder *Kilbi*. Der Text lautet also: Ein Jahrmarkt wird sein auf den nächsten Montag und Dienstag nach der Sankt-Nikolaus-Kirchweih. Und der andere auf den nächsten Dienstag und Mittwoch nach Allerheiligentag. Die Frühjahrs- und die Herbstmesse gehen auf diese Termine zurück.

Wer das Gotteshaus nicht alleine betritt, sollte die Augen schließen und sich von seiner Begleitung führen lassen. Auf der linken Seite gleich hinter dem Eingang befinden sich nämlich zwei imposante Metallplatten, die vom Freiburger Lions Club gestiftet wurden. Diese Tastreliefs für Blinde stellen die Front und die Südseite des Münsters im Maßstab 1:100 dar. Auch für Sehende wird die Kirche an dieser Stelle zum Ort der Besinnung, denn wenn man die Augen schließt und die Platten berührt, wird deutlich, wie wenig die eigenen Hände zu spüren in der Lage sind.

An Samstagnachmittagen finden im Münster häufig Eheschließungen statt. Nicht selten trägt der männliche Teil der Hochzeitsgesellschaft die Uniform einer Burschenschaft. Obwohl eigentlich eine linke Stadt, gibt es in Freiburg viele studentische Verbindungen. Das Stadtbild ist nicht gerade von Käppchenträgern, Uniformen und nächtlichen Fechtveranstaltungen dominiert. Aber viele Villen am Lorettoberg und im vornehmen Herdern sind mit den Wappen und Flaggen von Verbindungen geschmückt. Das ist mit dem Alter der hiesigen Universität zu erklären und mit der Nähe zum Hambacher Schloss. Dort in der Pfalz hatten sich die Burschenschaften 1832, als diese im Gegensatz zu heute liberale und aufklärerische Verbindungen waren, zum Hambacher Fest versammelt, um Freiheit, Bürgerrechte und die nationale Einheit einzufordern.

Vom Münsterturm hat man einen schönen, beeindruckenden und baugeschichtlich relevanten Blick auf die Stadt und auf das Münster von oben. Außerdem kann man *in* die Turmspitze hineinsehen. Ursprünglich sollte der Turm ganz anders aussehen. Man kann es an seiner rechteckigen Basis erkennen. Doch der 1280 zuständige Baumeister änderte die Pläne seines Vorgängers und entwarf den 47 Meter langen Turmhelm, den wir heute kennen. Knappe fünfzig Jahre später war der Turm fertig. So etwas Steiles, Leichtes, Filigranes und vielfach Durchbrochenes hatte die Welt noch nicht gesehen. Und das Ganze auch noch ohne Gewölbe und Innenverstrebung! Der Kunsthistoriker Jacob Burckhardt nannte ihn den »schönsten Turm der Christenheit«. Es hat noch nie jemand widersprochen.

Wer schwindelfrei ist, sollte die 329 engen Wendeltreppenstufen auf jeden Fall auf sich nehmen. Steigt man nach oben, kann man durch die Sichtluken und Fenster viele Engel, Heilige und Wasserspeier aus allernächster Nähe bestaunen, allerdings nur von hinten. (Wer sie von vorn sehen will, sollte ins Augustinermuseum gehen, wo einige Originalfiguren ausgestellt sind. Das ist nach der Generalsanierung sowieso einen Besuch wert.) Nach 205 Stufen erreicht man die Türmerstube. Früher musste der Türmer keine Post- und Eintrittskarten verkaufen, sondern aufpassen, ob nicht gerade irgendwo in der Stadt ein Feuer ausbricht. Das war ein 24-Stunden-Job, den sich zwei Kollegen teilten. Damit ihre Frauen nicht jedes Mal, wenn sie die Brotzeit brachten, 205 Stufen hoch- und wieder runtersteigen mussten, wurde ein Korb mit einer Seilwinde heruntergelassen.

Das Holz, das Sie hier sehen, stammt zum größten Teil noch aus dem 13. Jahrhundert, als das Gebälk errichtet wurde. Der Glockenstuhl und die dicken Balken aus Weißtanne sind nicht mit dem Sandstein verbunden. Dadurch werden die Schwingungen der Glocken nicht auf das Gemäuer übertragen. Obwohl der ganze Innenturm augenscheinlich aus Holz gebaut ist, muss heute ein Schild ausdrücklich darauf hinweisen, dass hier strengstes Rauchverbot herrscht. Wenn in den Wintern Wind und Schnee durch die Ritzen pfiffen, durfte der Raum auch nicht geheizt werden. Die Gefahr, dass das hölzerne Gestühl Feuer fängt, war einfach zu groß. Dann trugen die Türmer dicke Felljacken und Pelzmützen. Auf einem alten Foto, das in der Türmerstube hängt, ist ein winterlicher Türmer zu sehen. Er ist so eingemummt, dass man eigentlich gar nichts erkennen kann außer einem Fellknäuel, das an einen Yeti erinnert.

Links und rechts gelangt man zu den Glocken, insgesamt 16 Stück mit einem Gesamtgewicht von 27 240 Kilogramm. Die Christusglocke, die den Ton *g* hat, ist mit 7000 Kilo die schwerste, das Magnifikatglöckchen, ein *es*, mit achtzig Kilo die leichteste. Mit 3400 Kilo liegt Hosanna ungefähr dazwischen. Dafür ist sie rund 700 Jahre älter als die anderen. Während die 15 Glocken aus dem Jahr 1959 stammen, wurde Hosanna bereits im Jahre 1258 gegossen!

Man kann sich schon bei den ersten 15 nicht vorstellen, wie sie hier hochgebracht wurden, aber wie um alles in der Welt hat man das im Mittelalter geschafft? Bei meinem vergeblichen Versuch, eine Antwort auf diese Frage zu finden, stieß ich auf dem Flohmarkt auf eine Singleschallplatte, die ihrem farbstichigen Cover nach mindestens vierzig Jahre alt ist. Auf ihr ist nichts zu hören als minutenlanges Vollgeläut der Freiburger Münsterglocken. Wunderschön.

Eine physische Erfahrung der besonderen Art ist es, zur Mittagszeit hier oben zu sein, wenn die Glocken sechzehnmal – erst viermal für die volle Stunde und dann zwölfmal für die genaue Uhrzeit – anschlagen. Die Vibrationen können Sie noch Stunden später am ganzen Körper spüren.

Nur wenige Tages- oder Wochenmärkte können es an Schönheit und Qualität mit dem Freiburger Münstermarkt aufnehmen. Damit ist die Nordseite gemeint. Es herrscht strenge Trennung. Die Selbsterzeuger stehen auf der Nord- und die ganz normalen Händler auf der Südseite des Münsters. Sprechen Freiburger vom Münstermarkt, meinen sie den Norden. Irgendwer muss aber auf der Südseite kaufen, sonst gäbe es diese Stände schließlich gar nicht. Aber wer?

Viele Anbieter auf der Nordseite sind betagte Bäuerinnen und Bauern, die ihre Waren mit dem ihrem Alter angemessenen Tempo verkaufen. Etwa achtzig sind es insgesamt, die regelmäßig erscheinen. Zwei- bis dreimal pro Woche ist jeder von ihnen da. Manche bieten an einem großen Stand neben saisonalen Obst- und Gemüseständen auch Brot, Wurst, Käse und Wein an. Andere haben nicht viel mehr dabei als ein paar Kisten mit Äpfeln, Eiern und Gartenkräutern. Handgemalte Schilder weisen mit krummen Buchstaben darauf hin, dass die Ware »Bio« ist. Immer sieht es ein bisschen so aus, als hätten sich die Bauern damit keinem Trend angeschlossen, sondern ihre Ware schon immer ohne künstliche Zusätze angebaut und irgendwann gemerkt, dass den Kunden das nun mal wichtig ist. *Wenn se sell welle, no solle se's ha.*

Ein besonderer Stand auf der Südseite ist der von Ludwig Hämmerle. Er verkauft seit Jahren Schwarzwälder Wurstspezialitäten aus eigener Metzgerei. Wer nicht um das riesige Münster herumlaufen will, nimmt einfach die Abkürzung durch die Seitentüren. Seit über vierzig Jahren ist Herr Hämmerle da. Schon als Kind hat er seine Großeltern auf den Münsterplatz begleitet. Die hatten ein Motorrad, an dem hing ein Anhänger mit Butter und Speck drin. Bei meinem letzten Besuch stand nicht Ludwig Hämmerle im Wagen, sondern ein junger Mann mit kräftigem Körper und bubenhaftem Gesicht. Ich kaufte Hartwürste und Leberwurst in der Dose zum Mitnehmen. Der Mann sah Ludwig Hämmerle nicht ähnlich, bediente mich aber genauso freundlich. Als ich mich nach dem Wohlergehen des Seniors erkundigte, erklärte der Junge im freundlichen, weichen Alemannisch der Elztäler, dass es Herrn Hämmerle gut gehe. Aber er werde halt auch nicht jünger, weshalb er sich langsam aus dem Geschäft zurückziehe und sich jetzt mehr um seine Bienen kümmern wolle. Er selbst sei nicht der Sohn, sondern schon der Enkel und wachse langsam ins Geschäft hinein. Die schönen Grüße richte er selbstverständlich aus. Und während er mir das alles erklärte, griff er nach einem Paar Landjäger, wickelte es in Papier und reichte es mir über den Tresen: »Sell isch für d' Reis.« Genau wie der Alte. Einfach nur, weil ich mich nach seinem Großvater erkundigt hatte. Das ist sie, die badische Freundlichkeit.

Ob Sie morgens um sieben kommen, wenn die Wurstbuden auf-, oder kurz vor halb zwei, wenn sie wieder abgebaut werden, ob es in Strömen regnet, Schneegestöber hat oder Sonnenschein – nie werden Sie es erleben, dass die Freiburger Wurstverkäuferinnen und -verkäufer unfreundlich oder pampig sind. Um in den Genuss der Mischung »gute Wurst und Freundlichkeit« zu kommen, müssen Sie wieder rüber auf die Nordseite. Erfahrene Kunden stellen sich zur Verspeisung zwischen die Buden, bei den Trafos und Mülltonnen ist es weniger betriebsam, und man läuft nicht Gefahr, beim Essen angerempelt zu werden.

Die »Lange Rote«, die auf Wunsch auch geknickt wird, ist eine echte Freiburger Spezialität, die Sie probieren sollten. Der Bäcker Föhrenbach, der nach dem Krieg Backwaren angeboten hatte, beantragte 1949 den Verkauf von Würsten. Zuerst war die »Lange Rote« eine »Kurze Rote« und wurde gebrüht. 1950 kam sie auf den Grill, 1951 wurde sie verlängert. Fünfzig Pfennig kostete sie damals. Weil die Kunden immer an den ersten Wagen in der Reihe laufen, macht der am meisten Umsatz. Deswegen wird seit 1967 rotiert.

Ihr besonderes Aroma verdankt die Marktwurst dem guten Fleisch, den knackigen Brötchen, vor allem aber den klein geschnittenen Zwiebeln, die im Fett mitgebraten und auf Wunsch mit ins Weckle gelegt werden. Eine Lange Rote »mit«. Wenn es die Kurze Rote noch gäbe, wäre vielen Kunden geholfen, denn eine Lange ist oft zu wenig und zwei sind meist zu viel. Außer für Studenten vielleicht.

Obwohl die Würste fast alle von ein und demselben Metzger stammen, hat jeder Freiburger seinen Stammstand. Die Stände, die erst nachmittags öffnen, sind für die meisten tabu. Mir persönlich ist die vom Meier am liebsten. Als ich mit Anfang zwanzig zum Studieren in die Stadt kam, hat mich mein großer Bruder, der schon ein paar Semester länger da war, bei ihm eingeführt.

Aber nicht für alle Menschen ist die Lange Rote »mit« ein Segen. Wegen ihr hat mein Freund Dixi immer den Samstag verflucht. Dixi arbeitete als Sportverkäufer beim Sport Bohny in der Kaiser-Joseph-Straße. Samstags kamen nicht nur viel mehr Kunden als sonst, was ohnehin schon immensen Stress bedeutete; die meisten der Kunden hatten vorher auch noch eine Münsterwurst mit Zwiebeln gegessen und ließen ihrem geruchsintensiven Atem freien Lauf: »Henn Sie sell Trikot au e Nummer größer?«

Auch die schmackhafteste Idylle kommt nicht ohne Ärger aus. Der ging los, als vor einigen Jahren »Fremde« ins Geschäft drängten. Seit jeher betrieben die immer gleichen Familien die Stände. Hörte jemand auf, rückte jemand aus der eigenen Sippe nach. Doch es gibt eine EU-Wettbewerbsverordnung, die verlangt, dass solche Nutzungsrechte in einem neutralen und transparenten Verfahren regelmäßig neu ausgeschrieben werden müssen. Das tat die Stadt. Erbhöfe abschaffen, lautet das Motto. »Bekannt und bewährt« als alleiniges Kriterium hatte ausgedient. Außerdem wurde die Zahl der Stände aufgestockt. Bis zu sieben Stände sind es, fünf auf der Nord- und zwei auf der Südseite. Sie rotieren reihum. Auf der Südseite machen sie angeblich siebzig Prozent weniger Umsatz als auf der Nordseite. Immer wieder kommt es zu Streit, Protestaktionen und Unterschriftenlisten, Stammgäste übten auf neue Standbetreiber enormen Druck aus, sodass einer seine Lizenz zurückgab. Es ist ein schwacher Trost, dass heute nichts und niemand mehr vor einem digitalen Shitstorm geschützt ist.

Die Reaktionen sind gemischt. Die einen fordern Bestandsschutz ihres Lieblingsstands und finden, dass Wettbewerbsrecht nicht dazu führen dürfe, dass Familienbetriebe ohne Zukunftsperspektive dastünden. Andere erinnern daran, dass diese Familienbetriebe regelmäßig selbst in die Schlagzeilen geraten. Wegen Steuerbetrug, Steuerhinterziehung und Beihilfe zur Steuerhinterziehung. Einer hat in fünf Jahren 50 000 Würste am Fiskus vorbei verkauft, ein anderer hat 230 000 Euro Steuern hinterzogen. 2009 war erstmals eine anonyme Anzeige eingegangen. Später gab es verdeckte Zählungen am Stand und Hausdurchsuchungen. Es wurden Strafen von 15 000, 50 000 und 70 000 Euro verhängt und 2018 sogar ein Gewerbeverbot erlassen. Die Leute strömen trotzdem weiterhin auf den Münstermarkt, um eine Wurst zu essen. Andere sind schon für viel weniger boykottiert worden. Erst kommt der Hunger und dann die Moral.

Auch für Vegetarier, die schon immer wussten, dass Fleischesser die schlechteren Menschen sind, ist gesorgt. Im Zuge der Umstrukturierungen bekam der örtliche Hersteller von vegetarischer Kost den Zuschlag für einen Stand. Nach allem, was man hört, läuft und schmeckt die Tofuwurst sehr gut. Das sagen sogar Wurstfans.

Wer bei der Wurst bleiben will, es aber nicht bis nach Freiburg schafft, kann auch in Karlsruhe eine Lange Rote bekommen. Die Metzgerei Brath in der Klauprechtstraße bietet Lange Rote für zu Hause an. Immer wieder haben Kunden zu Heike Brath gesagt, dass sie gern eine richtig gute Bratwurst hätten. So gut wie die Lange Rote aus Freiburg. Besonders ein Kunde, der gebürtig aus Emmendingen ist, schwärmte immer wieder davon. Schließlich ließ Frau Brath sich von jedem Freiburger Stand 15 Bratwürste mitbringen. Die briet sie nach und nach auf dem heimischen Herd. Bis ihr Mann Heiko erklärte, dass er so was auch könne. »Seitdem hemmer die Lange Rote im Sortiment.« Bei einer Blindverkostung schmeckten sie dem Emmendinger Kunden sogar besser als das Original.

Die Wahrheit auf dem Platz wird euch frei machen

Der Sport-Club Freiburg

Es kommt immer wieder vor, dass man als Freiburger für seine Herkunft belächelt wird. »Ach, aus dem Schwarzwald stammst du?« klingt dann so, als wäre man ein besonders Putziger, einer, den man kraulen kann. Das ändert sich, sobald es um Fußball geht. Gibt man sich als Fan des Sport-Club Freiburg zu erkennen, schlägt einem sofort Wohlwollen und Sympathie entgegen, und die Zuwendung bekommt etwas Anerkennend-Komplizenhaftes.

Die ganze Republik mag den südlichsten Verein der Bundesliga, das überträgt sich auch auf seine Fans. Wer diesem eigenwilligen Verein anhängt, kann offenbar kein schlechter Mensch sein. Oder ist es eher umgekehrt, dass es dort, wo so nette Menschen leben, keinen doofen Verein geben kann? Vermutlich stimmt beides. Stadt, Menschen und Verein bedingen sich gegenseitig. Gemütlich und nicht zu hektisch ist man hier, ethisch und ökologisch korrekt. Kein Größenwahn, keine hektischen Kapriolen und keine Exzentrik, das Sein ist immer wichtiger als das Endergebnis. Dem Sport-Club, der *e wengle andersch isch* als andere Vereine, kommen da durchaus identitätsstiftende Eigenschaften zu.

Den Sport-Club finden einfach alle gut – die Freiburger und die Hotzenwälder und die Offenburger und die Villinger, selbst die Schwaben aus dem Nordschwarzwald. Dass die Mannschaft sich meistens bemüht, schönen Fußball zu spielen – umso besser. Dass sie nicht jedes Spiel gewinnt – hat jemand was anderes erwartet von einem Verein mit einem der kleinsten Etats der Liga? Ein Sieg gegen die Platzhirsche Dortmund oder Bayern ist was Besonderes. Wie Ostern und Weihnachten an einem Tag. Wenn es klappt, liegen sich alle in den Armen. Wenn nicht, ebenfalls. Nach einer Niederlage klopft man sich tröstend auf die Schulter und gibt sich wieder anderen Dingen hin. Der Sport-Club ist eine Lebensschule, die einen immer wieder aufs Neue lehrt, dass es Wichtigeres gibt als den Tabellenplatz.

Wie schafft es der Sport-Club, seit Jahren Kurs zu halten, nicht zu sinken oder von Piraten gekapert zu werden? Er steht ja vor den gleichen Problemen wie andere Kleinvereine auch – zu wenig Geld, zu kleines Stadion, zu wenig TV-Einnahmen, regelmäßiger Abgang der besten Spieler. Trotzdem bleibt er sich auf eigentümliche Weise treu und verfällt nie in blinden Aktionismus. Sich auf Gedeih und Verderb und Pump den Klassenerhalt zu sichern kommt nicht infrage. Ein Abstieg wäre traurig, aber keine Katastrophe. »Es ist zwar großartig, in der Ersten Liga zu spielen«, sagte der ehemalige Präsident Fritz Keller mal, »aber in der Zweiten Liga wird auch Fußball gespielt, da trifft man auch tolle Menschen.« Trainer Christian Streich sieht das genauso: »Bundesligafußball ist wie eine Zwetschgenwaie, die mit Sahne serviert wird. Mit Sahne schmeckt's besser, aber ohne schmeckt's auch gut. Es kommt darauf an, was du für Zwetschgen hast. Es kann auch passieren, dass du Zwetschgenkuchen ohne Sahne bekommst, aber die Zwetschgen sind besser als die bei dem Kuchen mit Sahne.«

Skandale sind keine bekannt. Keine Affären, keine größeren Streitereien, nichts. Wie ist es möglich, dass die Fans zwar mal mosern, aber nie gegen die Vereinsspitze und deren -politik rebellieren? Wenn der Verein mal absteigt, ist das bitter. Aber:

»So ist Sport. Dafür leben wir ein Stück weit. Wir haben uns halt das Gewinnen und Verlieren ausgesucht – und nicht das Wanderngehen.« Zitat Streich.

Nach einem Abstieg wandern die Fans erhobenen Hauptes mit hinab in die Zweite Liga. Und im Jahr darauf hoffentlich wieder nach oben, zuletzt in der Saison 2015/16. Schließlich sind sie nicht die Fans von irgendwem, sondern von *dem* Sport-Club Freiburg.

Das funktioniert, weil der Verein eine große Familie ist. Und alle stets 110 Prozent geben. Halt, Einspruch Streich: »Es gibt keine 110 Prozent. Es gibt nur 100, und die erreichst du eh nie.« Also gut, alle geben stets ihr Bestes.

Kontinuität hat man in Freiburg schon immer geschätzt. Christian Streich war 17 Jahre lang Jugend- und Kotrainer, die Manager Klemens Hartenbach und Jochen Saier sind seit 2002 da. Es kann schon mal passieren, dass man die drei gemeinsam in einer Freiburger Kneipe antrifft. Sie kommen aus Freiburg und Umgebung und sprechen Alemannisch. (Dass das teilweise sehr verschieden klingt, zeigt, wie vielfältig diese Sprache ist.)

In den vergangenen dreißig Jahren hatte der Verein nur fünf Trainer. Das ist bundesliga- und wahrscheinlich weltweit einmalig. Der frühere Präsident Achim Stocker stand dem Sport-Club 37 Jahre lang vor, so lange wie kein anderer Präsident der Liga. Sein Nachfolger Fritz Keller war fast zwanzig Jahre lang Vizepräsident, ehe er Stocker beerbte. Trainer Volker Finke kam 1991 an die Dreisam und blieb 16 Jahre lang, auch das ist einsame Spitze.

Damals galt der Verein noch als »Studentenclub«, weil ein paar Spieler an der Uni eingeschrieben waren, und als »Ökoverein«, weil die Südtribüne die erste Solaranlage in einem Bundesligastadion bekam. 1993 gelang erstmals der Aufstieg in die Bundesliga. Der damalige Manager des VfB Stuttgart meinte, dass sie jahrelang alles falsch gemacht hätten, wenn die Freiburger sich im Oberhaus halten würden. Ich weiß nicht, was Dieter Hoeneß derzeit macht. Der SC jedenfalls ist immer noch da.

Anfang der Neunziger war Fußball noch nicht das rundumvermarktete Massenphänomen, das sich alle Kreise der Gesellschaft erschlossen hat. Fernsehgelder flossen längst nicht so üppig, der Großteil der Einnahmen kam noch über das Kassenhäuschen rein. Als Achim Stocker 2009 starb, erinnerte sich Uli Hoeneß an einen beeindruckenden Präsidenten, »der hemdsärmelig im VIP-Raum die Brötchen geschmiert hat.« Jogi Löw, der in den Achtzigern beim SC spielte, erzählte, dass man damals immer Angst vor den finanziellen Folgen eines Aufstiegs in die Erste Liga hatte. Das konnte man auch am alten Stadion ablesen. Stieg der Verein ab, wurden die Ausbauarbeiten unterbrochen, stieg er wieder auf, ging es weiter.

In der Mannschaft standen Typen wie Freiburgs Urgestein Charly Schulz. Schulz spielte schätzungsweise zwei Jahrzehnte beim Freiburger FC, lange Zeit der führende Fußballclub in der Stadt, und wechselte 1982 zum Sport-Club, wo er noch mal gefühlte fünfzig Jahre spielte. Er war ein gestandener Zweitligaspieler, ein Abräumer und Verteiler, der nie in Hektik verfiel und ab und zu den tödlichen Pass spielte. Ein paar Berliner Freizeitkicker mit Schwarzwälder Wurzeln tragen ihn seit Jahren in großen Lettern auf ihren Trikots: *Kommando Charly Schulz*. Ich bin einer von ihnen.

Der Sport-Club rief als einer der ersten Vereine eine eigene Ausbildungsstätte ins Leben. Heute genießt die Freiburger Fußballschule einen exzellenten Ruf. Unter Christian Streich gewann die U19 einmal die Deutsche Meisterschaft und dreimal den DFB-Junioren-Vereinspokal. Man geht verantwortungsbewusst mit den Schützlingen um. Sie müssen parallel eine Lehre oder das Abitur machen. Schließlich schaffen es nur die wenigsten, später von ihrem Hobby zu leben.

Die gute Stimmung im Verein überträgt sich natürlich auf die Fans. Jeder fühlt sich irgendwie zu dieser Familie dazugehörig. Klar freut man sich über Erfolge. Aber viel wichtiger sind Kontinuität, Nachhaltigkeit und Ruhe. Wie in einer Familie eben. Da mögen es die Kinder auch, wenn Papa und Mama mal was

Verrücktes tun. Aber im Großen und Ganzen soll immer alles so bleiben, wie es ist.

Die Spieler? Sind wie Pflegekinder, die die Familie irgendwann wieder verlassen. Dass jedes Jahr aufs Neue der Ausverkauf der besten Spieler verkraftet werden muss, ist ärgerlich, aber Teil des Geschäfts. Beziehungsweise des Lebens. »Abschied gehört zum Leben. Es ist Begegnung, Treffen und Auseinandergehen. In dem Moment, wo wir auf die Welt kommen, wissen wir, dass wir sterben.« Sagt Streich. Er hat die Mannschaft Ende 2011 übernommen und ihr Spielfreude, Konstanz und Ruhe zurückgegeben. Ausgerechnet Streich, der während des Spiels manchmal neunzig Minuten lang wie von Sinnen an der Außenbahn rauf- und runterrennt und springt und schreit. Abseits des Platzes kann er ruhig, beinahe besinnlich das Spiel und das eigene Tun reflektieren. Pressekonferenzen gleiten gelegentlich in gesellschaftlich-philosophische Betrachtungen ab, die mal Spaß machen und mal nachdenklich. »Der eine holt Kraft aus dem Gebet und der andere aus der Badewanne«, sagt er, und »wenn mir jetzt jemand sagt, wir sollen weniger gut spielen und gewinnen dann, und ich könnte mich drauf verlassen, dann stellen wir um.« Oder: »Ich bin bestimmt anders als andere. Aber jeder der anderen ist auch wieder anders.«

Streich stammt aus Eimeldingen, kurz vor der Schweizer Grenze. Dass die Menschen in der Oberrheinischen Tiefebene gerne reden, haben wir bereits festgestellt. Die erklären den anderen einfach gern die Welt, als trügen sie so was wie ein Dozenten-Gen in sich. Streich ist ein besonders ausgeprägtes Exemplar dieser Spezies. Er ist ein Überzeugungsredner, der oft so lange mit den Worten ringt, bis er das richtige gefunden hat. »Kommunizieren«, sagt er, »das hört sich so hochtrabend an. Mir schwätzet einfach.«

Streich trägt keine Maske und mag keine Floskeln. Er kann und will nicht lügen, sagen die, die ihn kennen. Man spürt, dass er er selbst bleiben will, so schwer das in seinem Beruf auch ist. Er wirkt manchmal etwas kauzig. Vor allem aber authentisch.

Darum mögen die Schwarzwälder ihn auch so. Wenn es nach ihnen ginge, dürfte er sich für die nächsten hundert Jahre an den Verein binden.

Streich wird deutschlandweit geschätzt und verehrt. In meinem Viertel in Berlin gibt es jeden Samstag einen Bauernmarkt. Da steht oft ein Biobauer aus Neuruppin, der mich jedes, aber auch wirklich jedes Mal auf Streich anspricht. Der, meint er, sei was für Hertha BSC. Bitte nicht! Oder für die Nationalmannschaft. Und vor Kurzem sagte er – kein Scherz! –, er könne sich gut vorstellen, dass Christian Streich eines Tages Bundespräsident wird. »Den würden die Leute wählen, gloobste?« Wahrscheinlich hat er recht.

Ein bisschen Veränderung muss aber sein. Ein neues Stadion wurde im Herbst 2021 bezogen, das größer ist als das alte in der Schwarzwaldstraße. Dort brach bei jedem Heimspiel das Verkehrschaos aus. Aber es war auch sehr gemütlich, an der Dreisam entlang *ins Stadion hintere* zu radeln, um den SC in seinem engen Schmuckkästchen spielen zu sehen. Für manche war es das schönste der Liga. Eng, kompakt und ohne Laufbahn, man sah alles und konnte die Spieler schnaufen hören. Hinter der Nordtribüne erblickte man die dicht bewachsenen Hügel des Stadtwalds, man hörte die Dreisam rauschen und im Sommer die Kinder im benachbarten Schwimmbad herumtoben.

Aber der Platz war auch fast fünf Meter kürzer als andere, weswegen er nur mit Sondergenehmigung bespielt werden durfte. Und er hatte ein Süd-Nord-Gefälle von einem Meter, auch das gab es nirgendwo sonst. Als Zuschauer merkte man davon nichts. Manchmal moserten gegnerische Spieler, vor allem nach einer Niederlage. Zu Unrecht, fand Streich. »Wenn Sie am Mittelkreis stehen und nicht auf die Bande schauen und es nicht vorher wissen, können Sie nicht sagen, wo es hoch- und wo es runtergeht. Das ist wie mit dem Weiß- und dem Grauburgunder bei einer Blindverkostung. Da trinken die Leute blind und sagen, das ist ganz klar Pepsi, dabei war es Coca-Cola.« Alles klar?

Christian Streich ist beliebt und erfolgreich. Aber irgendwann wird er die Familie verlassen. Wann, da will er sich nicht festlegen. »Wir machen weiter, bis wir aufhören.« Es ist anzunehmen, dass sein Nachfolger jetzt schon irgendwo beim Sport-Club arbeitet. Als B-Jugend-Trainer oder bei den Alten Herren. Vielleicht ist es ja auch eine Frau. Zuzutrauen wäre es diesem Verein, der immer alles gleich macht und immer alles ein bisschen anders.

Lange Anfahrtswege zur Kunst

Schwarzwaldmaler und Lebenskünstler

Als Kunstfreaks sind die Schwarzwälder bisher nicht in Erscheinung getreten. Dabei befindet sich in Oberried am Schauinsland ein stillgelegter Bergwerkstollen, dem nichts und niemand das Wasser reichen kann, rein kunstmäßig. Im tiefsten Innern des Bergs lagert das gesamte Kulturgut unseres Landes. Beziehungsweise Kopien davon. In 1400 luftdichten Edelstahlbehältern lagern rund 1,5 Milliarden Mikrofilme, auf denen alles aufgenommen ist, was in Deutschland jemals geschaffen wurde. Fast alles, denn in einem guten Jahr schaffen die Sicherungsverfilmungsstellen von Bund und Ländern rund 15 Millionen Einzelaufnahmen, und da wir alle immer weiterproduzieren, werden sie niemals fertig werden.

Diese Art der Einlagerung ist eine ziemlich einmalige Sache, die sich sonst nur noch die Schweiz leistet. Bei dem Material handelt es sich um »Archivalien der Dringlichkeitsstufe 1«, das heißt um »nationales Archivgut mit besonderer Aussagekraft über die Geschichte und die Kultur unseres Landes und Volkes«. Gefahr droht von allen Seiten, das kann ein Krieg sein, Hochwasser oder ein atomarer Unfall. Entsprechend streng wird der Stollen bewacht. Als der Bund Anfang der Siebziger anfing, ihn auszubauen, geschah das noch unter Ausschluss der Öffentlichkeit. Auch die Gemeinde Oberried wurde nie informiert, wenn mal wieder Einlagerungen vorgenommen wurden. Mittlerweile geht man relativ offen damit um. Trotzdem ist der Stollen für die Allgemeinheit nicht zugänglich.

Freiburg tritt auf der großen Landkarte der Kunst eher als weißer Fleck in Erscheinung. Es gibt das Münster und das Augustinermuseum. Das Museum für Neue Kunst in der Marienstraße fristet eher ein Schattendasein. Obwohl man es in wenigen Minuten erreichen kann, verirren sich nur wenige Menschen hierher. Daran ändern auch abstrakte Kunst der Fünfzigerjahre und Werke von Dix, Feininger und Kirchner nichts. Einmal hat eine Kuratorin aus der Not eine Tugend gemacht und die Ausstellung »Kunst von hinten« organisiert, in der nur Rückseiten von Bildern zu sehen waren. Das war mal was anderes. Aber es wurde nach dem vierten Bild auch ein wenig langweilig.

Freiburg befindet sich in einer Zwickmühle. Man muss den Menschen etwas bieten, hat aber kein Geld. 2019 betrug der Ankaufsetat 10 000 Euro. Was man hat, ist Raum. Den füllt man mit dem, was da ist, und das ist mangels Geld nicht viel. Als Besucher schleicht man verwirrt die wenigen Exponate ab und traut sich nicht, früher zu gehen, weil der Bilderbewacher so traurig guckt. Aber die Toiletten sind immer blitzsauber und kostenfrei, das ist bei einem Städtebesuch ja auch nicht unwichtig.

Aber dieses Kapitel wäre nicht Teil einer *Gebrauchsanweisung*, wenn es im Schwarzwald nicht doch den ein oder anderen Kunst-Farbtupfer gäbe, der eine Reise wert ist. Die Rede ist von der Achse Baden-Baden–Weil–St. Georgen–Karlsruhe. In diesen vier sehr verschiedenen Städten wird auf ganz unterschiedliche Art und Weise moderne und zeitgenössische Kunst präsentiert.

Machen wir uns also wieder auf die Reise, setzen wir uns ins Auto oder den Zug und klappern die Kunstoasen des Schwarzwalds ab. Machen Sie es sich bequem, wir werden ein Weilchen unterwegs sein. Sie brauchen nicht zu rasen, man schafft sowieso nicht alle an einem Tag.

Museum Frieder Burda, Baden-Baden

In einer Stadt wie Baden-Baden überrascht es am wenigsten, ein Museum von Weltruhm anzutreffen. Die beiden entscheidenden Faktoren sind hier vertreten: Geld und ein internationales Publikum.

Als »Juwel im Park« bezeichnete der New Yorker Richard Meier das Museum Frieder Burda. Meier ist der Architekt, der das Gebäude entworfen hat. Er erhielt dafür den *Honor Award* des *American Institute of Architects* und den *European Award* des *Royal Institute of British Architects*. Weißer Solitär und viel Glas dominieren den Bau auf der Lichtentaler Allee (die ja selbst schon von musealer Schönheit ist) direkt neben der Staatlichen Kunsthalle.

Zu Beginn konnte man die Gemälde nicht richtig betrachten, wenn die Sonne mittags hineinschien. Durch große verstellbare Jalousien, die an den Glasfronten angebracht wurden, hat man das Problem in den Griff bekommen. Innen bewegt man sich auf einer Rampe durch drei offene Etagen. Die Wände sind groß genug, um großformatige Gemälde zur Wirkung kommen zu lassen. Das Einzige, was einen hier von den Kunstwerken ablenkt, sind das Museum selbst und der schöne Park, den man ständig vor Augen hat.

Ausgestellt wird, was die Sammlung des Bauherrn hergibt. Frieder Burda, der Sohn des berühmten Verlegers (nicht der, der die Schauspielerin geheiratet hat, sondern dessen Bruder), sammelt moderne und zeitgenössische Künstler wie Mark Rothko, Jackson Pollock, Willem de Kooning, Sigmar Polke, Georg Baselitz, Markus Lüpertz und Gerhard Richter.

Immer, wenn ich das Museum besuche, gehe ich anschließend durch die gläserne Brücke hinüber zur neoklassizistischen Staatlichen Kunsthalle, die direkt danebensteht. Dort öffnet sich automatisch eine Glastür, und jedes Mal denke ich kurz, sie tue das exklusiv für mich. Das ist das Baden-Badener Gefühl. Jeder Gast ist etwas Besonderes. Die Kunsthalle bietet Kandinsky,

Picasso und andere moderne Klassiker. Vor allem aber ein Café mit sehr wohlschmeckendem Kuchen und einer gemütlichen Terrasse.

Vitra Design Museum, Weil am Rhein

Liegt Weil am Rhein überhaupt noch im Schwarzwald? Nein, aber in der Ferienregion Schwarzwald. Ganz ehrlich: Das Städtchen kurz vor der Schweizer Grenze muss man nicht unbedingt gesehen haben. Das Vitra Design Museum dagegen schon. Primär das *Museum*, und erst dann das, was in ihm ausgestellt wird. Vitra ist ein in der Schweiz ansässiges Unternehmen, das Designmöbel herstellt und hier Exponate seiner umfangreichen Sammlung moderner Möbelklassiker präsentiert. Ein bisschen ist das wie der Besuch eines Möbelhauses an einem Besichtigungssonntag, wenn man nichts kaufen darf.

So viel hochklassige Architektur auf so engem Raum findet man nirgendwo sonst. 1981 hatte ein Brand große Teile der Werkshallen vernichtet. Für den Wiederaufbau und die weiteren Gebäude wurden Architekten engagiert, deren Entwürfe dem Areal einen unverwechselbaren Stil geben sollten. Hier ist alles vertreten, was Rang und Namen hat. Die Fabrik stammt von Nicholas Grimshaw, die mit Ziegeln verkleidete Montagehalle von Álvaro Siza, das benachbarte Feuerwehrhaus von Zaha Hadid (ihr erstes realisiertes Werk!), das runde Zelt ist von Richard Buckminster Fuller, und das schmale Tankstellenhäuschen hat Jean Prouvé entworfen. Architektonisches Herzstück aber sind der dekonstruktivistische Konferenzpavillon von Tadao Ando und das spielerische, schillernde, verschrobene Museum selbst, das von niemand Geringerem stammt als Frank O. Gehry. Es sieht ein bisschen aus wie der kleine Bruder des weltberühmten Kunstmuseums in Bilbao. Wer nicht extra ins Baskenland reisen will, sollte nach Weil am Rhein kommen. Architekturführungen werden täglich angeboten.

Sammlung Grässlin, St. Georgen

Schön ist schon die Anfahrt, denn St. Georgen liegt mittendrin im Schwarzwald zwischen Triberg, Schramberg und Villingen-Schwenningen und ist nur über ebenso kurven- wie aussichtsreiche Pass- und Tälerstraßen erreichbar. Früher wurden hier Schallplattenspieler und Tonbandgeräte hergestellt, aber seit diese Betriebe dichtgemacht haben, ist nicht mehr viel los. 3000 Menschen arbeiteten ehemals bei Dual. Heute niemand mehr. In den letzten Jahren mussten zahlreiche Geschäfte in der gemütlichen Innenstadt schließen. Das führte zu einem der eigenwilligsten Kunstprojekte der letzten Zeit. Die Familie Grässlin, die ihr Geld mit Zeitschaltuhren verdient hat, stellt in vielen leer stehenden Läden und Einzelhandelsgeschäften Kunst aus. Gezeigt werden Werner Büttner, Albert Oehlen, Mike Kelley, Cosima von Bonin, Tom Burr und andere Vertreter des Informel und der Arte povera. Und immer wieder Martin Kippenberger.

Der Frühverstorbene war so etwas wie ein Ziehsohn der Familie und kam regelmäßig zur Erholung in den Schwarzwald. Auch wenn er heute längst anerkannt ist und in den großen Museen der Welt ausgestellt wird – im beschaulichen St. Georgen wirkt er immer noch wie ein Fremdkörper. Die Titel seiner Werke sind legendär. *Berlin bei Nacht*, *Große Wohnung nie zu Hause* oder der *Entwurf Verwaltungsgebäude für Müttergenesungswerk Paderborn*.

Berühmt ist auch der riesige *Transportable Lüftungsschacht*, der auf einer Wiese am Rand des Ortskerns von St. Georgen steht, gegenüber einer Tankstelle. Wenn man nicht wüsste, dass er ist, was er ist, würde man ihn glatt übersehen. So, wie man auch bei manchem Schaufenster nicht immer mit Sicherheit sagen kann, ob es sich nun um einen Kunstraum handelt oder nicht vielleicht doch eher um das offene Lager eines ortsansässigen Handwerksbetriebs. Und damit ist man schon in einen Dialog mit den Werken getreten.

Seit 2007 gibt es ein eigenes Museum. Der Kunstraum Grässlin ist ein schlichter Kubus aus Beton, in dem in wechselnden Ausstellungen Exponate aus der familieneigenen Sammlung gezeigt werden. Im angeschlossenen Restaurant *Kippys* gibt es schöne, sonnenbeschienene Tische und täglich wechselnde Gerichte.

Karlsruhe

Karlsruhe genießt eher den Ruf einer biederen Beamtenstadt als den einer Kunstmetropole. Die Generalbundesanwaltschaft hat hier ihren Sitz ebenso wie der Bundesgerichtshof und das Bundesverfassungsgericht. So etwas prägt. Während Letzteres das Grundgesetz auslegt und durchsetzt, ist der Bundesgerichtshof Deutschlands oberstes Gericht für Zivil- und Strafrecht. »Scho recht« sagt man hier, wenn man seinem Gegenüber signalisieren will, dass er Unrecht tut, denkt oder spricht.

Die Staatliche Kunsthalle, die direkt an die elegante Orangerie und die Gewächshäuser des Botanischen Gartens anschließt, nennt eine bedeutende Gemäldesammlung ihr Eigen. Hier merkt man die Vergangenheit als ehemalige Hauptstadt Badens. Grünwald, Grien, Dürer, Rembrandt, Poussin, Friedrich, Corinth, Renoir, Gaugin, Cézanne, Macke, Ernst, Kandinsky und Dix in den oberen Stockwerken in allen Ehren – aber was sind sie gegen die Bilder von Hans Thoma?

Thoma war der König der Schwarzwaldmaler. 1839 in Bernau geboren, ging er bei einem Uhrmacher in die Lehre, um sich schließlich an der Kunsthochschule einzuschreiben. Er lebte lange in Frankfurt am Main, ehe er Direktor der Kunsthalle und Professor an der Staatlichen Kunstakademie in Karlsruhe wurde. Großherzog Friedrich I., der größte Fan und Förderer des Meisters, regte 1904 ein eigenes Thoma-Museum an, das heute im Untergeschoss zu finden ist. Im Zentrum steht die große Thoma-Kapelle mit dem Gemäldezyklus *Das Leben Christi*. Dieser eigenwillige Mix aus Jugendstil und christlicher Erweckung vermag nicht jeden zu begeistern, aber seine Schwarzwaldbilder sind immer noch wunderschön anzuschauen. Man sieht, dass sich Thoma von den Malern in Paris inspirieren ließ.

Am Anfang seiner Karriere verlacht und ausgebuht, stieg seine Reputation im Lauf der Jahre immer mehr an. Er wurde einer der wichtigsten lebenden deutschen Maler überhaupt. Der eigensinnige Mann schimpfte über den Kunstmarkt und malte alles, was dieser verlangte: Landschaften und Porträts, Postkartenbücher, Gebrauchsgrafik und Kinderfibeln. »Lieblingsmaler des Deutschen Volkes« nannte ihn *Meyers Großes Konversations-Lexikon*. Auch die Nationalsozialisten mochten ihn. Für die NS-Kulturgemeinde im Frankfurter Städel war Thoma »ein urdeutscher Künstler, der das Sinnen und Denken, das Träumen und Ahnen der Deutschen und die Schönheit der Natur darstellte.« Hitler gefielen seine Bilder so gut, dass er viele davon für sein Führermuseum in Linz zusammentragen ließ. Das machte Thomas Werk in der Nachkriegszeit natürlich verdächtig. Jahrzehntelang galt er als zu deutscher Maler und wurde rechts liegen gelassen. Mittlerweile findet eine Neubewertung seines Werkes statt. Seine religiösen und mythologisch-mystischen Szenerien, die er sich bei Böcklin abgeschaut hat, sind immer noch krude. Aber seine Landschaften brauchen sich nicht vor seinen europäischen Zeitgenossen zu verstecken. Ihnen wohnt ein Zauber inne, der uns heute wieder anspricht.

Andere Schwarzwaldmaler hießen Felix Faller, Wilhelm Hasemann, Fritz Reiss, Curt Liebich oder Hermann Dischler. Letzterer nannte sich selbst »Schneemaler«. Meist nach fotografischen Vorlagen gearbeitet, sehen seine Winterlandschaften oft aus wie mit Himbeerjoghurt gemalt.

Viele Schwarzwaldmaler fanden sich in Künstlerkolonien zusammen. Eine entstand 1880 in Grötzingen bei Karlsruhe, wo sich ehemalige Studenten der Großherzoglichen Badischen Kunstschule, die 1854 in Karlsruhe gegründet worden war und wo Landschaftsmalerei einen Studienschwerpunkt bildete, niederließen. Die Künstler wählten das ehemalige markgräfliche Schloss als Domizil. Man merke: Unabdingbare Voraussetzung für die Gründung einer Künstlerkolonie war das nötige Kleingeld.

Ihre Bilder hießen *Die Sonne geht unter, Winterstille im Schwarzwald* oder *Badisches Dorf* und zeigten das ehrliche und einfache Leben fernab von Großstädten, Fabriken und Eisenbahnen. Auch Tierbilder waren Ende des 19. Jahrhunderts so beliebt, dass man in Karlsruhe extra eine Professur für Tierdarstellung einrichtete. Es entstanden Werke wie *Landschaft mit Reh* und *Krähen im Schnee* oder *Der Weiße Rabe.*

Eine weitere Kolonie gab es in Gutach. Wilhelm Hasemann aus Karlsruhe sollte 1880 die Novelle *Lorle, die Frau Professorin* aus den *Schwarzwälder Dorfgeschichten* von Berthold Auerbach bebildern. In Gutach, wo er nach passenden Motiven suchte, gefiel es ihm so gut, dass er blieb.

Er malte Bauernhöfe, Landschaften, den berühmten Pfarrer Heinrich Hansjakob sowie ganz normale Schwarzwälderinnen und -wälder. Auf dem Feld, beim Kirchgang und bei der Hausarbeit. Für Letzteres hatte sich Hasemann extra eine Schwarzwaldstube eingerichtet, in der ihm Nachbarinnen Modell saßen und dabei strickten, nähten, beteten und spielten, ganz so, wie er es brauchte. Und immer wieder malte er die Gutacher Tracht. Einige seiner Werke hängen heute im Freiburger Augustinermuseum und im Gutacher Kunstmuseum Hasemann-Liebich.

Der geschäftstüchtige Künstler arbeitete außerdem als Gebrauchs- und Werbegrafiker, etwa für die Elztäler Nähseidenfabrik Gütermann (das weiche Wasser der Elz war besonders gut für das Färben von Nähseide geeignet), für die er ein Werbelogo mit, na was wohl, einem Schwarzwaldmädel mit Bollenhut, entwarf. Außerdem verkaufte er seine Bilder an Zeitschriften und Illustrierte, die in dieser Zeit aufkamen, und ließ Postkarten und Poster drucken, die er in Eigenregie vertrieb. Einer wie er hätte heute wahrscheinlich einen Instagram-Account mit zehn Millionen Followern.

Die Schwarzwaldmaler haben vielleicht nicht die Kunstgeschichte revolutioniert. Aber mit ihren Landschaften, Häusern und Menschen sind sie für das Schwarzwald-Bild mitverantwortlich, das heute noch in unseren Köpfen herrscht. Darauf sind die Täler lieblich und schön, die Menschen gesund und erdverbunden und das Leben manchmal rau, aber immer authentisch.

Nur wenige dieser Künstler waren übrigens gebürtige Schwarzwälder, die meisten waren Zugezogene, deren Schaffen von einem Einheimischen flankiert wurde: dem Kaufmann Ludwig Auerbach aus Pforzheim, dem im Leben nicht allzu viel Glück widerfahren war. Er wollte Dichter werden, musste aber die Schmuckfabrik des Vaters übernehmen. Die Erzählungen, die er schrieb, waren kein Erfolg. Die Fabrik führte er in den Konkurs, danach heuerte er in einer Papierfabrik an, die ebenfalls den Bach runterging. Als er 1881, im Alter von 41 Jahren, einem Herzinfarkt erlag, hinterließ er eine mittellose Frau und zwei kleine Kinder. Dennoch hat sich Auerbach mit einem einzigen Gedicht unsterblich gemacht, dem Klassiker der Schwarzwald-Lyrik schlechthin: *O Schwarzwald, o Heimat, wie bist du so schön*. Darin wimmelt es von rauschenden Wäldern und lauschigen Tälern, traulichen Mühlen und schwarzdunklen Höhn, es wird getanzt und gesungen, gewandert und getrunken. Das Gedicht wurde unzählige Male gedruckt, zitiert und vertont und prägt ebenfalls bis heute das Bild, das wir vom Schwarzwald haben. Wenn Sie den ganzen Text lesen wollen, gehen Sie einfach ins nächstbeste Souvenirgeschäft. Es steht auf vielen Postkarten. Womöglich ahnte Auerbach sein frühes Ende, als er das Gedicht mit folgenden Zeilen enden ließ: *Und kommt einst mein Stündlein, bei dir nur allein, von dir überwölkt, will begraben ich sein.* Sein Wunsch ging in Erfüllung. Er liegt auf dem Hauptfriedhof in Pforzheim begraben.

In Karlsruhe öffnete 1825 die erste Technische Hochschule Deutschlands. Knapp 160 Jahre später wurde von hier Deutschlands allererste echte E-Mail verschickt! 1984 schrieb Werner

Zorn, der am Rechenzentrum der Universität arbeitete, eine offizielle Nachricht an das US-amerikanische CSNet. Ob er ahnte, dass dieser für einen Menschen kleine Knopfdruck zu einem riesengroßen für die Menschheit werden würde?

Von der ersten E-Mail ist es nur noch ein kleiner Schritt zu einem Museum, das schon wieder seinesgleichen sucht: das Zentrum für Kunst und Medien, kurz ZKM. Das 312 Meter lange Gebäude, eine ehemalige Munitionsfabrik, mit seinen drei Stockwerken und zehn riesigen Lichthöfen ist ein wahrer Kulturpalast. Außer dem ZKM befinden sich hier noch die Hochschule für Gestaltung, die Städtische Galerie, die Lüpertz, Baselitz, Kirkeby, Förg, Höfer, Polke, Immendorff, Trockel und Penck ausstellt, sowie das Museum für Neue Kunst, auch »Sammlermuseum« genannt. Dieses zeigt neben städtischen Besitzungen auch die hochkarätigen privaten Sammlungen Froehlich, Grässlin und Weishaupt.

Ziel des ZKM war es laut Gründungsdirektor Heinrich Klotz, »künstlerische und medientechnologische Resultate für die Zukunft fruchtbar zu machen und unter Beteiligung der besten schöpferischen Kräfte eine Synthese der Künste und Medientechnologie anzustreben«. Heutzutage, da alles im Netz passiert, jeder seinen eigenen Film drehen und zeigen kann und Smartphones Abertausende von Funktionen haben, wirkt der Begriff »Medienkunst« eigentümlich antiquiert. Kreative Innovationen kommen längst nicht mehr aus der Kunst, sondern aus den elektronischen Unterhaltungskonzernen.

Nichtsdestotrotz ist das Haus einzigartig. Neue Exponate stehen neben Klassikern von Nam June Paik und Bruce Nauman, und so manches fossile Relikt erinnert an eine nicht allzu ferne Vergangenheit, in der Teletennis die Avantgarde des Videospiels war. Viele Werke setzen bewusst auf Interaktion mit dem Besucher, man darf also anfassen, Knöpfchen drücken und durchgucken.

Am beeindruckendsten finde ich den *Zuse Z22* aus dem Jahr 1957, den ältesten noch voll funktionsfähigen Röhrenrechner der Welt. Dieser »Computer«, der rund tausend Kilogramm auf die Waage bringt und mit Lochstreifen funktioniert, wurde bis in die Siebzigerjahre von der Fachhochschule Karlsruhe benutzt. Jedes Mal, wenn ich vor diesem Dinosaurier stehe, der tatsächlich mal das Nonplusultra der digitalen Datenverarbeitung war, muss ich an all die technischen Erfindungen der letzten fünfzig Jahren denken und frage mich, welche Überraschungen die Zukunft wohl noch für uns bereithält. Meine Einbildungskraft reicht nicht mal bis zur nächsten Tablet-Generation. Wenn Sie den *Z22* in Aktion erleben wollen, müssen Sie sonntags herkommen. Immer Punkt 14 Uhr wird er für das Publikum angeworfen.

Wem das zu technisch ist, der komme am ersten Freitag in jedem zweiten Monat. Da leiten abwechselnd katholische und evangelische Theologen die Führung und regen zu gedanklichen Überschreitungen an. So was gibt es auch nicht überall.

Noch ein Tipp: Familien treffen sich hier gern zum sonntäglichen Kaffee und Kuchen. Der erste Lichthof, in dem sich Kasse und Museumsshop befinden, ist so hell und so weitläufig, dass kleine Kinder unbeobachtet herumspringen und -krabbeln, während die Erwachsenen im Café sitzen und sich unterhalten können. Sie wissen: Schon ein paar Minuten können Gold wert sein.

Eines der schönsten und imposantesten Gebäude der Stadt ist zweifellos die Schwarzwaldhalle. Das tief geschwungene Hängedach ist eine freitragende Betonkonstruktion und sieht aus wie ein riesiger ovaler Reitsattel. Die anmutig gebogene Schale ist nur sechs Zentimeter dick und war bei ihrer Errichtung Anfang der Fünfziger eine mechanisch-mathematische Meisterleistung. Die langen Vorhänge hinter den riesigen Scheiben sehen aus wie die Barten eines Wals. Hier finden bis heute Kongresse und Konzerte statt.

Architektonische Nachkriegsmoderne in Pforzheim

Pforzheim, am Zusammenfluss von Nagold, Enz und Würm gelegen, ist wahrlich keine schöne Stadt. Im Zweiten Weltkrieg fast völlig zerstört, wurde sie hastig und hässlich wieder aufgebaut. Zwischen den vielen Bausünden, die die Innenstadt dominieren, haben sich jedoch ein paar architektonische Meisterwerke der Nachkriegsmoderne versteckt. Sie sind geprägt von kubischen Formen, asymmetrischer Anordnung, großen Fensterfronten, weißem Verputz und wenig Schnörkel. Wer die klassische Moderne liebt und das Bauhaus, wer die Neue Nationalgalerie in Berlin schätzt und Mies van der Rohes Pavillon in Barcelona, wen die eleganten Villen an Amerikas Westküste genauso faszinieren wie Oscar Niemeyers Brasilia, der *muss* nach Pforzheim kommen.

Im Tourismusbüro gibt es eine Broschüre, die alle Highlights auflistet: den Hauptbahnhof, 1958 eingeweiht, der mit einer einzigen riesigen Glasfront und einem eleganten Schwebevordach zu beeindrucken weiß. Das ehemalige Hauptpostamt, das jetzt die Polizeidirektion und eine Druckerei beherbergt. Die Frontseite besticht mit großzügigen Fensterflächen und Balkonen aus rotem Naturstein. Den Caritas-Bau im Blumenhof, der mit seinen bunten Ziegelwänden an Venedigs Dogenpalast erinnert (und früher, als hier noch das Gesundheitsamt untergebracht war, »Drogenpalast« hieß). Oder das Zollamt. Bis zum Schengener Abkommen musste der Schmuck, der von Pforzheim in alle Welt versandt wurde, verzollt werden. Hier findet sich eine riesige Halle mit mehr als zwanzig großen Schaltern, durch die früher die Pakete gereicht wurden. (Die Sparkasse Pforzheim Calw ist einer der weltweit größten Goldhändler im Bankenbereich. Bis zu dreißig Tonnen Goldbarren, -münzen und -granulat werden hier jährlich gehandelt.)

Das Highlight der Pforzheimer, ja der deutschen Nachkriegsarchitektur aber ist das Reuchlinhaus im Stadtgarten. Der kubische Flachbau von 1961, der das Schmuckmuseum und den Kunstverein beherbergt, ist aus Nordschwarzwälder Buntsandstein, weißem Carrara-Marmor und großen Fensterfronten zusammengesetzt. Wie ein Landhaus steht er in einem grünen Park, der die weißen Glasfronten zum Leuchten bringt. Blickfänger im Innern ist die riesige, frei schwebende Wendeltreppe, die die lichtdurchflutete Eingangshalle dominiert. Durch ein großes, kreisrundes Loch verbindet sie die beiden Stockwerke miteinander, wie eine begehbare Raumskulptur. Die großen Panoramascheiben im Untergeschoss schaffen einen fließenden Übergang in das meditativ anmutende Atrium mit Skulpturen und Wasserbecken.

Das Haus ist eine einzige ästhetische Wunderkammer. Jede Schautafel, jede Schublade ist ein optischer Genuss, alle Proportionen sind stimmig. In dem zweigeschossigen Dunkelraum hängen einige wenige Schaukästen an schmalen Stäben von der Decke herab. Durch die Innenbeleuchtung wirkt es, als würden sie schweben. Sehr stylish. Das soll an die Eroberung des Weltalls erinnern, die sich damals in ihren Anfängen befand.

Neben Wechselausstellungen wird Schmuck in allen Variationen gezeigt. Zeitgenössisches hängt neben Traditionellem und Afrikanischem. Ich habe eine Postkarte gekauft, die junge Männer aus Kamerun mit frisch gefangenen Giftschlangen zeigt. Sie tragen die grellgrünen Tiere um den Hals, wie Ketten.

In herausziehbaren Schubladen liegt Werkzeug und Material aus, das man zur Schmuckherstellung braucht. Ein Museumswärter zeigte mir seine Lieblingsschublade. Darin befanden sich Musterplättchen zur Herstellung von Emaille, fein säuberlich aufgereiht, von Rot über Gelb und Grün zu Blau. Ich fragte, wieso ausgerechnet das seine Lieblingsschublade sei. »Ich bin Flieseleger gwese«, antwortete er, »und des da isch eifach ordentlich und schön.«

Schwarzwaldbub und Fürstenmaler

Es war einmal vor langer Zeit ein kleiner Bub, der lebte in einem kleinen Dorf im hintersten Winkel des Schwarzwalds. Er war kleiner und schmächtiger als die anderen Kinder, und mehr als einmal haben die Eltern gebangt, ob er überhaupt durchkommt. Fünf seiner neun Geschwister überlebten die ersten Lebensjahre nicht. Doch Gott sei Dank, der Junge wuchs heran, und als er in die Dorfschule kam, entdeckte der Lehrer sein Talent zum Malen. Er überredete den Vater, den Bub in die große Stadt zu schicken, auf dass er dort zum Lithografen und Kupferstecher ausgebildet werden möge. Mit Müh und Not brachte der Vater die nötigen 400 Gulden zusammen, die die Ausbildung kostete, und so zog der Bub mit 13 Jahren nach Freiburg, um im Herder'schen Kunstinstitut in die Lehre zu gehen. Anschließend besuchte er dank eines Stipendiums seines gütigen Landesherrn die Kunstakademie in München, bereiste danach zwei Jahre lang Italien, ehe er 1828 nach Karlsruhe zog und der Markgräfin Sophie von Baden das Zeichnen beibrachte. Diese führte ihn bei Hofe ein, und er begann, erste Porträts zu malen. Er wurde zum badischen Hofmaler ernannt und zog bald darauf nach Paris, wo er zum berühmtesten Porträtmaler seiner Zeit aufstieg. Er malte Kaiser und Zaren, Königinnen und Komtessen und schuf zahlreiche Ikonen der europäischen Porträtmalerei. Erst in Karlsruhe und Paris, später auch in London, Wien und Madrid.

»Seit Holbein hat Deutschland wohl keinen berühmteren Bildnismaler mehr hervorgebracht«, schrieb ein Kollege nach seinem Tod, und Queen Victoria meinte: »Seine Arbeiten werden in späterer Zeit mit denen von van Dyck konkurrieren.« Damit lag die Queen zwar daneben. Aber die Werke des kleinen Schwarzwaldbuben hängen bis heute in der Eremitage, im Getty Museum in Los Angeles und in der Galerie Neue Meister in Dresden. Sie zieren Versailles, den Königlichen Palast in Brüssel und die Royal Collection der englischen Königsfamilie. Im Schwarzwald kann man sich einige seiner Werke im Freiburger

Augustinermuseum und in der Staatlichen Kunsthalle Karlsruhe ansehen.

Was klingt wie eine Geschichte von Johann Peter Hebel oder eine neue Historienserie auf Netflix ist das Leben von Franz Xaver Winterhalter, geboren 1805 in Menzenschwand bei Sankt Blasien, zwischen 1818 und 1827 in Freiburg und München ausgebildet, 1834 nach Paris übersiedelt, wo ihm 1837 mit einer Szene aus der Novellensammlung *Decamerone* der Durchbruch am Pariser Salon gelang. Das Bild wurde für 10 000 Francs verkauft. Hätte der Vater gewusst, dass Franz Xaver jemals so erfolgreich sein würde, hätte er wahrscheinlich auch 1000 Gulden in ihn investiert.

Danach porträtierte Winterhalter Alexandre de Wagram und dessen Tochter Malcy, später Königin Louise Marie von Belgien und deren Vater, den französischen König Louis-Philippe I. Der machte Winterhalter zum offiziellen Hofmaler, der in der Folgezeit über dreißig Mitglieder des französischen Königshauses abbildete. Er malte Leopold I. von Belgien und Hélène Louise von Mecklenburg-Schwerin. Er malte die Königin von Württemberg und den Kaiser von Mexiko. Das Geschäft lief so gut, dass Franz Xaver Winterhalter bald mit der Arbeit nicht mehr hinterherkam. 1840 holte er seinen Bruder Hermann und den gemeinsamen Freund Albert Gräfe zur Unterstützung nach Paris. Franz Xaver malte die Gesichter, die beiden anderen den Rest.

1842 reiste Winterhalter erstmals nach England, um Queen Victoria und Prinz Albert zu porträtieren. Victoria war von seinem Wesen und seiner Arbeit so angetan, dass sie ihn bat, wiederzukommen. Was er tat. Zweiundzwanzig Jahre lang reiste Winterhalter jedes Jahr für ein paar Monate auf die Insel und ging im Buckingham Palace und in Windsor Castle ein und aus. Er schuf in dieser Zeit über 120 Porträts, Gruppen- und Familienbilder der Royal Family. Über 100 000 Besucher sollen gekommen sein, als seine Werke 1847 im St. James's Palace in London ausgestellt wurden.

Die Revolutionen, die Europas Hauptstädte 1848 heimsuchten, tangierten Winterhalters Geschäft kaum. Er reiste weiter durch die Metropolen und malte, wer ihn gut bezahlte. Als sich Louis-Napoléon Bonaparte 1851 an die Macht putschte und zum neuen Kaiser Frankreichs ausrufen ließ, dauerte es nicht lang, und auch er rief Winterhalter zu sich. Kaiserin Eugénie de Montijo saß ihm achtmal Modell. »Er kennt mich so gut«, sagte sie, »dass ich ihm nie posieren muss.« Winterhalter malte sie in historischen Kostümen, mit ihren Hofdamen und an der Seite ihres Mannes.

Dazwischen porträtierte er Madame Rimski-Korsakow und das russische Zarenpaar. In Madrid malte er Königin Isabella II. von Spanien, in Berlin König Wilhelm I. und Königin Augusta von Preußen und in Wien Kaiser Franz-Joseph I. und Kaiserin Elisabeth. Das berühmte Bild von Sisi im Perlenkleid hängt heute in der Wiener Hofburg. Jeder kaiserliche Zopf brauche die Weihe von Winterhalters Pinsel, merkte der Kritiker Alfred Steves an.

Auch andere Kritiker äußerten sich eher verhalten. Von den französischen wurde er als Eindringling angefeindet, von den deutschen als »französierter Manierist« abgetan. Zwar habe er Talent für Komposition und die Gestaltung des Einzelnen zum Bild. Aber er sei ein Weichzeichner, der die Menschen schöner mache, als sie seien, der nicht in die Tiefen eines Charakters hinabtauche, sondern sie idealisiere und so darstelle, wie diese gern aussähen. Das dürfte erklären, warum sich viele »vornehme Menschen« gern von ihm malen ließen.

Mitte des 19. Jahrhunderts war die Fotografie, so wie wir sie heute kennen, noch nicht erfunden. Es gab noch keine Selfies, die man sofort wieder löscht, wenn sie doof aussehen, und keine Programme, mit denen man Pickel oder Augenringe retuschieren kann. Wer ein Bild von sich haben wollte, musste stundenlang Modell sitzen. Das fiel leichter, wenn man wusste, dass der Künstler einen ins rechte Licht rücken würde. Im Gegensatz zu den Männern, schrieb Winterhalters Freund und Weggefährte

Friedrich Precht, hätten die Frauen für dergleichen ein dankbares Gedächtnis, weswegen sie überall seine eifrigsten Beschützerinnen gewesen seien. In der Tat, unter den rund 500 Porträts, die Winterhalter in seinem Leben malte, sind viel mehr Königinnen als Könige, mehr Gräfinnen als Grafen und mehr Prinzessinnen als Prinzen.

In den Schwarzwald kehrte Winterhalter regelmäßig zurück. In Menzenschwand ließ er das Haus seiner Eltern renovieren. In Wildbad und Baden-Baden erholte er sich. Und malte bei der Gelegenheit andere Gäste, die ebenfalls zur Kur hier waren. Auf einem Selbstporträt von 1868 wirkt Franz Xaver selbst ganz aristokratisch. Da war er 63, und mit seinem vollen, lockigen Haar und den eleganten Kleidern und dem gepflegten Backenbart sah er immer noch sehr gut aus. Aber vermutlich hat er seine Kunst, die Leute besser aussehen zu lassen, als sie aussehen, auch bei sich selbst angewandt. Beim Betrachten des Bildes käme man jedenfalls nicht drauf, dass er nur 154 Zentimeter groß gewesen sein soll. Auch nicht, als was für ein unsteter Geist er sich zeit seines Lebens erwies. Eine Verlobung, die er 1852 mit Marie Scheffel – der Schwester des Dichters Joseph Victor Scheffel – eingegangen war, löste er bald wieder auf. In die Villa Trianon, die er 1859 in Baden-Baden nach eigenen Plänen erbauen ließ, zog er nie ein.

Franz Xaver und Hermann Winterhalter weilten gerade in der Schweiz, als 1870 der Krieg ausbrach. Die Brüder ließen sich in Karlsruhe nieder und kehrten nie mehr nach Paris zurück, in die Stadt, die ihnen so viel bedeutet und gegeben hatte und wo die Stimmung immer antideutscher geworden war.

Auf tragische Weise passt es, dass dieser umtriebige Mann nicht zu Hause im Kreise seiner Freunde und Familie starb. Sondern *on the road*. Winterhalter war in Frankfurt, um ein paar Geschäftsleute zu porträtieren, als er sich mit Typhus infizierte. Am 8. Juli 1873 gegen 18 Uhr verschied er nach kurzer schwerer Krankheit. Er wurde auf dem Frankfurter Hauptfriedhof begraben.

Wie schaffte es dieser wundersame Mann, sich über dreißig Jahre lang am Markt zu behaupten? In den unterschiedlichsten Herrschaftshäusern ein und aus zu gehen, unbeeindruckt vom Wechsel der verschiedensten Regierungssysteme? Und das laut Friedrich Precht ohne »alle Einmischung der Intrige und ohne jemals von jenen hundertfachen Mitteln der Reklame Gebrauch gemacht zu haben, mit denen sich so viele andere auf die Höhe bringen oder auf derselben zu halten suchen«?

Gut, er hatte das Talent, Leute schön aussehen zu lassen. Aber er war nicht der Einzige, der gut malen konnte. Die Museen der Welt sind voll von Porträts (und seien wir ehrlich, das sind nicht die Bilder, vor denen wir stundenlang verweilen). Doch Franz Xaver Winterhalter war schnell. Er hatte ein außerordentliches Gedächtnis. Gesichter, die er einmal gesehen hatte, hatten sich in sein Gehirn gebrannt. Wenn nötig, brauchte er für ein Porträt nur drei Sitzungen, und selbst dabei konnten die Menschen herumspazieren und Gesellschaft mitbringen, lachen und reden, wenn sie wollten.

Aber reichen Talent und Schnelligkeit aus, damit Kaiserin Sisi, Kaiserin Eugénie und Queen Victoria sich nicht nur auf Staatsgemälden, sondern auch privat von ihm malen ließen, im Negligé und mit offenem Haar? Für solche intimen Bilder, die für ihre Ehemänner bestimmt waren, musste man schon mehr mitbringen als Talent und Schnelligkeit und die Fähigkeit, »das Wesentliche der Erscheinung wiederzugeben und ihr dadurch gewissermaßen die ewige Jugend, einen idealen Glanz zu verleihen.« Was hatte dieser Schwarzwaldbub an sich, dass die Leute sich gern mit ihm umgaben, ihm Modell saßen und sich sogar vor ihm aus- und umzogen?

Kann es sein, dass Winterhalter deshalb so erfolgreich war, weil er aus dem Schwarzwald kam? Weil seine Heimat ihn mit Charaktereigenschaften wie Freundlichkeit, Weltoffenheit und Leutseligkeit ausgestattet hatte, die typisch für den Schwarzwälder sind? Ja, das kann sein. »Winterhalter«, schrieb Friedrich Precht 1875 in den *Badischen Biographien*, »war mit jenem feinsten Takt ausgerüstet, der nicht nur aus dem Wunsche zu gefallen, sondern auch auf einer wirklich wohlwollenden und edlen Empfindung« beruht. Er besaß »den charmantesten, feinsten Humor und eine gewisse Kühle oder mäßig warme Temperatur des Blutes, eine Selbstbeherrschung, eine feine Grazie, ein edles Maß, dass sein Umgang nicht nur sehr anziehend, sondern vor allem auch der bequemste war, den man sich denken konnte. Es gab wohl selten Jemanden, bei dem man so sicher war, nicht unangenehm berührt zu werden, wenn man es nicht selbst provozierte. Er besaß die außerordentliche Feinheit, die sich so ganz vortrefflich auf die Plauderei, auf jede Art der Unterhaltung verstand, alles nur leicht zu berühren, nie tief zu gehen, selbst das Bedeutende und Wichtige entweder zu vermeiden oder doch immer mit einer Leichtigkeit zu behandeln wusste, die ihnen das Schwere nahm, was man am Hofe so viel mehr liebt als das Berühren schwerer Fragen.«*

Auf gut Badisch: *Er hätt gut mit de Leut könne*. Ein typischer Schwarzwälder eben!

Nachtrag: Das Holbein-Pferdle

Auch Freiburg hat etwas zu bieten, das nicht unerwähnt bleiben darf. An einem unscheinbaren Platz in der Wiehre steht eines der originellsten und demokratischsten Kunstwerke überhaupt.

Nirgendwo sonst ist die Kunst am öffentlichen Bau so konsequent als Kunst für alle und von allen begriffen worden wie an der Holbein-, Ecke Hans-Thoma-Straße. Auf dem Anselm-Feuerbach-Platz steht das sogenannte Holbein-Pferdle, ein über achtzig Jahre altes, knapp zwei Meter hohes Betonfohlen des Künstlers Werner Gürtner. Anfang der Achtziger haben zwei Buben

* Interessanterweise grenzt Precht diese Eigenschaften ab von »der inneren Rohheit der Münchner Sitten, wo man jede Achtung vor Geist und Talent noch immer nicht gelernt hat.«

das Pferdle erstmals bunt angemalt. Anderen gefiel das so gut (oder so schlecht), dass sie es ihrerseits bemalten. Was wiederum die nächsten animierte, es erneut zu übermalen. So geht das bis heute. Es bekommt zu allen möglichen privaten und öffentlichen Anlässen einen neuen Anstrich und ist so zur chamäleonhaften Zeittafel der letzten vierzig Jahre geworden. Es wird immer wieder aufs Neue bemalt, verkleidet und versteckt, der Fantasie sind keine Grenzen gesetzt. Je bunter und einfallsreicher, desto besser. Es war der Glückwunsch zu Hochzeiten, bestandenen Prüfungen und Aufstiegen in die Erste Fußballbundesliga. Es war Professor, Superman und Lady Di, es trug Bikini, Strapse und Fußballtrikots, es warb für Milka, Coca-Cola und die Deutsche Post, es war Zebra, Einhorn und Tigerente, trug ein Hirschgeweih, Teufelshörner und zu Coronazeiten natürlich einen Mundschutz. Als Trojanisches Pferd war es auch schon in einer Holzkiste verschwunden. Die musste allerdings amtlich genehmigt werden.

2018 war das Pferdle übrigens so adipös, dass es ins Krankenhaus musste, beziehungsweise in die Werkstatt. Jedes Jahr wird es durch die vielen Anstriche drei Millimeter dicker, wie Jahresringe legen sich die Schichten aus Acryl, Dispersionsfarbe, Kunstharz, Gips, PU-Schaum und Mosaikfliesen um seinen eigentlich schmalen Körper. Zuletzt sah es aus wie eine übergewichtige Seekuh oder ein vollgefressener Dackel, wirklich mitleiderregend. Im Steinmetzbetrieb von Michael Hellstern wurden rund 180 Kilo (!) Farbe und anderes Material vom Holbein-Pferdle runtergehauen und -gekratzt. Die Behandlungskosten übernahm die Stadt.

Es dauerte Monate, ehe das Holbein-Pferdle wieder so aussah wie 1936, als es das Licht der Welt erblickt hatte. Mancher rieb sich ungläubig die Augen, was für ein zartes, unschuldiges, beinahe ängstliches Wesen es doch ist. Am 3. Juni 2019 wurde es wieder aufgebaut, das war ein Montag. Am 4. Juni war es schon wieder übermalt, diesmal in den dänischen Nationalfarben: ein weißes Kreuz auf rotem Grund. Der 5. Juni ist der Grundlovsdag, der dänische Nationalfeiertag.

Wie man sich selbst finden kann

Esoteriker, Spiritualisten und andere Sinnsucher im Schwarzwald

Vor vielen Jahren – ich war Student und lebte in Freiburg – habe ich mich in Tai-Chi versucht. Einmal pro Woche besuchte ich einen Anfängerkurs, der in einer kleinen renovierten Kapelle im Stadtteil St. Georgen stattfand, die eine Bodenheizung hatte und auch sonst sehr gemütlich war. Dem Kursleiter, einem halb blinden Kirchenorganisten, entging nie, wenn ich zu Hause nicht geübt hatte, was eigentlich immer der Fall war. Weil meine damalige Freundin darauf bestand, meldete ich mich auch zum Aufbaukurs an. Der traf sich aber nicht mehr in der stimmungsvollen Kapelle in St. Georgen, sondern in einem kalten, nüchternen Speicher einer Gesamtschule in Haslach. Machte es vorher schon nur bedingt Spaß, ständig im Ablauf der Figuren hinterherzuhinken, war es in diesem kreidestaubgeschwängerten Raum ganz vorbei, und nach drei Sitzungen ging ich nicht mehr hin. Später versuchte ich mich noch in einer fernöstlichen Atemtechnik, an deren Namen ich mich nicht mehr erinnern kann. Ich weiß nur noch, dass der Kurs in einer *sehr* großen und *sehr* schönen Altbauwohnung in der Freiburger Wiehre abgehalten wurde und dass ich auch ihn lange vor seinem offiziellen Ende wieder aufgab.

Ich hätte genauso gut eine Reinkarnation machen können oder NLP, Zen-Buddhismus oder Familienaufstellung, Feldenkrais oder Qigong. Ich hätte einen Vortrag über dauerhaften inneren Frieden besuchen oder mir die Karten legen lassen können. Ich hätte eine existenzialpsychologische, eine ganzheitliche oder eine Delfintherapie machen können.

In keiner anderen Stadt sucht man so gern und so gut nach sich selbst wie in Freiburg. Nirgendwo sonst werden so viele verschiedene Therapieformen in so vielen verschiedenen Einrichtungen und Praxen angeboten. Die Monatszeitschrift *Esotera* erschien jahrelang im Freiburger Hermann Bauer Verlag. Als der Dalai Lama 2007 Deutschland besuchte, machte er selbstverständlich einen Abstecher nach Freiburg. Tagelang standen Hunderte vor dem Tibet-Kailash-Haus in der Wallstraße, um eines der raren Tickets zu ergattern.

Die vielen Institute und Akademien sind dem universitären Charakter der Stadt geschuldet. Es gibt eine Zen-, eine Universale, eine Multiversale Akademie und eine für Vedische Wissenschaft, ein Institut für Humanistische Astrologie und eins für Grenzgebiete der Psychologie und Psychohygiene. Letzteres legt Wert darauf, weder Anschriften von Hellsehern, Rutengängern und anderen Medien noch Kontakte zu Menschen mit paranormalen Erfahrungen herzustellen. Journalisten, die eine publikumswirksame Story wittern, haben keine Chance.

Deutschlands einzige parapsychologische Beratungsstelle bietet hier ihre Dienste an. Man versteht sich als wissenschaftlicher Dienstleister, der umstrittene Phänomene auf ihren Tatsachengehalt hin testet und Angebote des Psycho-Marktes auf Wirksamkeit, Preis-Leistungs-Verhältnis, Risiken und Nebenwirkungen untersucht. Wer durch parapsychologische Praktiken oder Anbieter in Schwierigkeiten geraten ist, findet hier ebenso Rat und Hilfe wie Mitglieder von Psychosekten, die den Ausstieg suchen.

Man kann all dieser Spiritualität auch nicht durch einen Ausflug auf die Schwarzwald-Höhen entfliehen. Auch dort haben sich zahlreiche Sekten, Sinnsucher, Heilbeter, Schamanen, Esoteriker, Hellseher, Magier und Satanisten niedergelassen. In den entlegensten Dörfern stößt man auf esoterische, hinduistische, buddhistische, keltische, urchristliche und okkulte Zirkel. Der sogenannte Fiat-Lux-Orden hatte sich in Ibach nahe der Schweizer Grenze angesiedelt, Uriella, das »Sprachrohr Gottes«, sagte hier schon mehrfach den Untergang der Welt voraus. Graf Dürckheim hatte einen Lehrstuhl für Psychologie in Berlin inne, arbeitete für Ribbentrops Außenministerium, kannte Hitler und fand in Japan Gefallen an der »soldatischen Orientierung« des Zen-Buddhismus, bis er in Todtmoos eine »existenzialpsychologische Bildungs- und Begegnungsstätte« gründete. In Buchenbach bei Freiburg steht eine anthroposophische psychiatrische Klinik und Rudolf Steiners Goetheanum, die Zentrale der internationalen Anthroposophie, findet sich im nahen Dornach bei Basel. Angeblich glaubte Steiner zu wissen, dass sich der Startplatz der Arche Noah in der Nähe von Freiburg befand.

Warum siedeln sich ausgerechnet im Schwarzwald so viele Sinnsucher an? Atmet hier wirklich jeder Winkel Geschichte, wie ein Wanderführer zu magischen Orten schreibt? Verschlägt es die, die auf der Suche sind, in den Schwarzwald? In der Romantik entstanden Geschichten voller Elfen, Geister, Hexen und Gespenster. Viele Ortsnamen deuten darauf hin, dass die Menschen hier schon immer an Geister glaubten: Himmelreich, Siehdichfür, Notschrei, Finsterbach, Teufelswald, Teufelsstein, Schreckenstein, Bösenwald, Grusenloch, Höllental, Teufelsmühle, Gottesaue, Hexenloch, In der Höll, Höllgraben.

Der Wald wurde mythisch aufgeladen und zum Zufluchtsort vor dem stressigen Großstadtleben. Genau wie heute. Mit dem Unterschied, dass die meisten von uns heute keine Angst mehr vor Hexerei und Aberglauben haben. Das war im Mittelalter noch anders, wie die zahlreichen Hexenprozesse, die damals in Freiburg stattfanden, belegen. Allein zwischen 1550 und 1628 wurden 302 Menschen wegen Hexerei verurteilt und 131 hingerichtet.

Oder ist es der Schwarzwald selbst, der spirituelle Fragen auslöst? Es ist bekannt, dass der Südschwarzwald die höchste natürliche Radonstrahlung in Deutschland hat. Radon ist ein Zerfallsprodukt von Uran. In Menzenschwand bei St. Blasien im südlichen Hochschwarzwald gibt es sehr viel Uran. Gefährlich sind die Zerfallsprodukte, die sich in der Lunge ablagern und sie quasi von innen bestrahlen. Es ist eben nicht alles, was aus Mutter Natur stammt, gut für den Menschen. Selbst Nichtraucher haben hier ein erhöhtes Lungenkrebsrisiko. In Baden-Württemberg sterben jährlich 170 Menschen an durch Radon verursachtem Lungenkrebs. Weil das geruchs- und geschmacklose Edelgas durch das Mauerwerk in Keller und Wohnungen dringt, rät die Landesanstalt für Umweltschutz zu regelmäßiger Lüftung. Radon gilt aber auch als entzündungshemmend und schmerzlindernd, weshalb es bei Rheumaerkrankungen oder Schuppenflechte eingesetzt wird. Aber »das Risiko der Strahlenexposition ist gegen den therapeutischen Nutzen der Radon-Balneotherapie individuell abzuwägen«, wie das Landesamt schreibt. Kindern, Jugendlichen und Schwangeren wird von einer Radonkur abgeraten. Ein Edelgas mit so vielen Eigenschaften muss doch Einfluss auf uns Menschen haben!

Es gibt noch andere Kraftquellen. Der Belchen zum Beispiel, einer der höchsten Berge des Schwarzwalds. *Belchen* ist keltisch und meint einen Berg mit Kuppe. Esoteriker schätzen ihn, weil auf ihm schon die Kelten zur Tagundnachtgleiche zum Sonnengott Belenus gebetet haben. In der Schweiz und im Elsass gibt es weitere Belchen. Vom Gipfel des Schwarzwälder Belchen aus geht die Sonne am kürzesten Tag des Jahres exakt über dem in der Schweiz auf und zur Tagundnachtgleiche exakt über dem in den Vogesen unter. Kann das spurlos an den Menschen vorübergehen?

Der Pfarrer und Heimatdichter Heinrich Hansjakob aus Haslach, der im 19. Jahrhundert lebte, befand, dass ein typischer Charakterzug des Schwarzwälders die Besinnlichkeit sei, das Ins-Grübeln-Kommen. Er selbst sei elegisch, so wie die Wälder elegisch seien.

Auch Karlsruhe wird gerne in einen spirituell-esoterisch-illuminatischen Zusammenhang gestellt. Weil 33 (Illuminatenzahl!) Straßen fächerförmig vom Schloss abgehen und auf die Kraftzentren im Schwarzwald gerichtet sind (in Wahrheit sind es nur 32, aber bei Verschwörungstheorien darf man nicht kleinlich sein), weil sich in der oberen Kreishälfte 13 (es sind 15, aber: Illuminatenzahl!) Straßen-Strahlen befinden und auf dem Marktplatz eine Pyramide (Illuminatensymbol!) steht, die zwei der wichtigsten Verfassungsorgane unserer Republik – das Bundesverfassungsgericht und den Bundesgerichtshof – direkt beeinflusst. Weil Thomas Jefferson, der Freimaurer und spätere Präsident der Vereinigten Staaten von Amerika, hier war. Und weil der Name Karlsruhe darauf hinweist, dass hier Karl der Große ruht, ein Mitglied der Bruderschaft der Schlange (Illuminatenbruderschaft!).

Spätestens jetzt sollten wir aus dieser geheimbündlerischen Kausalkette wieder aussteigen. Nicht Karl der Große, sondern Markgraf Karl Wilhelm ist unter der Sandsteinpyramide begraben. Auch nicht aus Glaubens-, sondern aus finanziellen Gründen. Als im Zuge der Neugestaltung der Stadt die Konkordienkirche abgerissen wurde, beschloss man, dem Leichnam Karl Wilhelms, der darin aufgebahrt war, ein prunkvolles Grabmal zu errichten. Man stellte erst mal eine provisorische Pyramide aus Holz über den Sarkophag, die, als nach 16 Jahren absehbar war, dass die Finanzierung nicht klappte, durch Sandstein ersetzt wurde.

Hermann Hesse, einer der berühmtesten Sinnsucher der westlichen Welt, wurde 1877 in Calw geboren. 1946 erhielt er den Literaturnobelpreis, er ist der meistübersetzte deutsche Autor seit den Gebrüdern Grimm, seine Bücher wurden weltweit mehrere Hundert Millionen Mal verkauft, und es ist noch gar nicht so lange her, da waren der *Steppenwolf* und *Narziss und Goldmund* Pflichtlektüre jedes heranwachsenden Menschen. Hesse suchte sein ganzes Leben lang nach sich selbst. Allerdings nicht im Schwarzwald. Er bereiste Italien, Ostasien, Ceylon, Sumatra und Singapur. Er beschäftigte sich mit Buddha, indischer Literatur und Laotse und suchte das kosmische Ganze. Er träumte jahrelang von Indien, und als er dann endlich hinfuhr, fand er nur Dreck, Armut und Hitze und keine Spur von innerer Befreiung. Enttäuscht kehrte er nach Europa zurück. »Zwischen Bremen und Neapel«, schrieb er später im ersten Teil der *Gerbersauer Erzählungen*, »zwischen Wien und Singapur habe ich manche schöne Stadt gesehen, Städte am Meer und Städte hoch oben auf den Bergen, und aus manchem Brunnen habe ich als Pilger einen Trunk getan, aus dem mir später das süße Gift des Heimwehs wurde. Die schönste Stadt von allen aber, die ich kenne, ist Calw an der Nagold, ein kleines, altes, schwäbisches Schwarzwaldstädtchen.«

Trotzdem wollte er mit seiner Heimat nichts mehr zu tun haben. Als eine Delegation aus Calw im Tessin, wo er seinen Lebensabend verbrachte, vorstellig wurde, um anzufragen, ob das heimische Gymnasium seinen Namen tragen dürfe, hat er sie angeblich nicht eingelassen. Die Schule ist heute trotzdem nach ihm benannt. Man hat sich auf postalischem Wege verständigt.

Auch Martin Heidegger suchte im Schwarzwald. »Meine ganze Arbeit«, schrieb der weltberühmte Philosoph, »ist von der Welt dieser Berge und Bauern getragen und geführt.« Vorlesungen hielt er gern in Kniebundhose, im Loden- und auch schon mal im Skianzug. Auf Fotos sieht Heidegger oft aus wie ein Schwarzwälder Ortsvorsteher oder Großbauer. Sein ernster Gesichtsausdruck verleiht ihm stets etwas Unnahbares, Geistesabwesendes. Oder Geistes*an*wesendes?

1889 in Meßkirch geboren, studierte er Theologie und Philosophie und wurde 1928 in Freiburg Professor. In *Sein und Zeit*, das 1927 erschien, zeigte er, dass kein Ding nur einfach so ist, sondern sein Sein immer im zeitlichen Bezug zu sich und anderen steht. Es ist eines der bedeutendsten philosophischen Bücher des 20. Jahrhunderts, ohne das die Arbeiten von Jean-Paul Sartre, Jacques Lacan und Michel Foucault nicht denkbar gewesen wären.

Heidegger konstatierte eine zunehmende Heimatlosigkeit der Menschen und Entpersönlichungs- und Entfremdungserscheinungen der modernen Gesellschaft. Der drohende Kommunismus, die Weltwirtschaftskrise und ein anfälliges politisches System verlangten für ihn nach einem »Neubeginn des deutschen Schicksals«. Den traute er der NSDAP zu. Im März 1933 sagte er in seiner Antrittsrede als Rektor der Freiburger Universität: »Diese Herrlichkeit aber und die Größe des Aufbruchs verstehen wir erst ganz, wenn wir in uns jene weite Besonnenheit tragen, aus der die alte griechische Weisheit das Wort gesprochen: Alles Große steht im Sturm«, und seinen Studenten erklärte er: »Der Führer selbst und allein *ist* die heutige und künftige Wirklichkeit und ihr Gesetz.«

Der Ökonom Walter Eucken beschwerte sich, »Heidegger fühlt sich offenbar als der (…) geistige Führer der neuen Bewegung, als der einzig große und überragende Denker seit Heraklit«.

Sooft es ging, zog der Philosoph sich in ein Häuschen zurück, das seine Frau nach eigenen Plänen hatte errichten lassen. Die Hütte in Todtnauberg ist heute noch in Familienbesitz und steht für Besichtigungen nicht zur Verfügung. Aber der *Martin-Heidegger-Rundweg* bietet Ausblicke auf die Hütte aus verschiedenen Blickwinkeln.

Die Nazis hatten keine Verwendung für ihn. Einzelne Stimmen aus Berlin bezeichneten sein Denken sogar als »schizophrenes Gefasel«. 1934 trat Heidegger vom Rektorenposten zurück. Weil er die von ihm geforderte Entlassung zweier Dekane nicht tragen wollte. Oder weil er erkannt hatte, dass er von der Partei instrumentalisiert worden war.

Nach 1945 bekam Heidegger Lehrverbot. Für Jürgen Habermas hat *Sein und Zeit* einen so eminenten Stellenwert im philosophischen Denken unseres Jahrhunderts, »dass die Vermutung abwegig ist, die Substanz dieses Werkes könne durch politische Bewertungen von Heideggers faschistischem Engagement mehr als fünf Jahrzehnte danach diskreditiert werden«.

An der Rezeptionsgeschichte Heideggers kann man gut sehen, wie ein großer Geist im Volk ankommt. Galt die Aufmerksamkeit zu Beginn seinem Werk, interessierte man sich später für seine politischen Verstrickungen, um sich schließlich seinen Affären zuzuwenden. Nach seinem Tod kam heraus, dass er davon in seiner knapp 60-jährigen Ehe zahlreiche hatte. Mit der 17 Jahre jüngeren Hannah Arendt beispielsweise. Die jüdische Studentin bewohnte ein Zimmer in Universitätsnähe, in welchem er sie nach einem ausgeklügelten Zeichensystem von ein- und ausgeschaltetem Licht und halb und ganz zugezogenen Vorhängen besuchte.

Sein Werk ist sehr anspruchsvoll, »jeder Versuch, Heidegger ohne die Berücksichtigung der klassischen griechischen Philosophie verstehen zu wollen, ist aussichtslos«, schreibt der Philosoph Günter Figal. Rudolf Augstein fand drastischere Worte: »Es gibt höchstens hundert Leute, die mit Heideggers skurrilem Sprach- und Denksystem umgehen können und wollen.« Augstein zählte wohl dazu, sonst hätte er nicht das berühmte Interview auf dem Schauinsland führen können, das erst nach Heideggers Tod veröffentlicht wurde.

Fassen wir zusammen: Wer von hier stammt, sucht nicht. Und wenn doch, dann geht er weg. Wer hier sucht, ist extra deswegen hergekommen. Viele Menschen, sagte ein Sektenbeauftragter der katholischen Kirche, kommen deshalb zum Meditieren in den Schwarzwald, weil er so schön ist und so verkehrsgünstig liegt.

Klienten und therapeutisches Personal stammen zum größten Teil aus dem bildungsbürgerlichen Milieu. Irgendwie ist es auch nicht vorstellbar, dass sich ein Waldbauer aus Wutöschingen einmal pro Woche in seinen Benz setzt und in die Stadt zum *Chanten* fährt.

Ausnahmen bestätigen die Regel. Ein Viehzüchter aus dem Wiesental besuchte mal ein paar überteuerte Kurse eines obskuren Vereins, der später auf der Roten Liste der Bundesregierung landete. Das führte damals zu großer Unruhe im Freundeskreis, da man befürchtete, er könne dem Verein Haus und Hof überschreiben. Als er mir in breitestem Alemannisch erklärte, dass er nun begriffen habe, wie im Leben alles mit allem zusammenhänge und welche Rolle sein inneres Ich dabei spiele, musste ich an Goethes *Faust* denken. Der wollte schließlich auch wissen, was »die Welt im Innersten zusammenhält«, und verkaufte dafür sogar dem Teufel seine Seele. Seine Eigenschaft, eine Sache nicht nur mal so eben zu streifen, sondern ihr richtig auf den Grund zu gehen, sein stets forschender, zu allem bereiter Wille, Antworten auf die letzten Fragen zu finden und das Rätsel des Lebens voll und ganz zu durchdringen, gelten als typisch deutsche Wesenszüge.

Ist es wirklich Zufall, dass Faust am Fuße des Schwarzwalds lebte und wirkte?

Der echte Dr. Faust, der Vorlage für die vielen Fausts der Weltliteratur war, wurde als Johann Georg Faust um 1480 in Knittlingen geboren, an der nordwestlichen Grenze des Schwarzwalds nahe Pforzheim. Er studierte Medizin, vermutlich in Heidelberg, und trat als Arzt, Philosoph, Wunderheiler, Astrologe, Wahrsager, Horoskopersteller und Alchemist auf. Die Kirche verurteilte ihn als Gotteslästerer und Freund des Teufels. Dennoch holte Freiherr Anton von Staufen ihn an seine Burg. Das Silberbergwerk im nahen Münstertal, die Haupteinnahmequelle der Stadt, drohte zu versiegen. Anton hoffte, Faust könnte ihm auf alchemistischem Wege Gold beschaffen.

Heute wissen wir natürlich, dass das nicht geht. Faust ging aber wohl davon aus, diese Fähigkeit tatsächlich zu besitzen oder zumindest im Lauf seiner Experimente zu erlangen, sonst hätte er den Job nicht angenommen. Er mietete sich ein Zimmer im *Gasthaus zum Löwen*, das es heute noch gibt, und experimentierte mit Chemikalien herum. Ein Mann mit zerzaustem Haar und wirrem Blick, der dampfende, übel riechende Flüssigkeiten aus Dutzenden von Fläschchen und Tuben zusammenschüttete. So wird er meist abgebildet.

Was dann passierte, ließ Johann Spies, Christopher Marlowe, Johann Wolfgang von Goethe und all die anderen sich seiner Geschichte annehmen. Darin geht er einen Bund mit dem Teufel ein, der ihm ewige Jugend, Weisheit und Wissen schenkt. Der echte Faust starb bei seinen Experimenten. Ein paar seiner Stoffe vertrugen sich nicht miteinander, es kam zu einer gewaltigen Explosion, bei der das Gasthaus massiv beschädigt wurde. Faust fand den Tod. Und mit ihm die Unsterblichkeit.

Babuschkas und Millionäre

Die Welt zu Gast in Baden-Baden

Was haben Helmut Kohl, François Mitterrand, Yitzhak Rabin, Nelson Mandela, Boris Jelzin, Bill und Hillary Clinton, Jassir Arafat, Helmut Thoma, George Clooney, Kofi Annan, Andre Agassi, Steffi Graf, Bono, Gerhard Schröder, Rudolph Giuliani, der Dalai Lama sowie die Königinnen von Schweden und Jordanien gemeinsam? Sie alle waren schon mal im Schwarzwald. Denn sie haben in einem Jahr »die Gesellschaft oder die Politik prägend beeinflusst« und dafür den Deutschen Medienpreis erhalten. Dieser wird jährlich von Media Control verliehen, einem Marktforschungsunternehmen aus Baden-Baden.

Karlheinz Kögel, der beim Jugendsender SWR3 arbeitete, erkannte, wie wichtig Charts für die Musikindustrie sind, und gründete 1976 seine eigene Firma. Der Freund eines Freundes eines Freundes hat mal erzählt, dass Kögel in den Anfangsjahren Studenten vors Radio setzte und mit Strichlisten ermitteln ließ, welches Lied wie oft gespielt wurde. 1992 rief er den Medienpreis ins Leben und lockt seitdem einen A-Promi nach dem anderen in den Schwarzwald.

Auch ohne Medienpreis strömen Menschen aus aller Herren Länder her. In Baden-Baden stößt man überall auf fremdartige

Zeichen, die es im übrigen Schwarzwald nicht gibt. Sie stehen auf dem Tresen der Touristeninformation und auf den Prospekten der Stadt, die Speisekarten der vornehmen Restaurants sind mit ihnen bedruckt, auf den Hinweisschildern des Casinos und der Thermalbäder sieht man sie und auf handgeschriebenen Zetteln in den Schaufenstern der Edelboutiquen: kyrillische Buchstaben. Russen spielen in der Tourismus- und Geschäftswelt Baden-Badens eine wichtige Rolle. Sie haben Baden-Baden vor mehr als zwanzig Jahren entdeckt und stellen mittlerweile über ein Viertel aller Gäste. Sie bleiben länger als die anderen (wenn sie schon mal da sind) und geben auch wesentlich mehr Geld aus. Noch mehr als die Chinesen. Das *Brenners Park-Hotel*, das vornehmste Haus am Platze, unterhält längst eine eigene Repräsentanz in Moskau. Vor ein paar Jahren haben die Russen sogar damit angefangen, Villen, Hotels und Wohnungen zu kaufen. Die Deals werden meist anonym über Anwälte aus Luxemburg abgewickelt. Alexander Nikolajewitsch Iwanow, der sein Vermögen mit dem Computerhandel gemacht hat, fühlt sich in Baden-Baden so wohl, dass er hier ein privates Museum gegründet hat. Das Fabergé Museum besitzt über 1500 Ostereier, Diademe und andere Schmuckstücke vom Juwelier des Zaren.

Baden-Baden ist für Russen das, was für uns Deutsche der Schwarzwald ist. Eine heile Welt. Um das zu verstehen, müssen wir einige Seiten im Buch der Geschichte zurückblättern. Im Jahr 1814 besuchte Prinzessin Elisabeth Alexejewna von Russland die Stadt. »Ich bin seit vier Wochen an einem der schönsten Orte der Welt«, schrieb sie begeistert nach Hause. Die Gegend war ihr nicht fremd. Elisabeth Alexejewna war 1779 im nahen Karlsruhe als dritte Tochter von Karl Ludwig von Baden geboren worden. Dort verbrachte sie als Luise Marie Auguste die ersten 14 Jahre ihres Lebens, ehe sie aus politischen Gründen mit dem späteren Zaren Alexander I. verheiratet wurde, einem Enkel von Katharina der Großen. Ihre Mutter, Markgräfin Amalie von Baden, wurde »Schwiegermutter Europas« genannt, weil sie sechs ihrer acht Kinder mit Regenten anderer Staaten verheiratete.

Zwanzig lange Jahre hatte Elisabeth Alexejewna den Schwarzwald nicht gesehen, der ihr einen königlichen Empfang bereitete. Ihrer Gefolgschaft gefiel es ebenfalls sehr gut. Damals wie heute konnten sich nur wohlhabende Russen die Reise leisten. Sie mieteten sich mit ihrer Entourage in den Villen der Stadt ein und genossen die Luft, die Natur und das milde Klima. Und das Glücksspiel, das im fernen Petersburg verboten war (hier war es den Baden Badenern nicht gestattet). Und als 1830 die asiatische Cholera wütete und Russland, Polen und Preußen bedrohte, trieb es weitere adelige Gäste nach Baden-Baden.

Die Stadt zog nicht nur den Adel an, sondern auch die sich immer in seiner Nähe aufhaltenden Künstler. Gogol und Gontscharow, Dostojewski und Turgenjew, Rachmaninow und Rubinstein – alle kamen sie nach Baden-Baden. Dostojewski verspielte im Casino sein Vermögen, und als ihm seine Frau den Familienschmuck gab, verspielte er auch den. Auch Tolstoi verlor alles. Turgenjew löste ihn aus. Wenn sie nicht spielten, schrieben sie. Dostojewski *Der Spieler*, Turgenjew *Väter und Söhne* und Gogol, dass niemand hier ernsthaft krank sei, sondern alle nur zum Amüsement herkämen. Das lasen die literaturbegeisterten Russen in der fernen Heimat. Und es setzte sich in ihren Köpfen fest. Selige Zeiten, glückliche Welt. Das Zarenreich war groß und mächtig, seine Schriftsteller weltbekannt. Baden-Baden verkörpert dieses Goldene Zeitalter. Als der Eiserne Vorhang fiel, konnten die Russen sich endlich ein eigenes Bild machen. Die Deutschen wandern in Weimar nach Goethes auf Schillers Spuren, die Russen in Baden-Baden auf denen ihrer Helden.

Baden-Baden enttäuscht sie nicht. Die Stadt ist Gegenwart und Vergangenheit zugleich, die Belle Époque umweht einen an jeder Ecke. Baden-Baden ist eine eigene kleine Welt in der Welt; je tiefer man in sie eindringt, desto weiter entfernt man sich von der Wirklichkeit. Die Bäderstadt ist, um im Bilde zu bleiben, wie eine russische Babuschka, in der in jeder die nächstkleinere steckt. Jede Puppe ist was Besonderes, zusammen ergeben sie ein Ganzes, und das Innerste der innersten bleibt für immer unsichtbar.

Besucht man die Stadt mit dem Zug, empfängt einen zunächst einmal gähnende Langeweile. Der Bahnhof liegt an der ICE-Strecke Frankfurt–Basel und nennt sich Baden-Baden, obwohl er eigentlich der von Baden-Oos ist. Der alte, wesentlich schönere, im Neorenaissancestil erbaute Bahnhof steht in der Innenstadt. Er wurde zum Entree des Festspielhauses umfunktioniert. Mit 2500 Plätzen ist es eines der größten Opernhäuser Europas. Darunter macht man es hier nicht. Die Akustik ist einzigartig. Anne-Sophie Mutter, Jonas Kaufmann und Max Raabe geben sich die Klinke in die Hand. Ein paar Hundert Meter weiter beginnt die Kaiserallee. Sie wird dominiert von der neunzig Meter langen und mit vierzehn Fresken aus der badischen Sagenwelt verzierten Trinkhalle.

Links und rechts der Fußgängerzone schlängeln sich kleine Gassen den Berg hinauf, als wäre er der Montmartre persönlich. Auf dem alten Marktplatz sind Stiftskirche, römische Badruinen und die Quellen rund um das Friedrichsbad zu einer verwinkelt-verwunschenen, harmonischen Einheit arrangiert. Von hier hat man einen schönen Blick über die Dächer der Stadt. Man sieht, dass sie im Zweiten Weltkrieg von Zerstörungen verschont geblieben ist.

»Die Lichtentaler Allee gilt als die schönste Straße der Welt.« Welche Erhebung solch einem Satz wohl zugrunde liegt? Die Vermutung, dass er nur zu Werbezwecken geschrieben worden ist, weckt eher Skepsis denn Neugierde. Die Lichtentaler Allee beginnt am Goetheplatz, sie ist 2,3 Kilometer lang und über 350 Jahre alt. Man fragt sich unweigerlich, wieso eine Stadt, die mitten im Schwarzwald liegt und umgeben ist von Wäldern, Wiesen und Hügeln, sich eine künstliche Parkanlage leistet. Die Stadt ist im Besitz der größten Waldfläche Deutschlands – wollen die Baden-Badener nicht die dunkle und urwüchsige Natur vor ihrer Haustür, sondern eine, die so ist, wie sie sie gerne hätten, nämlich harmonisch, elegant und wohltemperiert?

Schon nach wenigen Metern stellt man fest, dass die Allee in der Tat etwas Besonderes ist. Man entdeckt die großzügigen Rasenflächen, das Schattenspiel der Bäume und dass das Flussbett der sanft dahinplätschernden Oos mit Pflastersteinen ausgelegt ist. Man hat immer die schönen Gartencafés der internationalen Hotels mit ihren französischen Balkonen im Blick. Überall spritzen kleine Fontänen, von fern klappern die Pferdedroschken, die pittoresken Eisenstege verbinden die Allee mit der Innenstadt, aus deren Silhouette barocke Kirchtürme und Palazzi im italienischen Stil herausragen. Unwillkürlich verlangsamt man das Tempo. Ganz freiwillig wird man zum Flaneur, um nichts von all der Schönheit zu verpassen. Hier ist nichts urban, aber alles mondän. Es ist auf seine Art auch unfassbar harmlos – aber schlicht und ergreifend wunderschön. Baden-Baden bringt das Kunststück fertig, nicht nur die Vergangenheit, sondern schon die Gegenwart mit Nostalgie zu versehen.

Alle Welt halte es für seine angenehme Pflicht, hier gewesen zu sein, schrieb Turgenjew. Nachdem er hergezogen war, betrachtete er sich auch nicht mehr als Russen, sondern als Deutschen. Er bewunderte uns als naturverbundenes und nachdenkliches Volk. Sind wir das?

Schon damals lebten in Baden-Baden nur wenig echte Schwarzwälder. Noch heute meiden die Menschen aus der Umgebung die Stadt. Wer im Bühlertal lebt oder in Rastatt, in Achern oder in Gaggenau, geht zum Einkaufen nach Karlsruhe. Dort ist es nicht so teuer wie in Baden-Baden.

Als 1838 die Casinos in Paris geschlossen wurden, zog der Spielbankpächter Jacques Bénazet in den Schwarzwald. Baden-Baden war vom Spielverbot, das seit 1767 im Deutschen Reich herrschte, ausgenommen. Roulette verdrängte langsam das Kartenspiel. Bénazets Sohn Edouard, ein gewiefter Marketingstratege, wusste die Anziehungskraft der Stadt zu steigern. Er lotste berühmte Musiker und Schauspieler her, ließ die Pferderennbahn erbauen und machte Baden-Baden nach und nach zur *cité d'été*, zur Sommerhauptstadt. Winterhauptstadt blieb Paris. Wer Rang und Namen hatte, kam. Die Rennbahn in Iffezheim wird bis heute einmal jährlich zur Bühne für die Schönen und Reichen der ganzen Welt. Während der Rennwoche im August entstehen die Fotos, die in keinem Reiseführer fehlen dürfen: Herren in Frack und Zylinder und Frauen unter überdimensionierten Hüten, die an der englischen Queen immer so lustig aussehen.

Es sagt viel über Baden-Baden aus, was geschah, nachdem Sturm Lothar bereits im Winter 1999 über Süddeutschland hinweggefegt war, Millionenschäden hinterlassen und auf der Lichtentaler Allee hundert Bäume entwurzelt hatte. In kürzester Zeit sammelten die »Freunde der Allee« 200 000 Mark, um 200 neue Bäume anpflanzen zu lassen.

Schwarzwälder, die hier leben, aber trotzdem keine Millionäre sind, werden früher oder später vom Baden-Badener Virus befallen, der von einem gewissen Hang zum Höheren gekennzeichnet ist. Achtzehnjährige junge Frauen lassen im Restaurant das Essen zurückgehen und beschweren sich lauthals, wie man es wagen könne, ihnen so etwas vorzusetzen. Damen, die in den Boutiquen in der Fußgängerzone arbeiten, kopieren in ihrem Gebaren die eleganteren Französinnen. Junge Eltern bitten um eine vorzeitige Auszahlung des Erbes, um sich eine kleine Villa kaufen zu können. Die habe den Vorteil, erklären sie, dass sie mit dem Wagen bis vor die Kellertür fahren und die Einkaufstüten ausladen könnten, während die Kinder schon mit den Nachbarskindern spielten. Die hätten natürlich auch ein *ganz anderes Niveau* als andere Kinder. All diese Beispiele sind verbürgt. Dabei befällt der Virus nur die, denen man ansieht, dass sie von ihm befallen wurden. Also die, die keine Millionäre sind. Die, die nur so tun, als gehörten sie dazu, was man ihnen ebenfalls ansieht.

In der *cité* will man ebenfalls dazugehören. So heißen die Wohnsiedlungen links und rechts des Autobahnzubringers. Als

Baden-Baden noch die Hauptstadt der französischen Besatzungszone war, lebten dort bis zu 40 000 französische Soldaten mit ihren Familien. Nach der Wiedervereinigung zogen sie ab, und die Stadt suchte nach neuen Mietern. Sie fand sie – natürlich in Russland. Das Ende des Kalten Krieges gestattete es nicht nur den Russen, reich zu werden und nach Baden-Baden zu reisen, sondern auch den Russlanddeutschen und Spätaussiedlern, ihre Heimat zu verlassen. Etwa 2000 kamen.

Marlene Dietrich sagte, es gebe kein schöneres Casino als das in Baden-Baden. Man ahnt, dass sie recht hat, wenn man durch die Kolonnaden zum großen Kurhaus hinaufsteigt. Hinter den riesigen Holztüren erwartet einen eine gediegene Stille, die sich mit Vorfreude und Spannung mischt. Jeans sind mittlerweile erlaubt, aber an Sakko und Krawatte führt kein Weg vorbei. Bei meinem letzten Besuch hatte ich keines dabei und lieh mir einfach etwas Passendes. Der Kartenabreißer, ein kleiner Herr in Uniform, öffnete formvollendet die Türen eines Holzschrankes auf der linken Seite und bot mir eine große Auswahl, als wollte ich beides nicht für elf Euro leihen, sondern für das x-fache kaufen. Dafür übersah ich gern, dass die angebotenen Modelle nicht sehr passgenau und auch ein wenig abgetragen waren. Die Krawatte band er an seinem eigenen Hals, um sie dann um meinen zu werfen.

Im Innern warten ein imposanter Wintergarten und vier Prunksäle in Neobarock und im Renaissancestil. Die Spielbank bietet 2800 Menschen Platz und ist damit die größte Europas. Ein Besuch soll Spaß machen, und der ist in einem Casino eng an Geld geknüpft. An den meisten Tischen beträgt der Mindesteinsatz zwei Euro. Angeblich sind den besonders reichen Russen die Einsätze im Casino zu niedrig. Weil man maximal nur 7000 Euro einsetzen darf, zögen viele eine gepflegte Runde in einer Privatresidenz im Umland oder manchmal sogar im *Brenners Park-Hotel* vor.

In diesem pompösen Spielhaus mitten im Schwarzwald kommt die ganze Welt zusammen: arabische Potentaten und französische Lebemänner, schweigsame Afrikaner und russische Geschäftsleute. Unfassbar hässliche Männer haben unfassbar schöne Frauen im Arm, und unfassbar hässliche Frauen unfassbar viele 500er-Jetons. Eine hanseatische Maggie-Thatcher-Kopie erklärt, dass die 2 in den vergangenen vier Tagen schon dreimal nach der 14 gefallen ist, wenn auch an drei unterschiedlichen Tischen. Eine geheimnisvolle junge Frau mit dunkler Sonnenbrille stellt beiläufig fünf 100er-Jetons neben den einsamen Zwei-Euro-Jeton, den man selbst auf Rot platziert hat. Selbstverständlich fehlen die schrulligen älteren Herren mit bleichem Gesicht und abgewetzten Ärmeln nicht, die mit abgekauten Bleistiften endlos lange Zahlenkolonnen auf kleine Schmierzettel notieren. Stundenlang tun sie nichts anderes, als von Tisch zu Tisch zu laufen und die Kugeln zu beobachten, um dann plötzlich einen alten Ledergeldbeutel aus der Hosentasche zu ziehen und zwanzig Euro auf das *Null Spiel* zu setzen. Wie viele andere Süchte scheint auch das Glücksspiel eher männlicher Natur zu sein.

Anfänger erkennt man daran, dass sie nervös sind und nur auf Schwarz und Rot setzen. Nach und nach werden sie mutiger und legen eine Reihe, später auch mal eine Zahl. Fällt diese, nehmen sie den 35-fachen Gewinn mit einer Mischung aus unterdrückter Nervosität und generöser Selbstverständlichkeit an sich. Als steckte in einem Gewinn bei einem Glücksspiel doch ein wenig Können. Frauen tauschen ihre Jetons um und erfreuen sich für den Rest des Abends an den Eiswürfeln, die in ihrem Cocktail, und an den Münzen, die in ihrer Tasche klimpern. Männer werden oft größenwahnsinnig. Natürlich wissen sie, dass ihr Sieg nur auf Dusel zurückzuführen ist. Etwas in ihnen flüstert aber, dass sie ihn mit Können, Spielwitz und Raffinesse errungen haben. Ihr Blick verrät, dass sie die Bank sprengen wollen. In Gedanken formulieren sie schon die Kündigung, die sie ihrem Chef morgen früh auf den Tisch knallen werden. Dafür dauert ein Abend im Casino aber meist zu lang, und am Ende sind sie wieder bei null.

Wer schließlich sein ganzes Geld verspielt, aber noch Durst hat, dem sei ein Gang zur Toilette empfohlen. Das frische, klare Wasser aus den Wasserhähnen stammt aus einer der unterirdischen Quellen und kostet nichts. Die Gläser, die auf dem marmornen Waschbecken stehen, werden nach jeder Benutzung von der Putzfrau gereinigt, die hinter einem Tresen sitzt.

Nachdenklich tritt man am Ende des Abends hinaus in die laue Schwarzwaldnacht. Hat man gewonnen, ändert sich vielleicht das ganze Leben. Hat man verloren, bleibt alles, wie es ist. Fragt sich, was besser ist.

Bio formte diese wunderschöne Landschaft

Die Schwarzwälder Bauern

Wer hat nicht manchmal Lust, sein bisheriges Leben aufzugeben? Auszusteigen aus der Mühle. Nicht mehr von *nine to five* im Büro zu hocken, sondern was Stimmiges und Selbstbestimmtes zu tun? Als Landwirt oder Landwirtin im Schwarzwald zum Beispiel, in und mit der Natur arbeiten, mit Tieren, Pflanzen und Maschinen. Zum Erhalt einer einmaligen Kulturlandschaft beitragen. Morgens früh aufstehen und am Abend todmüde ins Bett fallen, an sieben Tagen in der Woche, aber immer mit dem Gefühl, was Sinnvolles und Richtiges und Wichtiges getan zu haben.

Es gibt verschiedene Projekte, die dabei helfen können und wollen. »Bauernschlau – Geschichten zur Hofübergabe« etwa ist ein Onlineportal, das landwirtschaftliche Betriebe, die keinen Nachfolger finden, mit potenziellen Interessenten zusammenbringen will. Porträtiert werden Familien aus Oberried, Äule oder Dachsberg, die selbst einst als Quereinsteiger einen Hof übernommen haben. Viele davon sind Biobauern. Schöne Weitwinkelfotos, die aus einem Reiseprospekt stammen könnten, geben einen Einblick in das arbeitsreiche und erfüllte Leben der Schwarzwaldbauern. Beim Durchscrollen kann man schon mal auf die Idee kommen, einen Hof zu übernehmen. Auf die Idee, wohlgemerkt, nicht auf den Geschmack. Schmecken kann nur etwas, was man schon mal (aus)probiert hat. Bevor Sie voreilig Ihren Job kündigen, sollten Sie sich das also erst mal vor Ort anschauen. Machen Sie Ferien auf dem Bauernhof oder ein Schnupperpraktikum. Meist reicht schon ein halber Tag beim Ausmisten, um zu merken, dass die Augen größer waren als der Appetit.

Der Bedarf an Nachfolgern ist groß. Deutschlandweit haben in den letzten zwanzig Jahren über 300 000 landwirtschaftliche Betriebe aufgegeben. In Baden-Württemberg waren es seit 2010 über 4700 Höfe. Auch vor dem Schwarzwald macht das Bauernsterben nicht halt. Einige hören auf, weil sie keinen Nachfolger finden. Die meisten aber, weil es sich nicht mehr rentiert. Hier gibt es viele kleine Höfe und Einzelkämpfer, die sich immer schwerer tun auf einem Markt, der von Großbetrieben bestimmt und bedient wird.

Vorschriften für mehr Naturschutz und weniger Chemie, die in Stuttgart und Berlin gemacht werden, schmecken auch nicht jedem Bauer. Regelmäßig ziehen Hunderte von Traktoren in Konvois vor den Stuttgarter Landtag oder gleich vor den Reichstag in Berlin, um gegen neue Düngeregelungen oder gleich »alle beschlossenen Verordnungen und Gesetze betreffend Ackerbau, Feldfuttergewinnung und Nutztierhaltung« zu protestieren. Wut und Empörung löste auch das »Rettet die Bienen«-Volksbegehren aus. Darin wurde gefordert, dass nur noch halb so viele Pflanzenschutzmittel eingesetzt werden dürfen wie bisher, in Schutzgebieten gar keine mehr. Aber der Kaiserstuhl und der Tuniberg liegen quasi komplett in Schutzgebieten. Und Weinbau funktioniert nicht ohne Pestizide, weil Trauben extrem anfällig sind für alle Arten von Schädlingen. Das Gleiche gilt für das meiste Obst und Gemüse.

Wegen dieses Volksbegehrens flogen im Landtag und auf der Straße die Fetzen. Auch deshalb betonte Ministerpräsident Kretschmann, als das entsprechende Gesetz dazu am 22. Juli

2020 verabschiedet wurde, dass das nicht nur ein besonderer Tag für den Schutz der Natur sei, sondern auch für die demokratische Kultur. Ab 1. Januar 2022 dürfen in Naturschutzgebieten keine Pestizide mehr verwendet werden. Zudem verpflichtet sich das Land, die Rahmenbedingungen so zu gestalten, dass bis 2030 der Einsatz chemisch-synthetischer Pflanzenschutzmittel um vierzig bis fünfzig Prozent reduziert wird und sich der Anteil des ökologischen Landbaus auf dreißig bis vierzig Prozent erhöhen kann.

Immer mehr Schwarzwaldbauern stellen auf Direktvermarktung und Hofverkauf um. Auch wenn das wegen der Vorschriften erst mal hohe Kosten verursacht. Brot, Wurst oder Käse dürfen bei uns nun mal nur unter strengen hygienischen Bedingungen hergestellt, gelagert und verkauft werden. Schließlich soll kein Kunde krank werden, nur weil er ein Stück Rohmilchkäse gegessen hat.

Andere setzen auf Heumilch. Also Milch von Kühen, die im Winter echtes Heu zu fressen bekommen. Dafür muss das gemähte Gras in der Sonne trocknen und mehrmals gewendet werden, bis es einen Trocknungsgrad von 85 Prozent erreicht hat. Das ist sehr arbeitsintensiv und extrem witterungsabhängig. Wenn es regnet, verzögert das die Trocknung, Nährstoffe werden ausgewaschen, und wenn das Heu zu schimmeln anfängt, kann es nicht mehr verfüttert werden. Auch deshalb sind nur geschätzte drei Prozent der in Europa verkauften Milch reine Heumilch.

Andere Milchbauern stellen dagegen auf Fleisch um. So haben sich rund 150 Schwarzwälder Landwirte in der *Erzeugergemeinschaft Schwarzwald Bio-Weiderind* zusammengeschlossen. Sie setzen auf artgerechte Haltung auf großen Weiden, natürliche Ernährung durch Muttermilch, Gras und Kräuter und kurze Transportwege zur Schlachtung. Die Kühe stehen von April bis November auf der Weide. Rund 1500 Rinder werden jährlich geschlachtet. Das geht nur mit Partnern, die das Fleisch auch verarbeiten und vermarkten können. In dem Fall sind das örtliche Edeka-Märkte mit Stammsitz in Rickenbach. Der Biolandwirt Markus Kaiser vom Goldbachhof in Bernau ist Vorstandsvorsitzender der Erzeugergemeinschaft. Er will beobachtet haben, dass die Motivation der Edeka-Fleischverkäufer deutlich gesteigert worden sei, nachdem sie einen EZG-Betrieb besichtigt hatten.

Einen anderen Weg gehen die SoLAWi, Solidarische Landwirtschaften wie Michels Kleinsthof in Bad Krozingen. Seine Unterstützer zahlen einen jährlichen solidarischen Beitrag. Empfohlen werden 120 Euro für eine vierköpfige Familie und 70 bis 80 Euro für Ein- bis Zweipersonenhaushalte. Dafür erhält man einmal pro Woche drei bis fünf Kilo Gemüse, je nach Jahreszeit und Ernte. Rund 15 solidarische Landwirtschaften gibt es im Schwarzwald, die jeweils vierzig bis fünfzig Mitglieder versorgen. Das ist gut. Aber klar ist auch, dass man so kein Bundesland mit elf Millionen Einwohnern satt kriegt.

Brägele und Schäufele

Die Speisekarte des Schwarzwalds

Ich bin nicht der einzige Schwarzwälder in der Hauptstadt, der regelmäßig verzweifelt, wenn er einen Tagesausflug ins brandenburgische Umland mit der Einkehr in einem Gasthaus abschließt und auch mehr als dreißig Jahre nach der Wiedervereinigung immer noch mit Dosengemüse, Fertigsoßen und verkochten Kartoffeln abgespeist wird. Dann werde ich wehmütig und manchmal auch ein wenig *jomerig* und hoffe, nicht aufstoßen zu müssen, damit der schlechte Geschmack mir nicht auch noch die Heimfahrt versaut. In diesen Momenten wird auch der stolzeste Schwarzwald-Berliner schwach und sehnt sich zurück in die Heimat. Dann denkt er an die vielen Lokale, in die er schon völlig bedenkenlos eingekehrt ist, weil er wusste, dass man dort gut essen kann.

Bin ich im Schwarzwald unterwegs, erstaunt es mich immer wieder, wie viele Einkehrmöglichkeiten es hier gibt. Selbst kleinste Ortschaften mit ein paar Hundert Einwohnern haben oft zwei, drei, vier Wirtshäuser, und wenn man reinschaut, sind sie alle voll. Ein Dorf ohne Gasthaus scheint es im Schwarzwald gar nicht zu geben. Auch seine touristenschwachen Ecken haben eine verhältnismäßig hohe Dichte an soliden Gasthäusern. Dabei nutzen der freundlichste Wirt und der beste Koch nichts, wenn die Gäste nicht mitspielen. Aber das tun die Schwarzwälder auch. Oder wie ein Wirt es mal ausdrückte: »Die Leute sind einfach gesellig. Am Sonntag geht man ins Gasthaus.« Die Nürnberger Gesellschaft für Konsumforschung hat herausgefunden, dass jeder zweite Schwarzwälder ein- bis zweimal pro Monat essen geht.

Mehr als 370 Lokale des Schwarzwalds wurden mit Feinschmecker-Punkten, Aral-Kochlöffeln, Varta-Diamanten, Gault-Millau-Hauben und Michelin Sternen ausgezeichnet. Sechsundzwanzig Restaurants haben einen Stern oder mehr. Das Dorado nicht nur der Schwarzwälder, sondern auch der deutschen Küche ist Baiersbronn. Hier arbeiten die meisten Sterneköche pro Einwohner in Deutschland. Die *Schwarzwaldstube*, die *Köhlerstube* in der *Traube Tonbach*, das *Gourmetrestaurant Bareiss* und das *Gourmetrestaurant Schlossberg* haben zusammen acht Sterne. Ausgerechnet in dem kleinen Schwarzwaldstädtchen mit gerade mal 16 000 Einwohnern, das noch dazu im protestantischen, eher genussfeindlichen Nordschwarzwald liegt, haben sie sich durchgesetzt. Jahr für Jahr reisen Gourmets aus aller Welt nach Baiersbronn, um sich den Gaumen verwöhnen zu lassen. Die Wartezeit in der *Traube* beträgt bis zu einem halben Jahr.

Im Nordschwarzwald herrschte der pietistische Calvinismus, im Mittel- und Südschwarzwald der sinnesfreudigere Katholizismus und in allen dreien jahrhundertelang bitterste Armut. Man könnte meinen, dass eine solche Gegend der Ausprägung einer guten und anspruchsvollen Küche eher abträglich gewesen sein müsste. Dabei war es genau diese Armut, die die Schwarzwälder zu so guten Köchen machte. Sie kochten mit dem, was sie hatten. Auf engstem Raum liegt hier alles dicht beieinander. In den Wäldern gibt es Wild, Pilze und Kräuter. In der Ebene wachsen Obstbäume und an den Hängen des Kaiserstuhls Wein, Spargel, Pfirsiche und sogar Kiwis. Ein armer Schwarzwaldbauer hatte davon natürlich nur wenig. Aber die Not machte auch ihn erfinderisch.

Eine Spezialität wie der berühmte Schwarzwälder Schinken entstand, weil das Pökeln und Räuchern eine der wenigen Möglichkeiten war, das Fleisch haltbar zu machen. Dazu wird ein Hinterschinken vom Knochen gelöst, gepökelt und anschließend über Tannenzweigen geräuchert. Daraufhin muss er in einem kühlen, trockenen Raum reifen. Im Lauf der Zeit verliert er immer mehr Wasser und Gewicht und wird härter, aber man kann ihn auch nach zwei Jahren noch problemlos essen. Dieser Reifungsprozess ist heute weitgehend industrialisiert, was sich auf den Geschmack auswirkt, aber mit ein bisschen Glück kriegen Sie auf einem Bauernmarkt oder in einem Hofladen einen traditionellen Schinken oder eine Seite Speck. Ein guter Speck hat natürlich einen schönen Fettrand. Der lässt sich manchmal schwer schneiden. In einem Lokal im Südschwarzwald hatten Kurgäste mal allergrößte Probleme, den Speck in kleine, mundgerechte Stücke zu teilen. Der Wirt sah sich eine Weile lang an, wie sie sich abmühten, dann ging er hin und nahm ihnen das Speckbrett wieder weg. »Wenner kein Speck schniiede könne, mien er halt Suppe fresse.«

Neuerdings gibt es sogar ein Schinkenmuseum. Das befindet sich im zweiten Stock des Feldbergturms. Wobei Museum ein bisschen hochgestochen ist. Der kreisrunde Raum erinnert eher an ein größeres Wohnzimmer. Ein paar Videos und Schautafeln erklären, dass Schwarzwälder Schinken europaweit geschützt ist und nach Norm RAL-RG 0102 einen Austrocknungsgrad von mindestens 25 Prozent und ein Wasser-Eiweiß-Verhältnis von 2,2:1 vorweisen muss. Dazwischen gibt es ein paar Gewürzgeruchsproben und Fotos idyllischer Schwarzwaldhöfe und lieblicher Gemüsegärten, die einem Wohlfühlprospekt der Tourismusindustrie entnommen sein könnten. Kein Wunder, das Stockwerk wird vom *Schutzverband der Schwarzwälder Schinkenhersteller* unterhalten und dient wohl vor allem Marketingzwecken.

So schöne Höfe und Gärten werden die allerwenigsten Schweine in ihrem kurzen Leben jemals zu sehen bekommen. Die Schweinekeulen kommen nicht zwingend aus dem Schwarzwald, heißt es im Schinkenmuseum, sondern werden von Herstellern aus Baden-Württemberg, Deutschland und angrenzenden EU-Ländern bezogen. Als die Verbraucherorganisation *foodwatch* Regional-Schwindel beklagte und behauptete, das Fleisch des Schwarzwälder Schinkens könne auch aus Timbuktu stammen, sah der Schutzverband seinen Ruf geschädigt und erließ eine sofortige Unterlassungsaufforderung. *Sell wär jo no schöner.* Zur Einordnung: Allein in Deutschland werden mehr als fünfzig Millionen Schweine pro Jahr geschlachtet.

Der *Schutzverband der Schwarzwälder Schinkenhersteller* fand auch, dass echter Schwarzwälder Schinken nicht nur im Schwarzwald hergestellt, sondern auch geschnitten und verpackt werden müsse. Und zog auch deswegen vor Gericht. Denn ein Hersteller ließ das in seinem Werk in Niedersachsen machen. Wurde Schwarzwälder Schinken früher am Stück gekauft oder vom Metzger frisch aufgeschnitten, geht der Trend seit einigen Jahren hin zum Aufschnitt. Weshalb der Schinken heute meist vorgeschnitten und in Folie verpackt in den Kühlregalen der Republik liegt. Der Streit ging 2005 vors Gericht, ging zum Bundespatentgericht und weiter an den Europäischen Gerichtshof und von dort an den Bundesgerichtshof. Wo im Jahr 2021 höchstrichterlich befunden wurde, dass der Schinken auch außerhalb des Schwarzwalds aufgeschnitten und verpackt werden darf. *Schmecksch de Unterschied? Ich ned.*

Dazu passt, was ein befreundeter Grafikdesigner mal erzählt hat. Eine Großmetzgerei heuerte seine Firma an, um ein neues Corporate Design zu entwerfen. Jahrzehntelang hatte sie den Namen des Firmengründers getragen (der Name tut nichts zur Sache). Fortan sollte sie, sagen wir, *Schwarzwald-Wurst* heißen. Im neuen Logo sollten natürlich das Wort Schwarzwald, ein paar Tannenbäume und ein Bollenhut auftauchen. Die Firma legte also ihren traditionellen Namen ab, um sich einen neuen mit einer künstlichen Tradition zuzulegen. Im Zuge der Arbeit wurden mein Freund und seine Kollegen zu einer Betriebsbesichtigung eingeladen. Schließlich sollten die Designer wissen, wie es in so einer Fleischfabrik überhaupt aussieht. Anschließend sollte es einen kleinen Imbiss geben. Das war der Plan. Sie sahen, wie Schweine zerteilt und auseinandergenommen und in die verschiedenen Abteilungen gebracht wurden, wo man sie zu Schinken, Wurst und Schnitzel verarbeitete. Irgendwann wurde meinem Freund ein bisschen schlecht, wegen all dem Fleisch und Blut und Tod, und auf einen Imbiss hatte er auch keine Lust mehr. Seinen Kollegen ging es genauso. Keiner wollte mehr eine Wurst- oder Schinkensemmel anfassen, geschweige denn essen. Und dann gab es zur Überraschung aller: Kaffee und Schwarzwälder Kirschtorte!

Führende Küchenchefs der Region betonen, die Schwarzwälder seien nicht nur dem Genuss zugetan, sondern auch sehr aufgeschlossen und experimentierfreudig. Diese Eigenschaften haben sie sich im Lauf der Jahrhunderte angeeignet. Die vielen Händler und Reisenden, die hier durchzogen, ließen immer etwas zurück, was von den Schwarzwäldern in ihre Küche integriert wurde. Von den Römern stammt der Wein, der an den Westhängen des Schwarzwalds und am Kaiserstuhl gedeiht. Der Einfluss der elsässischen, schweizerischen, schwäbischen und, historisch bedingt, der österreichischen Küche ist nicht zu übersehen oder, besser, zu überschmecken. Aus dem Elsass kommen Schlachtplatte, Sauerkraut und Flammkuchen, aus der Schweiz der Käse und geriebene Kartoffeln, aus Schwaben Spätzle und Knöpfle und aus Österreich das Schnitzel und die Kratzete, eine Art ungesüßter Pfannkuchen, der zu Spargeln gereicht und wie der Kaiserschmarrn in der Pfanne zerrissen wird.

Es gibt alte Kochbücher aus der Region, in denen ganz selbstverständlich Trüffelrezepte aufgelistet sind. Eines dieser Bücher fiel vor einigen Jahren den beiden Freiburger Forstbotanikern Ulrich Stobbe und Ludger Sproll in die Hände. Das und die Tatsache, dass es hier viele kalkhaltige Böden mit Eichen, Buchen und Haselnussbäumen gibt, brachte sie auf die Idee, dass es hier in der Vergangenheit Trüffel gegeben haben muss. Für ein Forschungsprojekt im Stadtwald bekamen sie die Erlaubnis, Trüffel zu ernten. Das ist nach dem deutschen Naturschutzgesetz eigentlich verboten, da die Pilze vom Aussterben bedroht sind. Mittlerweile betreiben sie eine Trüffelbaumschule in Radolfzell am Bodensee, wo sie Sporen des unterirdischen Edelpilzes an die Wurzeln junger Bäumchen setzen. Wenn sich an den Baumwurzeln nach sechs Monaten Pilz-Pflanzenwurzelgeflecht gebildet hat, werden sie verkauft und ausgesetzt. Im Angebot sind Haselnuss, Hainbuche oder Stileiche, deren Wurzeln mit Mykorrhiza des Burgunder-, Périgord- oder Frühlingstrüffels behandelt wurden. Ein Bäumchen kostet rund 35 Euro, ab zehn Stück gibt's Mengenrabatt. Erntemengen werden nicht prognostiziert. Der Käufer erfährt also erst nach ein paar Jahren, ob tatsächlich Trüffel angebissen haben.

Wem das zu aufwendig ist, kann auch seinen Hund abrichten. Eine Trüffelbaumschule, die jüngst in Freiburg gegründet wurde, bietet Trüffelhundekurse an. Angeblich kann jeder Hund das Trüffelfinden lernen, er muss nur geimpft, versichert und sozialverträglich sein. Ach, und wenn es ein Weibchen ist, darf es nicht läufig sein. Das würde die männlichen Mitschüler zu sehr vom Unterricht ablenken.

Auf den Höhenlagen, wo sich manchmal wochen- und monatelang kein Fremder hin verirrte, wurde das Dorfgasthaus meist nur von einem Bauern im Nebenerwerb betrieben. Später, als die Touristen den Schwarzwald für sich entdeckten und die Landwirtschaft sich nicht mehr lohnte, kehrte sich das um. Gastwirt wurde zum richtigen und Bauer zum Nebenerwerbsberuf.

Noch heute können Sie Gasthäuser betreten, an deren Stammtischen Männer vor ihrem Bier sitzen und aufs Gemütlichste miteinander schweigen. Tun sie es, weil am Stammtisch nie viel geredet wird, oder müssen sie womöglich daran denken, welche Besitztümer beim Kartenspiel zwischen ihren Vorfahren schon hin- und hergegangen sind?

Ein Buch über eine Gegend zu schreiben, in der es so unermesslich viele gute Speisegaststätten gibt, stellt mich vor ein

Dilemma. Welche soll ich erwähnen außer dem *Adler* in Lahr oder dem *Lamm* in Bad Herrenalb? Tue ich dem *Rebstock* in Scherzingen nicht unrecht, wenn ich ihn nicht nenne? Kann ich den sagenhaften Rehrücken in den *Drei Schneeballen* in Hofstetten im Kinzigtal übergehen? Den Wurstsalat im *Ochsen* in Herrischried? Sollte ein Kleinod wie die *Blume* in Lenzkirch-Kappel nicht besser verschwiegen werden, damit es seinen unentdeckten Charme behält? Kann ich das *Obere Wirtshaus* und das *Untere Wirtshaus* in Langenordnach miteinander vergleichen, obwohl sie beide auf ihre Art einzigartig sind? Was ist mit dem *Rößle* in Geschwend – das ist ein Ortsteil von Todtnau im idyllischen Wiesental, das den Feldberg mit Lörrach und Basel verbindet. Dort werden die Gäste gebeten, ihr Auto an der Kirche abzustellen, Fußweg zwei Minuten. Geben Sie noch ein paar Minuten obendrauf und spazieren Sie durchs ganze Dorf. Das lohnt sich, weil es hier 14 alte und wunderschöne Schwarzwaldbauernhöfe gibt, die noch bewirtschaftet werden.

Das *Rößle* hat drei Gasträume, niedrige Holzdecken, Fischgrätenparkett, holzvertäfelte Wände, einen grünen Kachelofen und schlichte Holztische mit Stoffservietten. Man kann sich gar nicht entscheiden, wo man sitzen soll, in der Stube oder draußen im sonnenbeschienenen Garten mit Blick auf die umliegenden Berge. Vorneweg gibt es für jeden Gast ein Glas Wasser und hausgemachten Kräuterquark mit Bauernbrot. Das Fleisch und die anderen Zutaten stammen aus der Region. Auf der Karte stehen Klassiker wie Schnitzel mit Soße und Wurstsalat. Es gibt aber auch traditionelle Gerichte wie Kutteln und *Surri Leberli*, also saure Leber. Die freundliche Bedienung steht am Tresen und putzt das Besteck, am Stammtisch sitzen zwei Männer, die sich über die Fehlentwicklungen im Sport unterhalten. »Des hätt sich uusgwachse zu nem Gigantismus, es isch zum Kotze. Es rede alli imme nu über d' Sieger. Dabei leischde die andere viel mee. Wenn de am Schwanz hindenoch rennsch, des isch e psychologisches Problem. Der wo vornenus rennt, der wird leichtfüßig.« Das Telefon klingelt, die Bedienung hebt ab. Sie grüßt, *schwätzt e wengle* und lacht dann auf: »Hesch ned ins *Rößle* welle?« Der Anrufer hat sich offenbar verwählt. Hier kann man gar nichts anderes tun, als sich wohlzufühlen!

Begegnungen dieser Art würden ein eigenes Buch ergeben. Ich habe mich entschieden, an dieser Stelle auf einen schreibenden Kollegen zu verweisen. Wolfgang Abel hat seine Leidenschaft fürs Essen zum Beruf gemacht. Er bringt in seinem Oase Verlag kulinarische Regionalführer heraus. Ich kenne Abel nicht persönlich. Aber ich kenne Genießer, die nicht ohne eines seiner Bücher aus dem Haus gehen, und andere, die es sich zum Ziel gesetzt haben, den kompletten Schwarzwald nach Abels Tipps abzufahren. Auf Abels Tipps kann man sich verlassen. Aber Vorsicht! Manchmal kann einem die Lektüre die Lust aufs Weiterlesen oder sogar den Appetit verderben. Abel schreibt nicht nur über gutes Essen in guten Gasthöfen. Nein, er schreibt auch ausführlich über *schlechtes* Essen in *schlechten* Gasthöfen und lässt sich in aller Ausführlichkeit darüber aus, was an der Welt im Allgemeinen und mit den Menschen im Besonderen nicht stimmt, wenn sie sich mit so etwas zufriedengeben.

Natürlich gibt es auch im Schwarzwald schwarze Schafe (auf die man gerade als Tourist häufig reinfällt). Auch hier stammen die Spätzle immer öfter aus der Fabrik. Auch hier wird der Wein in viel zu kleinen Gläsern ausgeschenkt. Auch hier lässt das Preis-Leistungs-Verhältnis zu wünschen übrig. Und auch hier ist mir auf der Herrentoilette, die ich mit einem großen Fliegenschwarm teilte, schon eine alte Frau in Kittelschürze begegnet, die ein verstopftes Pissoir energisch mit einem Pümpel bearbeitete, um wenige Minuten später in den Gastraum geschlurft zu kommen und mir das Schnitzel zu bringen, das ich zuvor bei ihrer jungen Kollegin bestellt hatte. Da es nicht den Eindruck machte, als habe sie sich zwischenzeitlich die Hände gewaschen, verschwieg ich meiner weiblichen Begleitung diese Begegnung lieber.

Aber das gibt es eben auch im Schwarzwald: dass die Winzer und Bauern für ein paar Wochen im Frühjahr und im Herbst einen großen Strauß ans Dach hängen. Damit sind sie Straußenwirtschaften und bieten all das an, was die eigenen Gärten und Äcker hergeben. Hier kann man sich nach einer Wanderung in uriger Umgebung an einfachen, wohlschmeckenden Gerichten wie Flammkuchen, Kartoffelsuppe, Wurstsalat, *Schäufele* oder Bauernbratwürsten laben.

Und das gibt es eben auch im Schwarzwald: dass man in den *Drei Schneeballen* in Hofstetten nicht eine, sondern zwei frische Forellen serviert bekommt, die sagenhaft schmecken. Sie werden in einem kleinen Bach hinter dem imposanten Gasthof gezüchtet, der sich seit mehr als 500 Jahren im Familienbesitz befindet. Heute kocht hier Werner Neumaier, und er legt allergrößten Wert auf Frische und Qualität. Auf meine Frage, wieso er nicht, wie andernorts üblich, nur *eine* Forelle serviere, erklärte er, weil sie eben etwas kleiner seien. Und wieso sind sie kleiner, fragte ich. Weil er sie schlachte, ehe sie ausgewachsen seien. Und wieso das? Er sah mich verdutzt an. »Ganz eifach«, antwortete er schließlich, »weil se dann besser schmecke.«

Welch eleganter Übergang zu den kulinarischen Spezialitäten des Schwarzwalds. Frische Forellen gehören dazu. Sie werden blau serviert oder gebraten. Für Letzteres lohnt es sich, ein gutes Lokal zu kennen, damit der Geruch von gebratenem Fisch nicht tagelang in der Wohnung hängt. Der *Gasthof Tannenmühle* in Grafenhausen hat nicht weniger als 29 verschiedene Forellengerichte auf der Karte.

Eine andere Spezialität sind Kutteln. Ich habe sie noch nie probiert. Kutteln sind der Magen der Kuh, und das ist mir immer zu unappetitlich gewesen. Das Gleiche gilt für die Hirnsuppe, die eigentlich nur an Fasnet serviert wird. Als Kind aß ich gern Leberle, gebratene Schweins- oder Kalbsleber. Seit jeder Arzt dringend von Innereien abrät, weil sie wie ein Schwamm all die Schadstoffe aufsaugen, die dem Tier in seinem mehr oder weniger langen Leben zugeführt werden, habe ich Abstand davon genommen.

Was noch auf jeder Vesperkarte steht, ist der Wurstsalat. Lyoner Wurst wird in sehr feine Streifen geschnitten, mit Gürkchen, Zwiebeln und eventuell Radieschen verfeinert und mit einer einfachen Vinaigrette aus Essig, Öl, Salz und Pfeffer angemacht. Wird Käse dazu geschnitten, heißt er Schweizer oder Elsässer Wurstsalat (wie wohl die Schweizer und die Elsässer dazu sagen?).

Elsässer Wurstsalat mit Bauernbrot (und keinesfalls Weißbrotscheiben!) schmeckt nicht überall gleich gut. Folgende Gasthäuser werden von führenden Elsässer Wurstsalatfans empfohlen: die *Kellerstrauße* im Kaltenbachhof in Schallstadt. Der *Adler* in Buchenbach. Der *Filou* in Reute. Die *Ziegelhofstraußi* in Ballrechten-Dottingen. Das *Felsenstüble* in St. Märgen. *Zur Küferei* in Oberrotweil. Das *Gasthaus Eichberg* im Glottertal. Der *Ochsen* in Mühlenbach. Das müsste genügen.

Eine andere beliebte Variante ist Wurstsalat mit *Brägele*. Brägele ist alemannisch für Bratkartoffeln. Vermutlich waren die Brägele zu einer Zeit, als die Schwarzwälder es sich nicht leisten konnten, so viel Wurst zu essen, bis sie satt waren, eine gängige Sättigungsbeilage. »Schmecksch de Brägl« wird gefragt, wer es mit einer brenzligen Sache zu tun hat.

Die *Schwarzwaldstuben* in Berlin hat Wurstsalat mit Brägele mittlerweile auf ihrer Speisekarte. Als das Lokal in der Tucholskystraße in den 1990ern eröffnete und sich dort regelmäßig ein paar Schwarzwälder trafen, um sich die Spiele des Sport-Club Freiburg anzusehen, war diese Kombination noch unbekannt. Wir ernteten immer verwirrte Blicke der meist studentischen, ganz offensichtlich nicht aus unserer Heimat stammenden Bedienungen. Sie sollten Wurstsalat mit Brägele unbedingt probieren. Die milde Süße der Wurst in ihrer sauren Soße harmoniert perfekt mit dem erdig-rauchigen Aroma der gebratenen Kartoffeln.

Ein anderes Armeleuteessen ist *Bibiliskäs*, ein Quark, der mit frischen Kräutern vermengt und mit Bauernbrot serviert wird. Lecker. Vegetarisch.

Ein weiterer beliebter Quark ist Bohnenquark. Auch Bohnenkäse genannt. Oder Tofu. Bei Tofu denken die meisten an die asiatische Küche. Und glauben, dass die Sojabohnen, aus denen dieses Lebens- und Allzweckmittel gewonnen wird, auch dort angebaut werden. Dabei gibt es in Deutschland schon lange große Felder, auf denen Sojabohnen wachsen. Auch im Schwarzwald steigt die Zahl der Anbauflächen stetig. Na ja, grenzen wir es ein: Die Pflanze braucht viel Sonne und verträgt auch keinen Frost. Weswegen nur sonnenreiche Gegenden infrage kommen, also in der Rheinebene.

Immer mehr Menschen greifen auf ihrer Suche nach Fleischalternativen zu Tofu. Und dann sehr oft zu Tofu aus Freiburg. Taifun-Tofu aus dem Industriegebiet Freiburg-Hochdorf ist Europas führender Hersteller von Biotofu. Monatlich werden rund zwei Millionen Päckchen produziert, die in Bioläden in ganz Europa verkauft werden. Andere Tofu-Produzenten in der Region sind beispielsweise Lord of Tofu aus Lörrach oder Martin Bilger aus der Ortenau.

Um richtig guten Tofu zu bekommen, werden die Sojabohnen gewaschen und gequellt. Nachdem die Faserstoffe ausgesiebt sind, bleibt ein milchfarbener Saft zurück. Gibt man Gerinnungsmittel und Hitze dazu, flockt der aus und wird zu Blöcken verdichtet, in Form geschnitten und im Wasserbad abgekühlt. Fertig ist der Naturtofu, den man nach Belieben würzen, frittieren, in seiner Form verändern kann. Taifun-Tofu bietet Natur-, Räucher- und mediterranen Tofu an, Bratfilets japanischer Art, Tofu-Grillwürstchen und veganen Aufschnitt.

In Deutschland hat Taifun-Tofu einen Marktanteil von siebzig Prozent. Wer hätte das 1985 gedacht, als die Gründer wöchentlich vier Kilo auf dem Münstermarkt verkauften. Heute werden bis zu 120 Tonnen pro Woche produziert. Für diese Mengen reichen die heimischen Anbauflächen schon lange nicht mehr aus, weswegen mit Sojabauern in Sachsen-Anhalt, Frankreich und Österreich zusammengearbeitet wird. Der »sanft geräucherte und mit Kümmel, Zwiebeln und Kräutern verfeinerte« Tofu ist zeitweise gar nicht lieferbar. Das liegt daran, dass er so gut schmeckt. Oder weil er einen so schönen Namen hat: Black Forest Tofu.

Tofu, or not Tofu. Die Zukunft ist fleischlos. Vielleicht. Vor allem in den Städten gibt es zahlreiche vegetarische und vegane Lokale. Dazu kommen die indischen, chinesischen, japanischen Restaurants.

Tofu ist in. Immer öfter heißt die Frage bei Tisch nicht mehr »Rot oder weiß?« oder »Mit Fleisch oder ohne?«, sondern »Vegan oder vegetarisch?«. Alles schon in Freiburg erlebt. Bis Tofu allerdings flächendeckend auf den Speisekarten des Schwarzwalds auftaucht, dürften noch ein paar Jahre ins Land gehen.

Denn die Schwarzwälder Küche ist berühmt für ihre guten Fleischgerichte: vor allem Wild und Schäufele. Vegetarier und Veganer sollten den nächsten Absatz also überspringen. In den Wäldern tummeln sich Rehe, Hirsche und Wildschweine, die Förster sind gute Schützen, und so kann man im ganzen Schwarzwald hervorragende Wildgerichte verspeisen. Rehrücken, Hirschmedaillons oder Wildschweinbraten mit Spätzle oder Kroketten und viel guter Soße, dazu Wirsinggemüse, Rot- oder Rosenkohl. Herrlich. Jeder Schwarzwälder kennt seine zwei, drei Lokale, in die er geht, wenn Saison ist. Wenn Sie unsicher sind, wo Sie einkehren sollen, fragen Sie einfach einen Einheimischen. Was man hat, teilt man gern, und was man weiß, teilt man gern mit. Es ist überhaupt auffällig, dass Schwarzwälder gern übers Essen und übers Essengehen reden, und das nicht erst, seit das Kochen zum Dauerbrenner auf allen Fernsehkanälen wurde.

Schäufele ist ein Stück Heimat. Noch heute gibt es bei meinen Eltern an Weihnachten Schäufele mit Kartoffelsalat. Dabei sind sie gar keine gebürtigen Schwarzwälder und leben seit über zwanzig Jahren im Allgäu. Sie lassen sich jedes Jahr eins schicken. Bei ihnen ist es wieder so wie vor hundert Jahren, als das Schäufele nur an sehr hohen Festtagen kredenzt wurde.

Das Schäufele ist ein Stück der Schweineschulter, das den Schulterblattknochen umschließt, der einer Schaufel ähnelt. Heutzutage bekommt man es meistens schon entbeint. (Womit ein Festtagsknochen für den Haushund flötengegangen ist.) Im

Fränkischen wird Schäufele wie ein Schweinebraten zubereitet, im Schwarzwald gepökelt und geräuchert und dann zwei Stunden in einem Sud aus Wasser, Wein, Essig, Zwiebeln, Nelken und Lorbeer gegart. Sein Fleisch ist von einem schönen, intensiven Rot, es schmeckt würzig und ein wenig rauchig und hat einen feinen Stich ins Säuerliche. Es muss bissfest, aber weich sein, sodass man es fast mit der Gabel zerteilen kann, zumindest entlang der Faser. Es ist eines meiner absoluten Lieblingsgerichte, das mittlerweile sogar das ganze Jahr über beim Metzger angeboten wird.

Das führt zum nächsten Dilemma. Ich kann Ihnen zwar sagen, dass Sie diese typische Spezialität unbedingt probieren müssen. Aber nicht, wo. Normalerweise tritt man als Gast vor ein Gasthaus, studiert die Speisekarte, und wenn man etwas Ansprechendes entdeckt und die Preise stimmen, tritt man ein, bestellt und isst. Nun muss das Schäufele, je nach Größe und ob es eins mit oder ohne Knochen ist, eineinhalb oder zwei Stunden in siedendem Wasser ziehen. So punktgenau kann es aber kein Koch aus dem Wasser holen. Woher soll er wissen, ob überhaupt Gäste kommen, und wenn ja, wann und wie viele? Also stellt er das Schäufele warm oder lässt es im Sud liegen. Dadurch beginnt es, trocken und ein wenig zäh zu werden und seine schöne rote Farbe zu verlieren und irgendwann nach Rippchen zu schmecken und nicht mehr nach Schäufele. Was ja nicht der Sinn der Sache ist, denn wenn man Rippchen will, bestellt man eines oder geht gleich nach Hessen, wo sie sehr gute Rippchen zubereiten. Aber man bestellt kein Schäufele im Schwarzwald. Ich habe diese Erfahrung immer wieder gemacht und es irgendwann einfach nicht mehr bestellt.

Was machen wir nun? Sie könnten versuchen, während Ihres Aufenthalts einen Schwarzwälder kennenzulernen, der Sie zu sich nach Hause einlädt und Ihnen dort diese Köstlichkeit kredenzt. So wie zwei Japanerinnen, die mich einst am Freiburger Hauptbahnhof nach dem Weg fragten und mich dann mühsam in ein Gespräch zu verwickeln versuchten. Ich war in Eile, es war der 20. Dezember kurz vor Ladenschluss, und ich musste dringend noch ein paar Weihnachtsgeschenke besorgen. Aber natürlich fühlte ich mich auch geschmeichelt. Bis rauskam, dass sie unbedingt eine typisch deutsche Weihnacht erleben wollten und jemanden suchten, der sie mit zu sich nach Hause nahm.

Es wird Ihnen wohl nichts anderes übrig bleiben, als doch in ein Gasthaus zu gehen und eins zu bestellen. Dort schmeckt Schäufele ja nicht schlecht. Nur anders. Oder aber Sie greifen zu etwas, das eigentlich gar nicht in den frischen, fröhlichen, naturbelassenen Schwarzwald passt, einem Schäufele im Plastiksack. Seit ein paar Jahren wird es nämlich auch vorgegart angeboten. Das legt man dann *im* Plastikschlauch ins Wasser und lässt es zwei Stunden ziehen. Oder waren es eineinhalb? Mein Bruder, der in Karlsruhe lebt, hat mir mal eins geschickt, und ich musste zu meiner Überraschung feststellen, dass es recht gut schmeckte. Aber trotzdem kein Vergleich zu dem frischen, das es bei uns zu Hause immer an Weihnachten gibt.

Seit einigen Jahren geht alles zurück zur Natur und da im Besonderen zurück zum Regionalen. Auf der ganzen Welt besinnen sich Köche auf die Produkte ihrer Heimat. Dieser Trend ist auch am Schwarzwald nicht spurlos vorübergegangen. Obwohl das hier viele Gastwirte schon immer getan haben, ohne viel Tamtam. Aber weil heutzutage nichts mehr ohne Label geht, gibt es jetzt die »Naturparkwirte«. So darf sich nur nennen, wer in seiner Küche hauptsächlich Produkte von Schwarzwälder Wiesen, Weiden und Wäldern verwendet – egal ob es sich um Früchte, Gemüse, Kräuter, Milchprodukte, Fisch oder Fleisch handelt. Schließlich wollen immer mehr Feinschmecker wissen, wo die Sachen herkommen, die sie essen. Wenn man schon mal im Schwarzwald is(s)t, soll der auch auf dem Teller sein. *In dubio pro regio.*

Zu meinem Geburtstag sandte mir mein Internetprovider eine Glückwunschmail. Das beigefügte Bild enthielt eine Luftschlange, Konfetti, eine Rakete und – eine Schwarzwälder Kirschtorte!

Natürlich fragte ich mich, woher der Provider weiß, wo ich geboren bin. Aber wahrscheinlich bekommen alle Kunden die gleiche Mail.

Im Gegensatz zu mir stammt die Torte nicht eindeutig aus dem Schwarzwald. Wer diese Kalorienbombe tatsächlich erfunden hat, ist nicht ganz klar. Manche sagen, Bäuerinnen hätten die Kirschen aus ihrem Garten eingekocht und mit frischem Rahm vermischt. Ihre Männer hätten das Ganze dann mit einigen Spritzern Kirschwasser abgerundet.

Der Konditor Josef Keller behauptete, er habe die Schwarzwälder Kirschtorte erstmals 1915 in Bad Godesberg serviert, indem er die Kirschen mit Sahne, die dort auf der Karte standen, auf einem braunen Biskuitboden angerichtet habe. Er habe etwas für die Studenten aus Bonn gesucht, die manchmal scharenweise in sein Café eingefallen und immer sehr hungrig gewesen seien. Studenten sind doch überall gleich.

Der Stadtarchivar von Tübingen wiederum behauptet steif und fest, ein gewisser Erwin Hildenbrand habe sich die Schwarzwälder Kirschtorte 1930 in Tübingen ausgedacht. Beweis sei ein Foto aus dem Jahr 1936, das im Besitz eines Neffen Hildenbrands ist, auf dem der Onkel neben einer entsprechenden Torte zu sehen ist. Und ein paar freche Engländer meinen sogar, die Schwarzwälder Kirschtorte sei im Berlin der Dreißigerjahre erfunden worden.

Genauso uneins ist man sich über die Bedeutung der weiß-rot-braunen Farbe der Torte. Mal steht sie für die Tracht aus dem Gutachtal (schwarz das Kleid, weiß die Bluse und rot die Bollen), mal für die Gastfreundschaft und die dunklen Tannen des Schwarzwalds, mal für seine geheimnisvolle, ganz der Romantik verschriebene Dunkelheit. Ich denke, die Farben stehen für nichts anderes als für sich selbst. Eine Schwarzwälder Kirschtorte besteht aus roten Kirschen, weißer Sahne und braunem Biskuitboden, basta. Sie ist ja keine Pizza Margherita, deren Belag extra für den Besuch der italienischen Königin in den Farben der italienischen Flagge zusammengestellt wurde.

Serviert wird die Torte heute auf der ganzen Welt. Manchmal begegnet sie einem in derart verändertem Zustand, dass man sie gar nicht wiedererkennt. Dann ist sie eine Biskuitrolle, ein Petit-Fours-Törtchen oder ein Stück Trockenkuchen. Aber heißen tut sie immer gleich, nämlich Schwarzwälder Kirschtorte. Oder *Black Forest Cherry Cake*, *Gâteau Forêt Noire*, *Karaorman Pastasi* oder **シュヴァルツヴェルダー・キルシュトルテ**.

Ein Berliner Freund lädt an seinem Geburtstag immer zum Schwarzwälder-Kirschtorten-Essen. Die stammt aus der Tiefkühltruhe im Supermarkt und kostet so viel wie in einem guten Café ein einziges Stück. Eine tiefgekühlte, aber aufgetaute Schwarzwälder Kirschtorte war es auch, die eine 24-jährige Studentin in einer Pappschachtel versteckt zu einer öffentlichen Rede von Günther Oettinger mitbrachte. Als der noch Ministerpräsident war, hielt er mal im Haus der Wirtschaft in Stuttgart eine Rede. Plötzlich trat die junge Frau mit den Worten »Arbeit für alle!« an ihn heran und warf das gute Stück auf den Ministerpräsidenten. Oettinger passierte nichts, nur sein Anzug bekam etwas ab. Die Frau stammte übrigens nicht aus Baden, sondern war eine Schwäbin aus Stuttgart.

Die beste Schwarzwälder Kirschtorte, die ich kenne, backt meine Tante Renate. Sie ist angenehm sahnig, der Teig schön fest, die Kirschen sind aromatisch und die Streusel gut verteilt. Vor allem aber kommt bei ihr das Kirschwasser voll zur Geltung. Das Geheimnis ist, dass Onkel Heinz jedes Stück kurz vorm Servieren noch mal mit einem Kirschwässerle einsprüht, das er vorher in einen Wasserzerstäuber gefüllt hat. *Sunscht schmeckt sie doch gar idde!*

Biergit, Ferdinand und andere Hochprozenter

Die Getränkekarte des Schwarzwalds

Biergit lebte lange Jahre in der kleinen Gemeinde Grafenhausen, ohne die Grenzen des Hochschwarzwalds auch nur einmal zu verlassen. Warum auch? Hier gefiel es ihr, hier kannte und achtete man sie, und es störte sich auch niemand daran, dass sie seit fünfzig Jahren in denselben altbackenen Kleidern herumlief. Irgendwann muss sie es sich anders überlegt haben, denn man begegnet ihr schon lange nicht mehr nur in Grafenhausen, Häusern und Menzenschwand, sondern auch in Berlin, Hamburg und Leipzig. In München ist sie genauso Gast wie in Dresden, Würzburg und Hannover. Biergit ist das grinsende Mädchen, das das Etikett auf dem *Tannenzäpfle* ziert, der kleinen Pilsflasche der In-Brauerei Rothaus. Ihr vollständiger Name lautet *Biergit Kraft*. Denn Bier gibt Kraft. Als Kind habe ich Biergit lange für einen Mann gehalten, der buschigen Augenbrauen wegen.

Jahrhundertelang wurde im Schwarzwald nur regionales Bier getrunken. Kunststück, es war ja kein anderes da. In den Siebzigerjahren fingen die nationalen und internationalen Großbrauereien an, mit ihren Produkten in die regionalen Märkte einzudringen, und seit den Achtzigern bieten die Kneipen in Freiburg und im Schwarzwald ganz selbstverständlich bayerisches

Weizenbier, tschechisches Pils und andere Exoten an. Bis auf belgisches Erdbeerbier haben sich alle etabliert. Nur die ganz Großen, hieß es, würden überleben. Dass die Menschen sich immer gesundheitsbewusster ernähren und immer weniger Bier trinken, tat ein Übriges. Die großen Brauereien kauften dazu und erhöhten jährlich ihren Ausstoß, viele kleinere Brauereien, oft noch in Familienbesitz, gingen ein. Allen anderen sagte man den nahen Untergang voraus. Das war traurig. Aber machen wir uns nichts vor, als die kleinen grünen Flaschen aufkamen, fanden wir sie auch cooler als die braunen, bauchigen, die die alten Männer an den Stammtischen tranken. Eine Kneipe, die kein Beck's im Angebot hatte, hatte einen schweren Stand. Wir waren Freunde der Globalisierung, die Biere aus aller Welt an unseren Tresen brachte. Nach ein paar Jahren aber wurde es langweilig, überall Bitburger, Warsteiner und Köpi kredenzt zu bekommen, die bei Blindtests schon längst niemand mehr unterscheiden konnte. Und wir begannen uns nach einem Bier zu sehnen, das noch Ecken und Kanten hat und seine regionalen Wurzeln nicht verleugnet.

Es war nur eine Frage der Zeit, bis Biergit und das Tannenzäpfle von einem größeren Publikum entdeckt wurden. Das Etikett, das seit fünfzig Jahren nicht verändert worden war, sah plötzlich nicht mehr rückständig und provinziell aus, sondern ehrlich und authentisch. Dass das, was hinter Biergit am Baum hängt, keine Tannen-, sondern Fichtenzapfen sind, störte auch nicht weiter, sondern wurde als weiteres Indiz ihrer sympathischen Eigenwilligkeit gedeutet. Das Tannenzäpfle ist geschmacklich nicht mit den großen »Fernsehbieren« zu vergleichen, wie der Brauereimeister von Rothaus diese mal abschätzig nannte. Es schmeckt würzig und süffig und hat einen süßlichen Ton, wegen dem es auch gern von Schwarzwälderinnen getrunken wird. (Allerdings genießen manche Schwarzwälder es mit Vorsicht, weil es ein Kopfwehbier sein soll.)

Jahrelang haben wir diskutiert, ob die 0,33-Liter-Tannenzäpfle-Flaschen das gleiche Bier enthalten wie die 0,5-Liter-

Pils-Flaschen. Heute weiß ich, dass es identisch ist. Biergit hat es mir verraten. Vorausgesetzt, es war Biergit, die das Telefon abnahm, als ich in der Brauerei angerufen habe.

Die Benediktinermönche, die die Brauerei 1791 gegründet hatten, konnten sich nur kurze Zeit daran laben. Im Zuge der napoleonischen Reformen und Säkularisierungen ging sie 1806 in den Besitz des Großherzogtums Baden über. Heute heißt sie offiziell »Badische Staatsbrauerei Rothaus AG« und gehört zu hundert Prozent dem Land Baden-Württemberg. Auch die beste Brauerei kann sich nicht auf ihrem Namen ausruhen, sondern muss mit der Zeit gehen: In der Rothaus-Erlebniswelt kann man beim Bierbrauen zuschauen, übernachten und sich mit T-Shirts, Christbaumkugeln und andere Fanartikeln eindecken.

Zuletzt sind Ausstoß und Umsatz allerdings leicht gesunken. Die Brauerei erklärt das mit erschwerten Wettbewerbsbedingungen. Die Konkurrenz arbeite mit Preisnachlässen, was Rothaus nicht tue. Das dürfte nicht der einzige Grund sein. Die Zahl der kleinen Brauereien ist in den letzten Jahren um ein Viertel gestiegen. In Deutschland gibt es über 1500 Stätten der Braukunst. Die graben sich bei sinkendem Bierkonsum natürlich gegenseitig das Wasser ab. Vor wenigen Jahren war Rothaus oft das einzige regionale Bier, das in Berliner Spätis angeboten wurde. Mittlerweile drängeln sich dreißig und mehr Sorten in den Regalen, viele aus dem Bierland Bayern. Dazu kommen solche aus Polen, Tschechien, Holland oder Belgien, deren Namen keiner richtig aussprechen kann, und neuerdings Mikrobrauereien, die Meersalz, Chili oder Kürbis in den Hopfentrunk mischen. Diese Getränke dürfen sich wegen des Reinheitsgebots zwar nicht Bier nennen, nehmen den Platzhirschen allerdings trotzdem Kunden weg.

Aber auch diesen Gegenwind wird Rothaus überstehen. Der jährliche Ausstoß ist sowieso auf 900 000 Hektoliter begrenzt. Die sieben eigenen Quellen geben nicht mehr Wasser her, und anderes könnte den Geschmack beeinträchtigen. Die Landesregierung, die jährlich viele Millionen Dividende mit dem Bier verdient, will außerdem nicht, dass ein Staatsbetrieb in Konkurrenz zu den kleinen und mittelständischen Brauereien der Umgebung tritt, von denen es Gott sei Dank immer noch einige gibt. Manche haben nicht mal einen Ausstoß von 10 000 Hektolitern pro Jahr. Eine eigene, unverwechselbare Note haben sie alle.

Ich trinke am liebsten Fürstenberg und Alpirsbacher. Empfehlenswert sind auch Lenzkircher, Hoepfner aus Karlsruhe, Hirschenbräu aus Waldkirch, Löwen aus Elzach, Ganter aus Freiburg und Waldhaus. Das wird keine fünfzehn Kilometer von Rothaus entfernt gebraut. Fährt man vom Schluchsee hinunter nach Waldshut, kommt man durch Waldhaus. Wenn man nicht weiß, dass sich in dem winzig kleinen Weiler, in dem nur ein Haus, ein Gasthaus und ein Stall stehen, eine Brauerei befindet, übersieht man sie glatt. Das liegt aber auch an dem unverschämt schönen Panorama aus Schwarzwald, Rheinebene und Alpen, das einen ablenkt. Selbst die riesigen Wasserdampfsäulen, die aus den Kühltürmen der schweizerischen Atomkraftwerke aufsteigen, fügen sich aufs Malerischste ins Gesamtbild ein.

Ein anderes wichtiges Getränk der Schwarzwälder ist der Schnaps. Er wird im gesamten Schwarzwald, vor allem aber in Oberkirch und den umliegenden, sonnenreichen Hängen und Tälern des Mittelschwarzwalds gebrannt. In Offenburg werden alle zwei Jahre die besten Brände prämiert. An drei Tagen werden über 3000 Brände, Liköre und Brände mit Fruchtauszug getestet und knapp 2000 Gold-, Silber- und Bronzemedaillen vergeben. Allein die Zahlen machen betrunken.

Das Brennen von Obst war schon immer eine gute Möglichkeit, es haltbar zu machen. Das war auch bitter nötig, denn die Winter konnten damals so lang und hart sein, dass man sie ohne den Trost von Hochprozentigem kaum überstand. Im Sommer wurden Äpfel, Birnen, Zwetschgen und Mirabellen gesammelt und eingemaischt. Im Winter, wenn die Arbeit auf den Feldern erledigt war, wurde das vergorene Obst in den Kellern gebrannt.

Daran hat sich im Großen und Ganzen bis heute nichts geändert. Schon 1726 hat der Bischof von Straßburg das Brennen von Kirschen zum Eigengebrauch gestattet.

Heute gibt es im Schwarzwald 15 000 Kleinbrenner. Diese Dichte ist, auf die Bevölkerung umgerechnet, weltweit einmalig. Gut die Hälfte davon brennt im Ortenaukreis. Das Brennrecht wird von Generation zu Generation weitervererbt und erlischt, wenn zehn Jahre lang nicht gebrannt wurde. Die Schwarzwälder, die nicht selbst brennen, haben alle einen Bauern oder Obstbauern ihres Vertrauens, von dem sie ihr Lebenswasser beziehen.

Chriese oder *Chriesi* heißt die Kirsche im Alemannischen, und der Schnaps *Chriesewässerli*. Auch wenn es so klingt: Es ist kein Krisenwasser, das hilft, wenn es einem schlecht geht. Man sollte nie aus Kummer trinken. Der Name »Schwarzwälder Kirschwasser« ist gesetzlich geschützt. So darf nur der Schnaps heißen, dessen Kirschen tatsächlich von hier und nicht aus Nachbars Garten stammen. Gezuckert werden darf er auch nicht. Hüten Sie sich also vor Formulierungen wie »Kirschwasser aus dem Schwarzwald« und ähnlichen. Die Qualität der Kirschen aus dem Schwarzwald ist so hoch, dass sie auch von Brennereien in Frankreich und in der Schweiz gekauft und zu Kirschwasser gebrannt werden (umgekehrt stammen viele Williams-Christ-Birnen, die in deutschen Schnapsflaschen stecken, aus Italien).

In den Weinbaugebieten werden auch die Trauben gebrannt. Obacht: Traubenwasser ist nicht das Gleiche wie Trester. Ein Schnapsbrenner aus Jechtingen im Kaiserstuhl erklärte mir, dass Traubenwasser erste Liga sei, Trester nur zweite. Für Traubenwasser wird nämlich die ganze Traubenbeere gebrannt. Manche Brenner verwenden sogar nur Edelsorten wie Gewürztraminer oder Muskateller und lassen diese nach dem Brennen im Eichenfass reifen. Beim Trester hingegen werden bloß die beim Keltern abgepressten Stiele und Schalen eingemaischt und gebrannt. »Sie sehen also, das ist die zweite Liga.«

Viele Obstbauern stellen mit ihrem Obst Ethylalkohol her. Jahrzehntelang hat das Branntweinmonopol dafür gesorgt, dass sie einen festen Abnehmer dafür hatten: die Bundesmonopolverwaltung mit Sitz in Offenbach nämlich, die den Obstrohalkohol zu festgelegten Preisen kaufte und an die Industrie weiterverkaufte. Diese reinigte und verarbeitete ihn zu Neutralalkohol mit einer Alkoholstärke von 96%, der bei der Herstellung von Arzneimitteln, Kosmetikprodukten oder Spirituosen wie Wodka, Gin oder Likören zum Einsatz kommt.

2018 hat die EU dieses Monopol nach einer langen Übergangsphase beendet. Weil es den freien Warenverkehr behinderte und weil die bezahlten Festpreise weit über dem Marktpreis lagen. Das Branntweinmonopol war 1919 eingeführt worden, um Herstellung und Handel von harten Getränken kontrollieren und um Steuern einnehmen zu können. Die Industrie braucht den Ethylalkohol immer noch, aber die Kleinbrenner müssen ihn jetzt selbstständig verkaufen. Das dürfte nicht allen gelingen. Agraralkohol aus Obst ist in der Herstellung viel teurer als der aus großen Fabriken, die ihn aus Zuckerrübenmelasse gewinnen.

Obstbauern, die selbst Schnaps brennen, verkaufen ihn auf Bauern- und Wochenmärkten oder im eigenen Hofladen. Beim *Verband Badischer Klein- und Obstbrenner* mit Sitz in Oppenau können Sie die Adressen beziehen. Besuchen Sie einen Kleinbrenner, und kaufen Sie sich ein Fläschchen Himbeere oder Zwetschge. Es lohnt sich. Aber passen Sie auf. Die Obstbauern sind gesellige und freundliche Menschen, und ehe man sichs versieht, haben sie schon das Glas vollgeschenkt. *Sie müsse doch probiere, was Sie kaufe.* So ging es uns bei unserem letzten Besuch beim Springbauern in Durbach. In dem ehemaligen Geräteschuppen, in dem sich ein kleiner Ausschank und ein paar Tische befinden, saßen ein Dutzend Frauen, die schon sicht- und hörbar guter Laune waren. »Des sin die Landfraue vu Gengebach«, erklärte die Springbäuerin, als sie zu uns vor die Tür trat. Im Schwarzwald ist Schnaps keine reine Männerangelegenheit.

Auch auf Bauernmärkten wie dem auf dem Freiburger Münsterplatz kann man sich mit hervorragenden Destillaten eindecken. Sie sind preisgünstig, auf aufwendiges Design wird kein Wert gelegt. Abgefüllt wird in Flaschen, die wir Normalsterblichen normalerweise ins Altglas schmeißen; mal sind sie weiß, mal braun, mal haben sie einen Korken, mal einen Schraubverschluss, das Etikett ist selbst beschriftet und am Fotokopierer vervielfältigt. Größere Mengen werden direkt ab Hof in Fünf-Liter-Plastikkanistern angeboten. Außerdem fallen die Händlermargen weg. Das heißt nicht, dass Schwarzgebranntes angeboten wird. Der Zoll achtet penibel darauf, dass die Öfen außerhalb der Brennsaison verplombt sind. Hat ein Stand mehrere Sorten im Angebot, können Sie den Erzeuger in die Kaufentscheidung einbeziehen. Einmal hat mich ein Bauer aufgefordert, die Hände aufzuhalten. Er schüttete ein wenig Schnaps hinein, dann sollte ich ihn verreiben und daran riechen. Ein andermal konnte ich mich nicht entscheiden, ob ich Birne, Pflaume oder Obstler nehmen sollte. Die Bäuerin, die mein Zögern sah, erklärte *uff guet Badisch*, der Sohn habe letztens seinen Vierzigsten gefeiert und nach dem Essen Schnaps gereicht, und als es ans zweite Glas ging, hätten alle Gäste vom Pflaumenschnaps gewollt. *Also mueß seller der beschte sii.* Ich kaufte eine Flasche, die in eine *Guggel* gepackt wurde, eine Tüte. Die Bäuerin hatte recht. Der Brand war ausgesprochen wohlschmeckend und bekömmlich und mit vierzig Prozent Alkohol auch nicht übermäßig stark.

Nicht alle Brände sind so sanft. Die Schwarzwälder mögen es lieber schärfer, und gebrannt wird, was der Kunde will. Der Vater meines Freundes V. hat Schnaps unter 48 Prozent gar nie angerührt. V. gefällt es vielleicht nicht, dass ich an dieser Stelle seinen Vater erwähne, weswegen beide namenlos bleiben müssen. V. senior ist vierfacher Vater, achtfacher Großvater, pensionierter Gemeindearbeiter, Ehrenkommandant der freiwilligen Feuerwehr und Ehrenvorsitzender der Musikkapelle. Ein verdienter alter Mann, dem das Leben immer noch gefällt. Am liebsten sitzt er auf der Bank vor dem Bauernhof in Z., in dem er vor achtzig Jahren geboren wurde, und schaut den jungen Frauen hinterher, die auf dem Weg ins Schwimmbad an ihm vorbeiradeln. V. senior hat in seinem ganzen Leben noch keinen Urlaub gemacht und sein Dorf nur verlassen, wenn der Musikverein einen Auftritt hatte oder die freiwillige Feuerwehr ihren Jahresausflug machte. Auf diese Reisen hat er keine Zahnbürste mitgenommen, sondern nur selbst gebrannten Obstschnaps. Am Morgen nach dem Aufstehen nahm er einen Schluck, spülte sich den Mund damit aus und war frisch für den ganzen Tag.

Wenn Sie es V. senior gleichtun wollen oder Ihre Zahnbürste vergessen haben: Der Trick ist, das Mundwasser nicht herunterzuschlucken.

Die verbreitetsten Brände sind Kirsch, Trester, Birne, Zwetschge und Obstler, also Apfel und Birne zusammen. Die stehen in jedem Supermarktregal, bei Trester greifen die meisten allerdings lieber zu italienischem Grappa. Wenden wir uns also ein paar selteneren Sorten zu, die es fast nur im Schwarzwald gibt und die Sie unbedingt probieren sollten: Zibärtle und Topinambur.

Mein erstes Zibärtle habe ich bei Thomas Daiber in der Herrenstraße erworben. In einer winzigen Weinhandlung, der angeblich kleinsten Deutschlands, verkauft er Weine und Schnaps vorwiegend aus hiesiger Produktion. Herr Daiber ist ein typischer Freiburger, immer für ein Schwätzle zu haben. Dieses geht oft über die reine Verkaufsberatung hinaus. Denn Schwätzle heißt, dass man erklärt, aber auch zuhört. Für einen weltoffenen Badener sind andere Menschen und Meinungen grundsätzlich was Interessantes.

Zibärtle wird aus kleinen dunkelvioletten Wildpflaumen gemacht, den Zibarten. Ihr Schnaps besticht durch sein besonderes Aroma. Ein guter Zibärtle schmeckt so fruchtig und intensiv, dass man beim Trinken meint, noch die Pflaume schreien zu hören. Dazu kommt eine feine Marzipannote. In jedem Fall läuft einem etwas ganz Authentisches die Kehle hinunter. Früher war Zibärtle ein einfacher Bauernschnaps. Dass er keinen Siegeszug angetreten hat, liegt daran, dass die Sträucher der Zibarte nicht sehr ergiebig sind und nur in seltenen, mittelhohen Lagen des Schwarzwalds wachsen. Und auch da hatten sie es schwer, sich zu behaupten. Die meisten Sträucher fielen der Landwirtschaft zum Opfer. Ihre Rettung war, dass das ehemalige Armeleutegetränk Schnaps in den letzten zwanzig Jahren eine so immense Aufwertung erfahren hat und dass mit Raritäten wie dem Zibärtle mittlerweile gutes Geld zu verdienen ist.

Topinambur ist eine kartoffelähnliche Pflanze, die im 17. Jahrhundert aus Nordamerika eingeführt wurde. Weil sie aber nur begrenzt lagerbar und bei Weitem nicht so ertragreich ist wie die Kartoffel, hat sie sich nicht durchgesetzt. Nur wenige Brenner bieten Topinambur an. Schwarzwälder nennen das Destillat auch Rossler. Topinamburen wurden als Rossäpfel an die Pferde verfüttert. Auch ihn sollten Sie unbedingt probieren. Aber während sich beim Zibärtle der Kauf einer ganzen Flasche lohnt, auch weil er ein schönes Souvenir ist, empfiehlt es sich, beim Rossler Vorsicht walten zu lassen. Er ist zwar sehr authentisch, hat aber auch etwas Galliges, Derbes, beinahe Ordinäres. Kann gut sein, dass die Rosskur vom Rossler kommt.

Schwarzwälder wandern gern. Und sie trinken gern mal einen Schnaps. Richtig glücklich sind sie, wenn beides zusammenkommt. Man läuft den ganzen Tag, kehrt abends in einem gemütlichen Dorfgasthof ein, isst und trinkt gut, sitzt noch ein bisschen mit den Freunden zusammen und lässt den lieben Gott einen guten Mann sein. Zur Abrundung des Tages gönnt man sich ein Gläschen. Vielleicht auch zwei. Will man am nächsten Tag weiterlaufen, sollte man es bei dreien belassen.

In Sasbachwalden in der Ortenau ist Schnaps nicht der Tagesabschluss, sondern Teil der Wegzehrung. Hier haben diverse Obstbauern angefangen, ihre Schnäpse vor der Haustür anzubieten. Zehn Schnapsbrunnen gibt es insgesamt, die von frischem, kühlem Quellwasser gespeist werden, in denen Apfel-, Kirsch-, Mirabellen- und andere Schnapsflaschen liegen. Auch Likör, Most und Alkoholfreies ist verfügbar. Jeder Wanderer kann sich selbst bedienen – gegen einen kleinen Unkostenbeitrag, versteht sich.

Das Konzept kam so gut an, dass die Touristeninformation der Gemeinde zwei Schnapswanderwege angelegt hat. Einen längeren südlichen und einen kürzeren nördlichen. Letzterer beginnt beim Kurhaus *Zum Alde Gott*, das nach einer hiesigen Sage benannt ist. Nach dem Dreißigjährigen Krieg, als die Gegend zerstört und entvölkert war, zog ein einsamer junger Mann hier durch. Er traf tagelang keine Menschenseele und rief, als ihm endlich eine junge Frau begegnete: »Der alde Gott lebt noch!« 1861 wurde an der Stelle ein Bildstock aufgestellt, später ein Weinberg so genannt und 1948 die hiesige Winzergenossenschaft, deren Burgunder und Edelbrände vielfach prämiert wurden. Der alde Gott ist ein guter Gott. Es stört ihn nicht, dass es in Nachbargemeinden wie Kappelrodeck oder Ottenhöfen auch Schnapsbrunnenwege und -pfade gibt.

Ein weiterer Hochprozenter, der sich zunehmender Beliebtheit erfreut, ist Gin. Gab es 2009 noch keinen Gin aus dem Schwarzwald, bekommt man heute über dreißig Sorten, Tendenz steigend. Für Gin wird Getreide oder Melasse (eine Art Zuckersirup) gebrannt und anschließend mit Wacholder und anderen Gewürzen aromatisiert. Der Name leitet sich von Genever ab, der offiziell gar kein Gin ist, sondern nur eine Wacholderspirituose.

Weil heutzutage kein Getränk mehr ohne eine gute Story auskommt, steckt hinter den meisten Schwarzwald-Gins eine lange und sagenhafte Geschichte. Das Rezept für den *Black Forest Dry Gin* der Brennerei Fies in Oberkirch stammt angeblich vom Urgroßvater und lag sechzig Jahre in der Schublade, ehe es kürzlich wiederentdeckt wurde. Wieder ausgegraben wurde auch das Rezept von *Greta*, wie der Gin von Schladerer in Staufen heißt. Das hatte ein Urahn angeblich 1947 verfasst und seiner Frau Greta gewidmet. 47 Botanicals, also Kräuter, stecken im *Monkey 47* aus Loßburg, der 2010, als er auf den Markt kam, den Gin-Trend einläutete und seitdem auf der ganzen Welt Preise einheimste. Angeblich stammt das Rezept von einem englischen Piloten, der nach dem Zweiten Weltkrieg in Deutschland stationiert war und im Schwarzwald das Gasthaus *Zum Wilden Affen* eröffnet hatte.

Wer keine Story hat, braucht ein anderes Alleinstellungsmerkmal. *Boar Gin* aus Bad Peterstal-Griesbach ist der »meistprämierte Gin der Welt«. Der Schramberger *All In Gin* hat ein Holzetikett, und im *Goldjunge Gin* aus Pforzheim schwimmen kleine Goldblättchen. Der *Black Cherry Gin* schmeckt nach Kirschen, der *Zweimann Premium Dry Gin* nach Walnuss und der *Thommes 506* nach Tannenzipfelhonig. Andere Sorten setzen auf klingende Namen, so wie der *Needle Blackforest Gin* aus Achern, der *Black Forest Dry Gin* aus Karlsruhe und der *Maidli Gin* aus Heuweiler.

Mal sehen, wie viele Gins noch hinzukommen werden. Und wie viele es in zehn Jahren noch geben wird. Gerüchteweise sollen alkoholfreie Drinks das nächste große Ding werden. Kann also gut sein, dass wir in zehn Jahren alle *Free Gin* und *Black Forest Zero Cherry*-Schnaps trinken.

Mit nichts kann man Savoir-vivre, Geschmackssicherheit und Lifestyle so gut zum Ausdruck bringen wie mit Wein und der beiläufig zur Schau gestellten Kenntnis desselben. »Rot oder Weiß?« gilt nur noch im Zusammenhang mit Pommes frites. Wer heute was auf sich hält, hat seinen Keller gut bestückt. Auch wenn es renommierte Weinkritikerinnen, weibliche Sommelières und viele andere Frauen gibt, die sich auskennen – es sind vor allem Männer, die einen unglaublichen Affenzirkus um den Rebensaft veranstalten. Ist man zum Abendessen eingeladen und bringt eine Flasche mit (und sei es eine günstige, die von der letzten Fete übrig geblieben ist), ist es immer der Mann, der diese annimmt und gleich wieder von sich hält, um mit Kennerblick das Etikett zu mustern und die Rückseite zu studieren, als stünde dort die Weltformel.

Vielleicht mögen Männer Wein deshalb so gern, weil man ihn wie Armbanduhren, Briefmarken und Fantasy-Spielkarten sammeln (und dadurch unter Umständen sogar seinen Wert steigern) kann. Und weil man sich stundenlang darüber unterhalten kann. Im Restaurant geben sich Fachmänner dadurch zu erkennen, dass sie den kredenzten Tropfen erst mal riechen und gurgeln, ehe sie einen vorsichtigen ersten Schluck nehmen. Dabei sind sie sich immer der Blicke der anderen Gäste bewusst, die so höflich sind zu warten. Erst wenn der Herr durch ein beiläufiges Nicken sein Okay gegeben hat, dürfen auch sie loslegen. Die wahren Profis lassen einen Wein auch schon mal zurückgehen, weil er korkt. Peinlich wird es, wenn die Flasche gar keinen Naturkorken hatte, sondern einen aus Kunststoff oder, eine ernst zu nehmende Alternative, aus Glas. *Sell goot doch nit!*

Hinuntergestürzt wird Wein nicht. *Suerpfle muesch, nitt suufe!* Dafür ist er im Lokal auch meist viel zu teuer. Es ist eine Unsitte, dass Weine irgendwann nicht mehr in Vierteleglässern, sondern nur noch in 0,2-Liter- und dann irgendwann nur noch in 0,1-Liter-Gläsern ausgeschenkt wurden, und das bei gleichbleibenden Preisen pro Glas. Eine Frechheit ist auch, dass eine Flasche, die im Supermarkt keine sechs Euro kostet, im Restaurant für dreißig und mehr verkauft wird. Nur weil er teuer ist, schmeckt er ja nicht automatisch besser.

Und jetzt halten Sie sich fest: Im Schwarzwald ist das alles anders! Die Schwarzwälder haben sich diese Lebenskunst nicht extra aneignen müssen, sie haben sie immer schon beherrscht. Hier blufft keiner, und alle kennen sich aus. Der Wein wächst hier seit 2000 Jahren und ist den Schwarzwäldern im wahrsten Sinne des Wortes in Leib und Blut übergegangen. Hier trinken alle nur gut bis sehr gut ausgebaute Weine zu moderaten Preisen, und zu kleine Gläser akzeptiert hier auch niemand.

Klingt unglaubwürdig? Sie haben recht. Leider. In den hiesigen Lokalen ist es wie überall sonst auch, viel Geschwätz, kleine Gläser, zu teure Flaschen, besonders in den Städten. In den Bergen oben wird sowieso nur Bier ausgeschenkt.

Dennoch: In den Winzerdörfern im Kaiserstuhl und am Tuniberg, bei Oberkirch und im Markgräflerland können Sie viele hervorragende Tropfen zu vernünftigen Preisen finden. Badischem Wein geht es gut, denn er ist von der Sonne verwöhnt. Badischen Menschen geht es besser, sie sind von der Sonne *und* vom badischen Wein verwöhnt.

Die meisten Winzer und Winzergenossenschaften bieten ihre Flaschen ab Hof an. Die beliebtesten Sorten sind der rubinrote, samtige Spätburgunder (36 Prozent aller badischen Weine), dessen Aroma an Brombeeren und Kirschen erinnert, und Müller-Thurgau (20 Prozent), dem eine greifbare Fruchtigkeit und eine charmante, manchmal herbe Säure zu eigen ist. Er geht auf Prof. Dr. Müller aus dem schweizerischen Kanton Thurgau zurück, der Riesling und Madeleine Royale (und nicht, wie lange geglaubt, Silvaner) kreuzte.

Gutedel wächst in Deutschland fast nur im Markgräflerland, südlich von Freiburg. Es soll sich dabei um eine der ältesten Kulturreben der Welt handeln, die aus Palästina stammt. Über Griechenland, Frankreich (wo die Traube Chasselas heißt) und die Schweiz (da heißt sie Fendant) kam sie nach Baden. Markgraf Friedrich holte sie Ende des 18. Jahrhunderts ins Markgräflerland. Gutedel ist ein leichter, süffiger und bekömmlicher Trinkwein. Er passt zu Fisch und Fleisch, Käse und Spargel. Irrtümlich glaubte ich, dass es Gutedel *nur* im Markgräflerland gebe. Und staunte nicht schlecht, als ich bei einer Kanutour durchs Saale-Unstrut-Tal auf Gutedel-Flaschen stieß. Also sprach ich bei meinem nächsten Besuch in Staufen den Besitzer eines kleinen Weinladens darauf an. Ich hatte gerade sechs Flaschen Ehrenstetter gekauft, der bei einem Chasslie-Wettbewerb in Frankreich den ersten Platz gemacht hatte.

»Ich dachte immer, dass es Gutedel nur hier gibt.«

»Des stimmt ja au«, antwortete der gemütliche Mann, »den gibt's nur bei uns, in Frankreich un' in de Schweiz.«

»Aber ich war neulich in Sachsen-Anhalt«, erwiderte ich. »Dort wurde auch Gutedel verkauft.«

»Ha jo, in sellem Freyburg gibt's den au«, sagte der Weinhändler und ignorierte gekonnt, dass er sich gerade selbst widersprach. »Aber sell isch so wenig, des suufe se dort alles selber.«

Mit der gleichen Selbstsicherheit erklärte er, dass bei ihm keine Kartenzahlung mehr möglich sei. »Weil die Banke viel z' viel Geld für so e Maschien wolle. Ich gib ihne 's Geld, mit dem se arbeite könne, und soll noch defür zahle? Ned mit mir!«

Der Silvaner, vor hundert Jahren noch eine der wichtigsten Sorten überhaupt, macht heute keine zwei Prozent des badischen Weins aus. Gerade erlebt diese manchmal etwas erdige, aber immer sehr ausgewogene Rebe ein Comeback und wird als nächster großer Wein aus deutschen Landen gehandelt. Ob er es schafft, so erfolgreich zu werden wie der Riesling, der sich zu einer der edelsten Trauben überhaupt entwickelt hat?

Riesling wird auf knapp zehn Prozent des badischen Bodens geerntet und ist besonders in den USA und in England gefragt. Deutsche Rieslinge kriegen regelmäßig Bestnoten und gewinnen Goldmedaillen, und viele Jahrgänge sind schon komplett verkauft, ehe sie überhaupt gekeltert werden. Leider verträgt nicht jedermann diesen »König der Weißweine« mit seiner lebendigen Säure und seinem vollen, nach Pfirsich und Honigmelone schmeckenden Bouquet und leidet noch den ganzen nächsten Tag an einem völlig verzogenen Magen. Auch bei Weißherbst sollten Sie aufpassen. Diesem Roséwein wird unterstellt, ein »Streitwein« zu sein. Er soll aggressiv machen, was ja so gar nicht in diese friedliebende Gegend passt. Vielleicht liegt das daran, dass für den Weißherbst oft die Trauben genommen werden, bei denen es mangels Qualität nicht zum Rotwein gereicht hat.

Badischer Wein schmeckt jedenfalls gut. Aber es ging ihm schon mal besser. Viele Winzer und Winzergenossenschaften haben mit der unguten Mischung aus sinkenden Absatzzahlen, geringen Erlösen und steigenden Kosten zu kämpfen. Fünfzehn Prozent des deutschen Weins stammen aus Baden. 2019 waren das 1,2 Millionen Hektoliter. Wer soll das alles trinken? Seit Jahren wird weltweit viel mehr Wein produziert als getrunken. Der Pro-Kopf-Absatz in Deutschland betrug 2020 knapp 20 Liter Wein und etwa 3,5 Liter Schaumwein. Tendenz sinkend. Das liegt am immer gesünderen Lebenswandel. Und an immer längeren und immer heißeren Sommern, in denen immer weniger Wein getrunken wird. Vor allem der Rotweinabsatz geht zurück. Um sich abzukühlen, greifen die Menschen lieber zu Bier oder gleich zu etwas Alkoholfreiem.

Könnte die Lösung nicht im Biowein liegen? Leider ist der Südwesten Deutschlands dafür kein einfaches Pflaster. Nur auf sechs Prozent der Weinanbaufläche Badens wächst Biowein, im Rest Deutschlands sind es zehn. Das Problem ist, dass es hier mehr regnet als etwa in Rheinland-Pfalz. Mehr Regen bedeutet mehr Pilzbefall, bedeutet mehr Einsatz, bedeutet höhere Kosten. Aber nicht automatisch höhere Preise. Ein Liter deutscher Wein kostet durchschnittlich 3,31 Euro. (Achtzig Prozent davon werden in Discountern und Supermärkten verkauft.) Die Kunden sind nicht bereit, zwei oder drei Euro mehr pro Flasche zu bezahlen, nur weil Bio draufsteht. Weil sie keinen Unterschied zum konventionellen Wein schmecken. Und weil Wein per se das Image eines naturbelassenen Bioprodukts hat. Mit Wein assoziieren die meisten handverlesene Trauben, die in großen Strohkörben zu den Pressen gebracht werden, um anschließend in schönen Holzfässern zu edelsten Tropfen zu reifen. Dieses Image hätte kein Marketingexperte der Welt besser erfinden können.

Dabei ist Wein alles andere als Bio. Zwanzig Prozent aller in Deutschland ausgebrachten Pestizide werden im Weinbau eingesetzt. Und das, obwohl Wein nur rund 0,7 Prozent der Agrarfläche ausmacht. Wein ist extrem anfällig. Auch Biowein muss gegen Schädlinge behandelt werden. In der Natur hält man nicht zusammen, sondern rückt sich zu Leibe, saugt sich aus, tötet ab. Über 120 Herbizide, Fungizide und Biozide sind in der Biolandwirtschaft zugelassen, von Paraffinöl über Eisenphosphat bis hin zu Kaliumhydrogencarbonat. Echtem und Falschem Mehltau etwa, der die Trauben austrocknen und ganze Ernten vernichten kann, rückt man im Bioweinberg mit Kupfer zu Leibe (im konventionellen Weinbau mit Fungiziden). Vielleicht kennen Sie den Falschen Mehltau aus Ihrem heimischen Garten. Er befällt Salat, Kohl, Tomaten, Gurken und sogar Rosen und überzieht die Blätter mit einem weißen Belag.

Noch vor dreißig, vierzig Jahren wurde alles, was in einem Weinberg kreuchte und fleuchte, mit Chemie bekämpft. Eine Zeit lang wurde sogar Arsen eingesetzt. Das war in den 1920ern, als man herausgefunden hatte, dass Arsen den Traubenwickler vernichtet, der Grauschimmelfäule verursacht. Diese hatte Anfang des letzten Jahrhunderts zweimal die gesamte Weinernte Deutschlands vernichtet. Ein paar Jahre ging das gut. Bis am Kaiserstuhl die ersten Vergiftungen auftraten und Menschen starben. Offiziell verboten wurde Arsen aber erst 1942, nachdem ein anderes Insektizid entdeckt worden war.

Eine sinnvolle Alternative könnten pilzwiderstandsfähige Rebsorten (PiWis) sein. Schon in den 1930ern haben Önologen herkömmliche Rebsorten mit Wildreben gekreuzt, um Trauben zu züchten, denen der Mehltau nichts anhaben kann. Es brauchte noch mal achtzig Jahre und viele weitere Kreuzungen und Rückkreuzungen, ehe gute und qualitativ hochwertige Sorten wie Regent, Pinotin, Johanniter, Felicia, Cabernet Carbon oder Muscaris auf den Markt kamen.

Noch sind PiWis ein Nischenprodukt, sie machen rund drei Prozent der deutschen Anbaufläche aus. Dabei benötigen sie offiziell bis zu siebzig Prozent weniger Pestizide als konventionelle Trauben. Auch wenn sie bei Blindverkostungen und Wettbewerben oft gut abschneiden – im Einzelhandel, wo Preis, Design und Produktplatzierung die Kaufentscheidung bestimmen, spielen sie keine Rolle. Die Kunden interessieren sich vornehmlich für Herkunft, Preis und Geschmack eines Weins, nicht für den Grad seiner Pilzwiderstandsfähigkeit. Und weil der Name wichtig ist, heißen die PiWis nun Cabernet Blanc, Cabernet Cortis und Souvignier Gris, um anzuzeigen, dass altbekannte Rebsorten in den Weinen stecken. Bestimmt wird auch das sperrige »PiWis« bald durch was Frecheres, Griffigeres ersetzt. Ganz sicher aber haben die badische PiWis eine Zukunft.

Schließlich will die baden-württembergische Landesregierung, dass in den nächsten zwanzig Jahren dreißig bis vierzig Prozent aller landwirtschaftlichen Betriebe auf Bio umstellen.

Wenn Sie PiWi-Wein verkosten wollen: Das Weingut Linsenmeier in Ebringen im Markgräflerland baute schon 1991 die ersten PiWis an. Das Weingut Liebich in Sinzheim in der Ortenau hat einen Cabernet Cantor von 2019, der goldprämiert wurde. Und das Staatsweingut Freiburg bietet den Bio-Bacat in der praktischen Drei-Liter-Weinbox an.

Einen anderen Weg geht die *Generation Pinot*, ein Zusammenschluss von rund sechzig jungen Bio- und traditionellen Winzern, die die Wertigkeit ihres Burgunders, der typischen Rebe Badens, erhöhen wollen. Sie probieren auch Neues aus, zum Beispiel den Pétillant Naturel, einen Perlwein, der seine Gärung auf der Basis natürlichen Zuckers in der Flasche abgeschlossen hat. Oder auf der Maische vergärter Gutedel, was ihm eine orange Farbe gibt. Dass einige dieser Weine laut amtlicher Qualitätsweinprüfung als nicht sortentypisch und damit fehlerhaft gelten, wird in Kauf genommen. Oder dass die Herkunftsbezeichnung Baden nicht auf dem Etikett stehen darf. Wie sagte Michael Zimmer vom Demeter-Weingut Scherer & Zimmer in Bad Krozingen im Interview mit der *Badischen Zeitung* so schön: »Nach meiner Erfahrung kommen neue Produkte am besten bei denen an, die sich noch gar nicht groß an Wein herangetraut haben. Sie sind unvoreingenommen.«

Dass man die Qualität der Trauben messen kann, verdanken wir – wen wundert's – einem Schwarzwälder. Der Goldschmied Ferdinand Oechsle aus Pforzheim erfand 1829 eine Mostwaage, mit der sich der Zuckergehalt von frischem Trauben- und Obstsaft messen ließ. Davon hängt der spätere Alkoholgehalt eines Weins ab. (Seine Qualität freilich hängt noch von vielen anderen Faktoren ab wie der Säure, dem Boden, den Sonnentagen usw.) Zucker ist schwerer als Wasser, also ist der Most umso süßer, je weniger tief das Messgerät eintaucht. So kann man schon beim Traubensaft erkennen, wie viel Alkohol der Wein mal haben wird. Die Oechslegrade geben an, um wie viel schwerer ein Liter Traubenmost als ein Liter Wasser ist. Hat ein durchschnittlicher Traubenmost das spezifische Gewicht von 1,080 Kilo, geben die Zahlen nach dem Komma das spezifische Gewicht des Mostes in Oechslegraden an, er wiegt also 80° Oechsle.

Jetzt verrate ich Ihnen etwas, das Sie lesen und gleich danach wieder vergessen dürfen: Ferdinand Oechsle aus Baden hat diese Waage gar nicht erfunden. Er griff auf die Vorarbeit des Erfinders Philipp Matthäus Hahn (1739–1790) zurück, der aus dem Württembergischen stammte. Aber Oechsle verfeinerte sie entscheidend und gab ihr eine einheitliche Skala.

Etz isch gnueg gschwätzt. Worüber man nicht mehr reden kann, davon sollte man trinken. Nehmen Sie sich Zeit, gehen Sie in Straußenwirtschaften, probieren Sie in Weingeschäften, trinken Sie bei Winzern und Winzergenossenschaften. Man kann überall gute und sehr gute Weine finden, man muss nur ein bisschen Zeit und Lust mitbringen. Wer keinen Wein mag oder verträgt, übernimmt das Steuer. Versprochen, dass er mit viel schöner Landschaft belohnt wird: Das Markgräflerland ist die Toskana Deutschlands, der Kaiserstuhl die wärmste Region Deutschlands und die Ortenau, wo Weinberge direkt neben Obstwiesen, Schwarzwaldtälern, -bergen und -seen liegen, eine der abwechslungsreichsten Gegenden Deutschlands. Weinkennerherz, was willst du mehr?

Die Gewalt geht vom Volke aus

Schwarzwälder in der Politik

Ist Ihnen auch schon aufgefallen, dass sich auf der politischen Bühne in Berlin kaum Politikerinnen und Politiker aus dem Schwarzwald bewegen? Der Einzige, der von hier stammt und die Geschicke der Bundespolitik maßgeblich mitbestimmt, ist Wolfgang Schäuble aus Hornberg. Das ist für sein Schießen bekannt, das auf das Jahr 1564 zurückgeht, als der Herzog von Württemberg das Städtchen im Nordschwarzwald besuchen wollte. Die Hornberger wollten ihren Herrn mit ein paar Kanonenschüssen begrüßen. Als sich eine Staubwolke näherte, ließen sie die Kanonen so lange knallen, bis kein Pulver mehr da war. Doch unter der Staubwolke befanden sich nur eine Postkutsche und ein paar Rindviecher. Als der Herzog endlich kam, war alles Pulver verschossen.

Wolfgang Schäuble ist schon lange dabei. 1972 wurde er erstmals in den Deutschen Bundestag gewählt, der damals noch in Bonn saß. Eine Weile wurde er sogar als möglicher Nachfolger Helmut Kohls gehandelt, aber daraus ist aus Gründen, die wir hier nicht noch mal breittreten wollen, nichts geworden. Wahrscheinlich hat Schäuble die Parteispendenaffäre einfach vergessen, als er sagte: »Wir müssen in der Hauptstadt dafür sorgen, dass das Land vorankommt, wir sind nämlich die Besten.« Das war in einem Gespräch mit Wladimir Kaminer, als der Schriftsteller wissen wollte, wieso sich denn gar so viele Südwestdeutsche in Berlin tummeln. In Berlin wohlgemerkt, nicht in der Berliner Politik. Schäuble meinte alle Baden-Württemberger. Er hatte trotzdem recht. Baden-Württemberg ist seit vielen Jahren unbestritten das Musterland Deutschlands. Hier herrscht eine sehr hohe Lebensqualität und -zufriedenheit, das Land hat ausgezeichnete Wirtschaftsdaten und seit Jahren eine konstant niedrige Arbeitslosenquote.

Der Schwarzwald bringt es auf immerhin 24 Weltmarktführer. Ein Weltmarktführer muss mindestens fünfzig Millionen Euro Jahresumsatz machen – davon die Hälfte im Ausland – und auf mindestens drei Kontinenten tätig sein. Die meisten Schwarzwälder Weltmarktführer haben Fertigungsstätten auf der ganzen Welt. Von den wenigsten dürften Sie schon mal gehört haben. Klar, Fischer-Dübel mit ihrem Stammhaus in Waldachtal kennt jeder. (Namensvetter August Fischer erfand 1932 in Bühl den ersten klaren Kunstharz-Klebstoff der Welt, der später als UHU-Alleskleber selbige eroberte.) Und mit den Produkten von August Koehler haben wir alle fast täglich zu tun. Diese Papierfabrik aus Oberkirch ist nämlich der weltgrößte Produzent von Thermopapier, das für Kassenzettel und Ähnliches verwendet wird. Oder mit der Holzschliffpappe der Firma Katz in Weisenbach, aus der Bierdeckel gemacht werden.

Alle anderen? Sind in Bereichen tätig, die dem Normalsterblichen völlig unbekannt sind, auch wenn sie sein Leben direkt oder indirekt beeinflussen. Oder wer hat schon mal von Zahoransky aus Todtnau-Geschwend gehört? Die stellen Maschinen her, mit denen Zahn- und andere Bürsten hergestellt werden. Hermetic aus Gundelfingen entwickelt hermetische Kreiselpumpen, Sick aus Waldkirch Sensorlösungen und Testo in Lenzkirch medizinische Testgeräte. Witzenmann aus Pforzheim stellt Metallbälge und -schläuche her, Asknet aus Karlsruhe Software-Beschaffungsportale, und die Tunnelvortriebstechnik in Belüftungsschächten von Herrenknecht aus Schwanau kommt in chilenischen Kupferbergwerken, beim Gotthard-Basistunnel und den U-Bahnen von London, Doha und Guangzhou zum Einsatz. Im Schwarzwald wurde schon immer viel gebastelt, berechnet und gebaut.

Doch zurück zur Politik: Wer sich aus Baden-Württemberg dazu berufen fühlt, da oben mitzumischen, stammt so gut wie nie aus dem Schwarzwald. Sondern immer aus Schwaben. Cem Özdemir wurde in Bad Urach geboren, Klaus Kinkel in Metzingen, Richard von Weizsäcker in Stuttgart. Joschka Fischer stammt aus Gerabronn, Fritz Kuhn aus Bad Mergentheim, und Theodor Heuss kam aus Brackenheim. Die einzigen beiden Kanzler, die tatsächlich gebürtige Schwarzwälder waren, hießen Joseph Wirth aus Freiburg und Constantin Fehrenbach aus Wellendingen bei Bonndorf. Das war zur Zeit der Weimarer Republik, der eine ein Jahr, der andere mit einer Unterbrechung eineinhalb. Wirth wird der Satz »Der Feind steht rechts« zugeschrieben.

Auf Landesebene verhält es sich ähnlich. Fast alle Ministerpräsidenten kamen aus Schwaben. Müller aus Füramoos, Kiesinger aus Ebingen, Späth aus Sigmaringen, Oettinger aus Stuttgart und Kretschmann aus dem Vorland der Schwäbischen Alb. Mancher hatte ein so strenges Idiom, dass es selbst vielen Schwaben in den Ohren wehtat. Der Schwarzwald ist deswegen apolitisch, weil Berlin so unglaublich weit weg ist. Stuttgart liegt geografisch zwar näher, emotional aber nicht.

Doch interessieren sich die Schwarzwälder tatsächlich nicht für Politik, weil sie lange Anfahrtswege scheuen? Können oder wollen sie nichts mit der Politik zu tun haben? Schwarzwälder hatten schon immer ein zurückgezogenes Wesen. Sollten die anderen ruhig machen – sie kümmerten sich lieber um sich selbst. »Leben und leben lassen« ist hier oberste Maxime, und die beinhaltet eben auch, dass man sich nicht sonderlich einmischt.

Auf die Frage, was er eigentlich gegen die Schwaben habe, sagte ein Südbadener mal, dass er das selbst nicht so genau wisse.

Und dann fielen ihm noch deren gröbere Sprache ein und die schwäbische Kehrwoche, dieser gnadenlose Feind jedes Laisser-faire. Die berühmte badische Liberalität, die auf die Badische Verfassung von 1818 zurückgeht, mit Abstand die liberalste ihrer Zeit, wird von den Schwarzwäldern eben sehr großzügig ausgelegt. Sie wenden sich lieber den schönen Seiten des Lebens zu als denen, die verändert gehören. Aber davon scheint es auch nicht sonderlich viele zu geben. Dass 2011 die CDU ab- und ein Grüner zum Ministerpräsidenten gewählt wurde, ist auch kein Widerspruch, sondern Bestätigung.

Dazu trugen auch viele Stimmen aus dem Schwarzwald bei. Mittlerweile ist Winfried Kretschmann ein anerkannter und beliebter Ministerpräsident. Zuletzt wurde er im März 2021 mit großem Vorsprung vor der Konkurrenz wiedergewählt. Aber wer hätte wenige Jahre zuvor einen Heller darauf verwettet, dass Deutschland mal einen grünen Ministerpräsidenten haben würde? Noch dazu im konservativen Musterländle Baden-Württemberg, in dem die CDU seit 1953 immer die Regierungspartei und den Ministerpräsidenten gestellt hatte? Begünstigt wurde seine erste Wahl 2011 durch einen wenig beliebten Vorgänger, der am Parlament vorbei Deals mit Energieunternehmen einfädelte, durch den Unfall im japanischen Fukushima und dem darauf folgenden Memorandum der Bundeskanzlerin zur Atomenergie. Nicht alle Schwarzwälder brachen in Jubelgesänge aus, als plötzlich Winfried Kretschmann dem Land vorstand. Die wenigsten von ihnen hatten ihn gewählt. Sie sind zwar natur- und heimatverbundene Menschen, die ihre Heimat geschützt wissen wollen. *Aber wegge dem mueß ich jo itt gli Grün wähle, oder?*

Die Grünen gewannen traditionell die Wahlkreise Freiburg I und Freiburg II. In Calw und Pforzheim jedoch, in Rottweil und Waldshut, in Emmendingen, Lörrach und Lahr hatte wie eh und je die CDU die meisten Stimmen geholt. Entsprechend groß war die Sorge, was dieser Kretschmann anstellen würde. Im Ernst: Es gab Baden-Württemberger, die sich vor Enteignung,

Zwangsverwaltung und Kommunismus fürchteten. Auch die baden-württembergische Autoindustrie hatte Angst vor einem Politikwechsel, als Kretschmann gleich mal erklärte, dass weniger Autos doch entschieden besser seien als mehr. Aber dann zeigte sich, dass ein pragmatischer Mann die Villa Reitzenstein bezogen hatte, der sich um die Belange der Wirtschaft kümmert. Die Grünen seien »schon immer eine Autofahrerpartei« gewesen, sagte er bald, und dass das Ländle von der ganzen Welt um die technische Leistungsfähigkeit seiner Unternehmen beneidet werde. Ökonomie und Ökologie gingen in eine Richtung, das sei einfach großartig.

Unter der grün-roten und ab 2016 grün-schwarzen Regierung wurde der Nationalpark gegründet, die Gemeinschaftsschule eingeführt, die Windenergie ausgebaut und ein Gesetz für mehr Bürgerbeteiligung auf regionaler und kommunaler Ebene verabschiedet. Aber Kretschmanns Regierung unterstützte auch weiterhin die baden-württembergische Autoindustrie und *Stuttgart 21*, was viele Naturschützer und Tierliebhaber als Verrat empfanden. Trotzdem erreichten die Grünen bei den Landtagswahlen 2021 mit 32,6 Prozent das beste Ergebnis ihrer Geschichte.

Alle wissen, dass das vor allem ihrem Vorsitzenden zu verdanken ist. Und vor Kommunismus und Enteignung hat auch keiner mehr Angst. *Green is the new black.*

Dass die Grünen eine weitere Regierungskoalition mit der CDU eingingen, wurde zwar hier und da kritisiert – die Grüne Jugend sprach sogar von einem Schlag ins Gesicht. Aber im Großen und Ganzen spiegelt sie diese gesellschaftlichen Verhältnisse wider. Auch wenn die Grünen sogar traditionell schwarze Wahlkreise wie Gutach gewannen, wo die CDU zwanzig Jahre früher noch bis zu sechzig Prozent geholt hatte, gibt es im ganzen Land immer noch sehr viele CDU-Bürgermeister, -Ortsvorsteher und Landräte, die man besser an Bord haben sollte, wenn man Landwirtschaft und Industrie umfangreich umkrempeln will.

Der Schwarzwald hat nie politische oder gesellschaftliche Kabarettisten hervorgebracht, wie wir sie aus anderen Teilen Deutschlands kennen. Das Leiden am eigenen Land ist hier nicht so ausgeprägt wie etwa in Bayern. Politische Komiker schimpfen nicht mit solcher Vehemenz auf ihr Bundesland und seine Regierung, dass man sich fragt, wieso sie nicht weggehen, wenn es denn gar so schlimm ist. In Freiburg und im Schwarzwald lebt man nicht, um zu schimpfen, sondern um sich wohlzufühlen. Wer schimpft, geht weg. Und wer dableibt, schimpft nicht. Die »typisch deutsche« Eigenschaft des Nörgelns hat sich hier nie richtig entwickelt.

Dabei hätte die baden-württembergische CDU, die über fünfzig Jahre die Regierungspartei stellte, mit ihren diversen Finanz-, Kultur- und sonstigen Skandälchen und Skandalen genügend Angriffsfläche geboten. Die aktuelle Regierung ist auch nicht fehlerfrei. Aber die geringe emotionale Bindung an Stuttgart verhindert, dass man sich über den dortigen Landtag aufregt. Täte man es, würde man ihm eine Bedeutung zugestehen, die er in den Augen der meisten Schwarzwälder gar nicht hat.

Manch einer äußert sich aber doch. »Diesen Landtag kann man nur mit Humor genießen oder im Suff.« Das hat kein Kabarettist gesagt, sondern der einstige grüne Freiburger Oberbürgermeister Dieter Salomon, als er noch Fraktionsvorsitzender der baden-württembergischen Grünen war.

Wenn sich die Schwarzwälder politisch engagieren, dann auf ihre eigene Weise. In Deutschlands Südwesten wurde mehr für die gesellschaftspolitische Entwicklung der BRD getan als in den meisten anderen Gegenden zusammen. Das grüne, linke und ökologische Image ist Freiburg ja nicht einfach so zugefallen, das hat die Stadt sich hart erarbeitet. Die Menschen wissen, was zu leisten sie in der Lage sind, wenn es drauf ankommt.

Der lange Marsch durch die Institutionen war nie Sache der Schwarzwälder – auch wenn mit dem Bundesverfassungsgericht und dem Bundesgerichtshof zwei der wichtigsten Organe der Bundesrepublik in Karlsruhe sitzen. Immer wieder tut man sich auf der Straße zusammen und versucht so, etwas zu bewegen. Nicht *mit* oder *in* den, sondern *gegen* die Institutionen.

Von Deutschlands Südwesten ging eine der wichtigsten politischen Bewegungen der bundesrepublikanischen Geschichte aus: die Anti-Atomkraft-Bewegung. Sie hat unseren Umgang mit Politik nachhaltig verändert. Mit ihr begannen die Menschen sich einzumischen und es nicht länger zuzulassen, dass Politiker in fernen Städten darüber entscheiden, dass vor ihrer Haustür etwas gebaut wird, das ihrer Meinung nach da gar nicht hingehört. Ein Atomkraftwerk zum Beispiel. Genau das sollte damals nämlich im idyllischen Wyhl am Kaiserstuhl passieren.

Heute formiert sich der Protest sofort im Internet. Damals musste der noch mühsam organisiert und die Message in die Dörfer hinausgetragen werden. Unterschriftenlisten und Bürgerversammlungen hatten schon den ursprünglichen Plan, das Kraftwerk im zwanzig Kilometer entfernten Breisach zu bauen, verhindert. Als es nach Wyhl verlegt werden sollte, regte sich auch dort Protest, und am 18. Februar 1975 wurde die Baustelle besetzt. Eine Baustellenbesetzung – so etwas hatte es in der Geschichte der BRD noch nicht gegeben. An der ersten Großdemonstration nahmen über 30 000 Menschen teil. Frauen und Männer, Alte und Junge, Bauern und Bürger, Winzer und Lehrer, Studenten und Professoren, alle waren sie dagegen, und alle waren sie da. Unterstützt wurden sie von Atomkraftgegnern aus Frankreich und der Schweiz. »Nai hämmer g'sait« war das Schlagwort, das das Selbstverständnis der Menschen hier ausdrückte und das dreißig Jahre später immer noch als Graffiti an Freiburgs Hauswänden steht. Nein haben wir gesagt. Die Gewalt geht vom Volke aus.

Für den damaligen Ministerpräsidenten Hans Filbinger war klar, dass die Kommunisten die wahren Strippenzieher der Proteste waren. Mit dieser Haltung sorgte er dafür, dass sich im Schwarzwald die erste schwarz-grüne Koalition Deutschlands zusammenfand, wenn auch nur auf außerparlamentarischem Acker. Und obwohl der Schwarzwald strammes CDU-Land war – viele konservativ eingestellte Atomkraftgegner empörte es so ungemein, von ihrem Landesvater im fernen Stuttgart unter roten Generalverdacht gestellt zu werden, dass sie sich noch viel mehr engagierten. Dass die Polizei beim Versuch, das Gelände zu räumen, Wasserwerfer einsetzte und auch sonst ausgesprochen rabiat vorging, tat ein Übriges. Über ein Jahr dauerte die Besetzung, anschließend wurde ein paar Jahre verhandelt und schließlich das ganze Vorhaben von höchster Stelle abgesagt.

Die logische Konsequenz dieser Bewegung war 1980 die Gründung der Grünen. Im Schwarzwald natürlich. In Karlsruhe, um genau zu sein. Rund vier Dekaden später hat eine CDU-geführte Bundesregierung die deutschlandweite Energiewende eingeläutet.

Wyhl konnte zwar verhindert werden. Nicht aber die Meiler auf Schweizer und auf französischer Seite. Sollte dort jemals etwas passieren, wird es Wyhl nichts nutzen, dass es heute Naturschutzzone ist. Als Tschernobyl implodierte, trieb der Wind die atomverseuchte Staubwolke bis nach Süddeutschland. Tschernobyl ist 2000 Kilometer entfernt. Das Kernkraftwerk Leibstadt in der Schweiz nur drei.

Die Atomkraftwerksgegner befanden sich in guter Tradition. Bauern, Hotzenwälder, Demokraten – im Südwesten ist man schon immer gern auf die Straße und die Barrikaden gegangen. Die Bundschuh-Bewegung, in der der deutsche Bauernkrieg wurzelte, kämpfte gegen Leibeigenschaft, hohe Steuern und Lehnsherren. Der Bundschuh war der Schnürschuh der Bauern und symbolisierte ihr gemeinsames Auftreten. Einer ihrer Anführer war Joß Fritz aus Lehen bei Freiburg. Seine Aufstände wurden allesamt verraten, was ihn viele Male zur Flucht zwang. Joß Fritz' Andenken wird in Freiburg hochgehalten, wo ein Buchladen, ein Café und ein Antiquariat seinen Namen tragen (allerdings heißen die *Jos Fritz*).

Auch die Salpeterer wollten nicht zulassen, dass willkürlich über sie verfügt wurde. Salpeterer kratzten in Kuhställen das Salpeter von den Wänden, das man zur Herstellung von Schießpulver brauchte. Sie lebten im Hotzenwald, der im allerhintersten, alleruntersten Winkel des Schwarzwalds und Deutschlands liegt. Er ist so sehr vom Rest des Landes abgeschnitten, dass er im 19. Jahrhundert nicht mal an die Eisenbahn angeschlossen wurde und jeglichen Anschluss an die technische Entwicklung verlor. Nach dem Zweiten Weltkrieg wurde ein »Hotzenwaldprogramm« aufgelegt, um wenigstens den Fremdenverkehr anzukurbeln und für Gewerbeneugründungen zu sorgen.

Der vielleicht berühmteste Hotzenwälder heißt Werner Kirchhofer. Die Adlige Maria Ursula von Schönau entflammt in unsterblicher Liebe zum *Trompeter von Säckingen.* Weil Ursulas Vater den unstandesgemäßen Kontakt nicht duldet, schickt er sie nach Wien. »Zum Abschiednehmen just das rechte Wetter, grau wie der Himmel steht vor mir die Welt.« Ohne Erlaubnis folgt Werner ihr. Er tut sich schwer in der Großstadt. Aber dank seiner Trompete schafft er es bis zum Domkapellmeister. Als er wegen seiner Verdienste auch noch geadelt wird, kann er endlich seine geliebte Maria Ursula ehelichen. »Liebe und Trompetenblasen/Nützen zu viel guten Dingen.«

Was wie die Vorlage für eine herz- und schmerzvolle Telenovela klingt, ist ein Roman von Joseph Victor von Scheffel. Der Schriftsteller, 1826 in Karlsruhe geboren, hat die Story in Bad Säckingen angesiedelt, wo er als Gerichtssekretär tätig war. In diesem Roman taucht zum ersten Mal der Begriff »Hotzenwälder« auf. Hotzen bezeichnet im Alemannischen eine grob gewobene Hose. Bis dahin hießen die Menschen dort einfach nur »Wälder«. Der *Trompeter von Säckingen* ist heute noch Namenspatron vieler Deutscher Gasthäuser. Vielleicht auch, weil von Scheffel so schöne Sätze schrieb wie: »Man spricht vom vielen Trinken stets, doch nie vom vielen Durste«. *Wa schwätze d' Litt immer übers viele Suffe, aber itt vom Durscht!*

Im 18. Jahrhundert gehörte der Hotzenwald zur vorderösterreichischen Grafschaft Hauenstein. Weil seine Bewohner sich als Waldarbeiter verdient gemacht hatten, genossen sie besondere Rechte und Freiheiten. Als sich Österreich Anfang des 18. Jahrhunderts neu ordnete, wurden diese aufgehoben. Es kam zum Aufstand, den die Salpeterer verloren. Ihr Anführer Johann Albiez wurde verhaftet und starb im Gefängnis. Seine Nachfahren waren gegen Steuern, Wehrpflicht und das neue, protestantische Haus Baden. Nach der gescheiterten Revolution fanden viele Aufständische im Hotzenwald Unterschlupf. 1851 verließen Hunderte den Hotzenwald Richtung Amerika. Das geschah mit finanzieller Unterstützung der Landesregierung, für die das eine bequeme Möglichkeit war, diese Querulanten loszuwerden.

Als die liberalen Beamten in Karlsruhe religiöse Feiertage abschafften, Gottesdienste reformierten und die Schulpflicht einführten, gingen die verbliebenen Salpeterer ein letztes Mal auf die Straße. Die Hotzenwälder müssen eine ganz eigene Spezies gewesen sein. Sie wurden als finstere, trotzige Gesellen vom Wald beschrieben, als ein Stück »fossil gewordener Bauernkrieg«. Ihre markantesten Eigenschaften, schrieb der Volkskundler Elard Hugo Meyer, seien »Verschlossenheit, Unabhängigkeitsliebe, jeder Neuerung abholder Starrsinn, religiöse Erregbarkeit und Verschmitztheit«. Lauter Wesenszüge, die Herrscher an ihren Untertanen besonders schätzen. Aufrührerisch sind die heutigen Hotzenwälder nicht mehr, nur etwas eigenwillig. Sie leben an Hängen, die steil zum Rhein hin abfallen, sie sind nicht mehr ganz deutsch, aber auch noch nicht schweizerisch, und dieses Zwischen-den-Ländern-Sein hat sie geprägt. Sie gelten als eigensinnig und eigenständig und auch ein bisschen dickköpfig. Auf jeden Fall sind sie nicht unglücklich, so zu sein, wie sie sind.

Auch mit deutschen Herrschern hat man sich im Schwarzwald immer wieder angelegt. Als es Mitte des 19. Jahrhunderts in vielen Staaten des Deutschen Bundes zu Aufständen kam, gingen die nirgendwo so weit wie hier. In der Revolution von 1848 nimmt Baden eine Sonderstellung ein. Friedrich Hecker und Gustav Struve, zwei demokratische Juristen, die im Parlament in Karlsruhe und in der Paulskirche saßen, forderten neben Wohlstand, Bildung, Freiheit für alle einen modernen Rechtsstaat mit einer Verfassung und Gesetzgebung. Beim sogenannten

Heckeraufstand planten sie, von Konstanz aus die Hauptstadt einzunehmen. Mit 50 000 Mann wollte Hecker in Karlsruhe einmarschieren. Am Ende waren es 800, und die wurden bei Kandern von Bundestruppen aufgerieben. Hecker floh in die Schweiz und über Frankreich nach Amerika, wo er sich in St. Louis niederließ. Es heißt, Tausende hätten Abschied von ihm genommen, als er in Straßburg den Zug bestieg. In Amerika wurden die badischen Revolutionäre wie Stars empfangen. Die *Forty-Eighters* wirkten später im Bürgerkrieg mit, natürlich auf der Seite der Guten. Mit Lincoln kämpften sie gegen die Sklaverei und für die Einheit der jungen Nation.

Bei den Demonstrationen gegen das AKW Wyhl im Kaiserstuhl hört man übrigens häufig das Hecker-Lied: »Wenn die Roten fragen: Lebt der Hecker noch? Sollt ihr ihnen sagen: Ja, er lebet noch! Er hängt an keinem Baume, hängt an keinem Strick, sondern an dem Traume der deutschen Republik!«

Struve initiierte in Lörrach einen zweiten Aufstand, der aber in Staufen niedergeschlagen wurde. Andere Revolutionäre verbündeten sich 1849 mit den aufständischen Soldaten in den Kasernen, übernahmen die Regierungsgewalt und verschanzten sich in der Festung Rastatt. Herbeigerufene preußische Truppen nahmen diese nach dreiwöchiger Belagerung ein. Aus dieser Zeit stammt das badische Wiegenlied: »Schlaf, mein Kind, schlaf leis, da draußen geht der Preuß, deinen Vater hat er umgebracht, deine Mutter hat er arm gemacht …«

Auch Freiburgs Bürger waren immer schon streitbare Leute. Wenn es sein musste, griffen sie schon mal zu den Waffen. Die Stadt war 1120 von den Zähringern, die ursprünglich auf der Alb ansässig waren und ihren Machtbereich nach Südwesten ausdehnen wollten, gegründet worden. Freiburg prosperierte schnell und machte aus seinen Bewohnern wohlhabende Bürger. Als die Zähringer 1218 ausstarben, übernahmen die Grafen von Urach die Herrschaft. 1299 kam es zum Streit. Die Freiburger waren der Ansicht, die Grafen kämen ihren Aufgaben als Stadtherren nur unzureichend nach und verlangten zu hohe Abgaben.

Die Grafen rückten mit bewaffneten Soldaten an, die Freiburger mit Messern, Äxten und Sensen. Bei der Schlacht in Lehen stach der Freiburger Metzger Hauri den Straßburger Bischof Lichtenberg, den damaligen Stadtregenten, vom Pferd. Deshalb führen heute die Metzger die Zünfte an, die an Fronleichnam durch die Stadt ziehen.

1366 krachte es erneut. Diesmal beschossen die Bürger die Burg auf dem Schlossberg. Zugute kam ihnen dabei das Schwarzpulver, das der Franziskanermönch Berthold Schwarz, der in einem Kloster in der Stadt lebte, erfunden haben soll. Die meisten Historiker bezweifeln das zwar, ein Brunnen mit Bertholds Statue steht trotzdem vor dem Alten Rathaus. 1368 schossen die Freiburger nicht mehr mit Kanonenkugeln, sondern mit Geld. Sie kauften sich für die damals immens hohe Summe von 15 000 Silbermark frei und stellten sich unter den Schutz der Habsburger. Bis auf ein paar Unterbrechungen sollten sie das für die nächsten 450 Jahre bleiben.

Die Schwarzwälder sind Bürger im besten Sinne, sie engagieren sich und bringen sich ein. Wenn's sein muss, auch über alle politischen und konfessionellen Unterschiede hinweg. Daran hat sich bis heute nichts geändert.

So haben die Schönauer ihrer Stadt das Stromnetz abgekauft, weil sie nicht länger mit Atomstrom versorgt werden wollten. Auch das hatte es noch nie vorher gegeben. Schönau liegt im Südschwarzwald, auf dem Ortsschild steht »Solarhauptstadt in Deutschland«, weil viele Häuser, die Schule und die Kirche mit Solaranlagen bedeckt sind. Gut Ding will Weile haben. Zwischen 1986, als nach Tschernobyl die Bürgerinitiative »Eltern für eine atomfreie Zukunft« ins Leben gerufen wurde, und der endgültigen Gründung der Elektrizitätswerke Schönau lagen elf Jahre. Heute vertreiben die Schönauer zu hundert Prozent Ökostrom und bewerben sich um die Energienetze anderer Gemeinden.

Die Bereitschaft, politische und eigene Interessen notfalls auch mit Gewalt durchzusetzen, kam zuletzt in den Siebziger- und Achtzigerjahren zum Ausdruck. Damals stand Freiburg im

Fokus der Öffentlichkeit, denn in dieser sonst so friedlichen und harmlosen Stadt gab es besonders viele Demonstrationen, Hausbesetzungen, Räumungen, Wasserwerfereinsätze und Straßenkämpfe. Es ging gegen Mietspekulanten, den Abriss alter Wohnstrukturen und die Umgestaltung des Bahnhofsviertels.

Die Straßenkämpfe sind längst Geschichte. Die Fronten weichten auf, die Kämpfer wurden älter und integrierten sich in die Gesellschaft und in die Stadt. Als dann auch noch die Wiedervereinigung kam (und am Horizont schon die Schattenseiten der Globalisierung drohten), galt die volle Aufmerksamkeit den neuen Bundesländern, und Freiburg wurde wieder zu dem Wahrnehmungsrandgebiet im äußersten Südwesten, das es immer gewesen war.

Heute stellen die Freiburger ihre politische Leistungsfähigkeit nicht mehr auf der Straße unter Beweis, sondern an den Wahlurnen. Die Linke ist längst in den Institutionen angekommen. Die Grünen sitzen seit Jahrzehnten im Stadtrat. Man kennt sich, unterstützt sich, macht Geschäfte. Selbst grüne Gemeinderäte sprechen offen davon, dass es hier einen grünen Filz gibt. Bei Wahlen erreichen die Grünen im Vorzeigestadtteil Vauban regelmäßig sechzig Prozent und mehr.

Kann man eine Stadt überhaupt noch links nennen, die einen grünen Oberbürgermeister hatte und ein grünes Netzwerk und eine Vielzahl etablierter ökologischer Vorzeigeprojekte pflegt? Was heißt denn überhaupt *links* in einer Stadt, in der es mangels Großindustrie ein historisches Proletariat nie wirklich gegeben hat? »Die Freiburger fühlen sich links, verdienen überdurchschnittlich, sind eigentlich sehr bürgerlich, merken es aber nicht.« Diese Worte stammen von Dieter Salomon, dem ehemaligen Obergrünen Freiburgs. Er hatte den Ruf, kein Blatt vor den Mund zu nehmen.

In den alten Gassen dieser ewig jungen Studentenstadt hat sich eine gewisse Melancholie breitgemacht. Sie hat sich in den Lücken eingenistet, die entstanden sind, nachdem die Stadt aus dem Fokus der öffentlichen Wahrnehmung verschwunden ist.

Keine besetzten Häuser mehr, keine Wasserwerfer, keine Straßenbarrieren und kein Wyhl. Freiburg hat gekämpft und in den wesentlichen Punkten gewonnen. Aber um wie viel aufregender ist doch der Kampf als ein profaner Friede, der wie ein Vorgärtchen gehegt und gepflegt werden muss!

Die Stadt hat ihr Gesicht in den letzten dreißig Jahren stark verändert. Sie ist ruhiger geworden, geordneter und bürgerlicher. Manchmal scheint ihr das unangenehm zu sein. Als habe sie ein Versprechen nicht gehalten. Als werde jetzt deutlich, dass sie gar nicht so groß und aufregend, so jung und wild, so grün und alternativ ist, wie sie immer behauptet hat.

Als Salomon 2002 zum ersten grünen Oberbürgermeister einer deutschen Großstadt gewählt wurde, war das eine Sensation. Und ein Fanal für die baden-württembergischen Landtagswahlen 2011, aus denen Winfried Kretschmann als erster grüner Ministerpräsident eines Bundeslandes hervorging. Später bekam auch Stuttgart mit Fritz Kuhn einen grünen OB. Das traditionell schwarze und stark industriell geprägte Baden-Württemberg war fest in grüner Hand.

Als Salomon 16 Jahre später abgewählt wurde, war das eine erneute Sensation. Denn erstens waren alle davon ausgegangen, dass er auch eine fünfte Amtszeit bekommen würde (am meisten vielleicht er selbst). Und zweitens verlor er die Wahl gegen einen 33-jährigen Novizen aus Sindelfingen, den niemand auf der Liste, geschweige denn gekannt hatte. Der parteilose Martin Horn, der von der SPD unterstützt wurde, setzte im Wahlkampf auf bezahlbaren Wohnraum, kostenlose Kitaplätze, soziale Gerechtigkeit, Digitalisierung und aktiven Bürgerdialog. In der Stichwahl erhielt er 44 Prozent der Stimmen und wurde – nach eigenen Angaben – jüngster Bürgermeister einer deutschen Großstadt. Zuvor war er Kinder- und Jugendreferent für zwei evangelische Kirchengemeinden, bildungspolitischer Referent für das Diakonische Werk und Europa- und Entwicklungskoordinator der Stadt Sindelfingen gewesen. Ehrenwerte Aufgaben. Aber keine, die einen per se für das Amt eines Oberbürgermeisters von 230 000 Menschen prädestinieren. Freiburger bleiben sich treu darin, sich selbst und andere zu überraschen.

Horn, der offen zugab, früher selbst meist Grün gewählt zu haben, führte seinen Wahlkampf auch in den sozialen Medien. Ein BWL-Student, der ihn dabei begleitete und täglich bis zu 1500 Fotos schoss, ist sich sicher: »Ohne Social Media hätten wir den Wahlkampf nicht gewonnen.« Horn glaubt zwar, dass das nur ein Baustein von vielen war. Aber auch seine Social-Media-Referentin gibt zu, dass Bilder mit dem Bürgermeister in den sozialen Medien viel besser liefen als solche ohne ihn.

Auf seiner Wahlparty im Mai 2018 wurde Horn von einem Besucher ins Gesicht geschlagen. Und zwar so heftig, dass er mit einer blutenden Platzwunde, einer gebrochenen Nase und einem angebrochenen Zahn ins Krankenhaus gebracht werden musste. Das Foto, auf dem er sich ein weiß-blau kariertes Geschirrtuch auf die geschwollene Nase drückt, ging durch alle Medien, nicht nur die sozialen. Nach der Behandlung kehrte er sichtlich ramponiert auf die Party zurück, bedankte sich bei seinen Unterstützern und Wählern und erklärte, sich von diesem Zwischenfall nicht die gute Laune verderben zu lassen, schließlich sei heute Weltlachtag.

In der Stadt war eine gewisse Erleichterung spürbar, als sich herausstellte, dass der 55-jährige Angreifer kein politischer Fanatiker, sondern psychisch krank war. Bei der späteren Gerichtsverhandlung erklärte er, dass es ihm zu der Zeit sehr schlecht gegangen sei und ihm die Tat außerordentlich leidtue. Bürgermeister Horn nahm die Entschuldigung an und wünschte ihm gute Besserung.

Die meisten finden, dass Horn einen guten Job mache. Vielen jungen Menschen gefällt es, wenn er sich Freitagabend mit ihnen online zum Computerspielen trifft und nebenbei wichtige Themen wie *Fridays for Future*, die Verkehrswende oder die Digitalisierung an Schulen bespricht. Oder wenn er mit der Redaktion des Jugendmagazins *fudder* auf eine nächtliche Kneipentour geht. Oder zusammen mit Nils Petersen vom SC Freiburg bei einem Talk mit jedermann und jederfrau auf der Clubhouse-App teilnimmt. Alle hatten dafür Verständnis, dass er nach der Geburt seines dritten Kindes in Elternzeit ging.

Aber natürlich gibt es auch Kritik. Die Freien Wähler in Freiburgs Stadtrat stellten eine »inhaltliche und intellektuelle Verflachung der öffentlichen Wahrnehmung der Stadt und ihrer Repräsentanten« fest. Das bezog sich auf Fotos, die Horn auf seinem Instagram-Kanal eingestellt hatte. Auf einem war er beim Schlittenfahren zu sehen, auf einem anderen hielt er anlässlich des internationalen Socken-Tags seine bunten Strümpfe in die Kamera. Horn weist solche Kritik von sich. Er sei der Bürgermeister mit den meisten Followern auf Instagram, betont er. Und erreiche über Social Media Zielgruppen, die die herkömmlichen Kanäle nicht betreten würden. Soziale Medien könnten dabei helfen, dass sich Menschen für Kommunalpolitik interessieren, die das sonst nicht tun.

Aber Horn ist nicht nur im Internet unterwegs. Auf seiner Agenda steht die Verbesserung des Bürgerservice und der Terminkoordinierung. Das Internet soll schneller, die Medienkompetenz an Freiburger Schulen besser und der Gemeinderat digitaler werden: »Pads statt Papierstapel«. Die Idee, in einem Modellprojekt in ganz Freiburg Tempo 30 einzuführen, wurde allerdings vom Bundesverkehrsministerium abgelehnt. Wichtigstes politisches Thema von Martin Horn aber ist bezahlbarer Wohnraum. Unter seiner Federführung entsteht ein neuer Stadtteil. Dietenbach grenzt an den jüngsten Stadtteil Rieselfeld an, soll klimaneutral sein und knapp 7000 vor allem bezahlbare Wohnungen für etwa 15 000 Menschen bieten. Dietenbach dürfte nicht das letzte Baugebiet bleiben. Derzeit leben hier 230 000 Menschen. Laut Prognosen sollen es im Jahr 2040 rund 250 000 sein. Es gibt zwei Sorten von Menschen. Die einen leben hier. Die anderen wollen hier leben.

Durch Freundes- und Feindesland

Karlsruhe und der badische Schwarzwald

Kommen wir zu etwas, das stets mit einem gewissen folkloristischen Augenzwinkern betrachtet wird, im Gemüt der Schwarzwälder aber eine bedeutende Rolle spielt. Die Rede ist von den Animositäten zwischen Badenern und Schwaben, von berühmt-berüchtigten *Sauschwoben* und *Gelbfiaßlern*. Das Thema lässt sich nicht so ohne Weiteres greifen, denn beide Volksgruppen sind ja im Schwarzwald vertreten. Der liegt mit vollem Umfang in Baden-Württemberg, es gibt einen großen badischen und einen wesentlich kleineren schwäbischen Teil. Man darf Baden auch nicht, was immer wieder passiert, mit dem Schwarzwald gleichsetzen, da haben die vielen Badener von der Baar, aus Mannheim und aus Karlsruhe etwas dagegen.

Der Name *Baden* leitet sich von den heißen Quellen an der Oos ab, in denen schon vor 2000 Jahren gebadet wurde. Die dazugehörige Stadt hieß lange Zeit ebenfalls schlicht Baden. Als die Markgrafschaft Baden entstand, häuften sich die Verwechslungen; dass es in der Schweiz und in Österreich Städte gleichen Namens gibt, machte die Sache auch nicht leichter. Also verpasste man der Stadt 1931 einen Doppelnamen, seitdem heißt sie Baden-Baden.

Die Menschen, die in Baden leben, heißen *Badener* und nicht etwa *Badenser*. Woher die Abneigung gegen Letzteres stammt, ist nicht ganz klar. *Badenser* war bis weit ins 19. Jahrhundert hinein ein vollkommen gebräuchlicher Name, der gleichberechtigt neben *Badenern* und *Badnern* benutzt und auch in gängigen Wörterbüchern erwähnt wurde. Irgendwann im 20. Jahrhundert fingen die Badener an, den Begriff Badenser als diffamierend zu empfinden. Es gebe ja, sagte ein einheimischer Politiker mal, auch keine *Heilbronnser* oder *Frankfurtser*. Das Beste ist, Sie verzichten im Gespräch mit einem badischen Schwarzwälder oder einem schwarzwälderischen Badener auf Spitzfindigkeiten dieser Art.

Eine massive Bedeutungsverschiebung haben auch die *Gelbfiaßler* erfahren. Im 16. und 17. Jahrhundert waren damit noch ganz allgemein die Schwaben gemeint. Wobei Schwaben lange Zeit den kompletten Südwesten Deutschlands bezeichnete. Die Herkunft des Begriffes *Gelbfiaßler* ist nicht eindeutig geklärt. Vielleicht rührt er von den dreckigen gelben Füßen der Menschen her, die keine Schuhe hatten. Oder von ihren gelben Hosen – im Alemannischen und im Schwäbischen wird das Bein auch mit *Fuß* bezeichnet. Oder von den gelben Manschetten, die badische Söldner trugen, wenn sie mal wieder in einen Krieg zogen.

Langsam begann die Bezeichnung *Gelbfiaßler*, mit der ein paar Jahrhunderte lang die Schwaben gemeint waren, zu den Badenern hinüberzuwandern. Dafür ist vermutlich die rot-gelbe Flagge des Großherzogtums Baden verantwortlich, das Anfang des 19. Jahrhunderts von Napoleons Gnaden gegründet worden war. Es war Freiherr von Reitzenstein, der im Auftrag des Markgrafen Karl Friedrich äußerst geschickt verhandelte. Als Ausgleich für den Verlust einiger linksrheinischer Gebiete erkämpfte er in den Folgejahren viele rechtsrheinische Städte, Gebiete und Fürstentümer und steigerte so die Zahl der Untertanen von 165 000 auf fast eine Million. Mit dem Beitritt zum Rheinbund 1806 war die Staatsgründung abgeschlossen.

Dabei ist es bis heute geblieben. *Gelbfiaßler* sind Badener. Als Kind schämte ich mich immer für diesen Namen, denn es klang nach Käsefüßen, oder, noch schlimmer, als könnten die Gelbfüßler nicht richtig im Stehen pinkeln und würden immer ihre Füße treffen.

Zu einer politischen Einheit wurde der Schwarzwald nach dem Zweiten Weltkrieg mit der Gründung Baden-Württembergs. Dieser »Südweststaat« war seit 1919 immer wieder diskutiert worden, um einen politisch und wirtschaftlich relevanten Nachbarn Bayerns und ein kräftiges Gegengewicht zu Preußen zu schaffen.

Die badischen Schwarzwälder waren strikt gegen diese Neugründung. Sie hegten schon immer starke Ressentiments gegen ihre Nachbarn und fürchteten einen schwäbischen Zentralismus. Diese Furcht war historisch bedingt. Baden hatte schon längst eine der liberalsten Verfassungen Deutschlands, als Württemberg immer noch von einem König regiert wurde. Nachdem Napoleon abgetreten war, warf der Schwabe doch glatt ein Auge auf seinen Nachbarn. Auf historischen Landkarten erkennt man Baden daran, dass es am Rhein liegt und wie dieser wie ein großes, krakeliges L aussieht. Es reichte von Konstanz über die Baar, den Südschwarzwald, Freiburg und Lörrach hoch nach Karlsruhe bis nach Heidelberg und Mannheim.

Damals war die historische Landesgrenze auch die Konfessionsgrenze. Der schwäbische Schwarzwald hatte sich als Teil Württembergs der Reformation angeschlossen, während der badische katholisch geblieben war. In Schwaben lebten so viele Protestanten, dass irgendwann in der ersten Hälfte des 20. Jahrhunderts die katholische Kirche St. Aurelius in Hirsau mangels Gläubigen geschlossen werden musste. Ein paar Jahre lang wurde sie von einem örtlichen Busunternehmer benutzt, der seine Fahrzeuge darin reparierte. Als nach dem Zweiten Weltkrieg viele katholische Flüchtlinge ins Land kamen und einen Ort für ihren Gottesdienst brauchten, wurde das Gebäude wieder zu einer katholischen Kirche umfunktioniert. Heute gibt es in Hirsau mit seinen 2400 Einwohnern eine katholische und eine evangelische Kirche, eine Moschee und zahlreiche religiöse Splittergemeinschaften. Auch der Schwarzwald hat in den letzten fünfzig Jahren beträchtliche Veränderungen durchgemacht.

Zurück zum Südweststaat. Nach dem Zweiten Weltkrieg war der Südwesten von den Amerikanern und den Franzosen gleich doppelt besetzt. Die Strategie de Gaulles war es, so viel Land wie möglich zu besetzen. Frankreich gehörte ja erst seit 1944 zu den späteren Siegermächten und war bei den Alliiertengesprächen auf eine gute Verhandlungsposition angewiesen. Und das beste Argument war nun mal viel Territorium. Den Amerikanern missfiel das Auftreten der Franzosen, die sie ja mit befreit hatten, und es gab zeitweise erbitterten Streit. Am 19. September 1945 proklamierten die Amerikaner das Land Württemberg-Baden, in dem neben Stuttgart und Heilbronn auch Pforzheim, Heidelberg, Karlsruhe und Mannheim lagen, die nicht nur von großer wirtschaftlicher Bedeutung, sondern auch badisch waren. Daraufhin gründeten die Franzosen die Länder Baden und Württemberg-Hohenzollern mit den bevölkerungsschwächeren und ärmeren Städten Tübingen, Reutlingen, Biberach, Freiburg und Rastatt.

Allen war klar, dass diese drei Länder nicht von Dauer sein würden. So kam die Idee mit dem Südweststaat wieder aufs Tapet. Reinhold Meier, der damalige Präsident Württemberg-Badens, war strikt dagegen. Er wollte ein Bundesland in den Grenzen Altbadens, wissend, dass das zu stark dem französischen Einfluss ausgesetzt gewesen wäre. Aber seine Angst vor dem »ellenbogenstarken Volk der Schwaben« war einfach größer.

Dabei sind die Unterschiede ja gar nicht so groß, oder? Sowohl Schwaben als auch Alemannen seien Eigenbrötler, fand der Schriftsteller und Dramaturg Franz Schneller, der am Freiburger Theater arbeitete und nach dem Zweiten Weltkrieg die Stadtbücherei leitete. »Härter, verbissener im Lebenskampf, zum Spintisieren geneigt, der Schwabe. Aufgeschlossener, sonniger, nicht so unbedingt aufs Sparen aus, die Hand mit am Weinglas: der Badener.«

Kanzler Adenauer soll übrigens auch gegen den Südweststaat gewesen sein, weil er einen Stimmenverlust im Bundesrat fürchtete (aber der war ja auch gegen die Wiedervereinigung, weil er nicht wollte, dass es in Deutschland mehr Protestanten als Katholiken gibt). Die Franzosen waren natürlich ebenfalls dagegen, denn damit würde ihr Einfluss unter den Alliierten schwinden.

Als es im Dezember 1951 nach einem langen und erbitterten Wahlkampf zur Volksabstimmung kam, waren beinahe alle Württemberger für und alle Badener gegen den Südweststaat. Letztere waren zahlenmäßig unterlegen, und so kam es 1952 zur Gründung des neuen Bundeslandes. Wegen dieses »überspielten Volkswillens« wurde das Bundesverfassungsgericht angerufen, das 1956 die Abstimmung tatsächlich für verfassungswidrig erklärte. Die verordneten Neuwahlen wurden verschleppt, und als 1970 abermals gewählt wurde, hatte das Bundesland auch so viele badische Befürworter, dass es nicht wieder aufgelöst werden musste. Die Zeit heilt eben alle Wunden.

Heute würde ein Plebiszit für ein Land Baden wohl keine Chance mehr haben. Auch wenn die Fans des Sport-Club Freiburg und des Karlsruher SC gerne den Eindruck erwecken, dass sie sich am liebsten sofort von Württemberg lossagen würden. »Tod und Hass dem VfB« las ich mal auf dem Anstecker eines vielleicht zehnjährigen Knirpses. Bei Heimspielen findet dieser Wille seinen maximalen Ausdruck im lautstarken Absingen des *Badnerlieds*:

> *Das schönste Land in Deutschlands Gaun, das ist mein*
> *Badner Land! Es ist so herrlich anzuschaun und ruht in*
> *Gottes Hand. Drum grüß ich dich mein Badner Land,*
> *du edle Perl im deutschen Land! Frischauf, frischauf,*
> *frischauf, frischauf, frischauf, frischauf mein Badner Land …*

Das Lied stammt ursprünglich aus dem 19. Jahrhundert und war längst vergessen, ehe es in der heiß umkämpften Nachkriegszeit von den Südweststaatgegnern wieder ausgegraben wurde. Es ist mittlerweile auf mehr als 700 Strophen angewachsen, die von Badenern dazugedichtet und ins Internet gestellt werden. Ob die Fußballfans und Sangesbrüder wissen, dass das Lied gar keine originär badische Erfindung ist, sondern vom *Sachsenlied* abstammt?

Es wird gern behauptet, die herrschenden Ressentiments zwischen Badenern und Württembergern seien eine einseitige Sache. Dass nur die Badener die Schwaben nicht leiden könnten, während diese umgekehrt überhaupt nichts gegen ihre Nachbarn hätten. Das stimmt nur bedingt. Die Nordschwarzwälder aus Calw, Horb oder Enzklösterle haben ebenfalls keine Schwierigkeiten mit den Schwaben, schließlich sind sie selbst welche. Aber eben weil sie Schwaben sind, hegen sie auch Aversionen gegenüber den Badenern. Da ist es egal, dass sie sich den Schwarzwald teilen. Schwäbische Schwarzwälder zieht es nach Stuttgart, Böblingen und Sindelfingen. Dort arbeiten sie, dort kaufen sie ein, und dort gehen sie aus. Nach Pforzheim geht nur, wer dort Verwandtschaft besuchen muss. Karlsruhe ist ganz tabu. Fragt man einen Calwer, wieso das so ist, legt der die Stirn in Falten und zuckt mit den Schultern: »Die Leut' da lieget uns ned.« Karlsruhe ist keine fünfzig Kilometer entfernt, die Sprachgrenze 25. Entsprechend schmerzt es, dass der Landkreis Calw im Regierungsbezirk Karlsruhe liegt und KA im Kennzeichen seiner Polizeiautos steht.

Je weiter man sich von der historischen Grenze zwischen Baden und Württemberg Richtung Süden entfernt, desto geringer wird das Leiden am gemeinsamen Bundesland. Besonders im Südschwarzwald spielen die alten Feindschaften keine Rolle mehr. Görwihler, Remetschwiler und Wutöschinger verneinen die Frage, ob die alten Feindschaften heute noch bestehen. Man hat sich arrangiert. Im Südschwarzwald hegt man nur wenige Animositäten gegen Schwaben, ganz einfach deshalb, weil es hier keine gibt. Die Grenze ist weit weg, das Gleiche gilt für die Landesregierung. Die kommunale Politik wird von Menschen gemacht, die von hier stammen, und als agrarisch und touristisch geprägte Region hat man keine industriellen Großprojekte, die von Stuttgart nicht bedacht werden. Es gibt viele Südschwarzwälder, die seit sechzig und mehr Jahren auf der Welt sind und noch kein einziges Mal in der Landeshauptstadt waren. *Was soll ich uff sellem Schduddgard?*

Ganz anders sieht es im nordöstlichen Schwarzwald aus, wo man dicht beieinander lebt. Fragt man einen Karlsruher, ob er Schwarzwälder sei, bekommt man zur Antwort ein fragendes Gesicht. Und dann die mit Entschiedenheit vorgetragene Erklärung, Badener zu sein. Somit wäre diese Frage auch geklärt.

Karlsruhe war die letzte große Stadtgründung Europas. Sie erfolgte 1715. Die Legende besagt, dass der lebenslustige Markgraf Karl Wilhelm, der in Rastatt residierte, mal wieder seiner pietistischen, württembergischen Frau Prinzessin Magdalena Wilhelmine entfliehen wollte und ausritt. Als er müde wurde und unter einem großen und schattigen Baum rastete, fiel er in einen tiefen Schlaf. Im Traum sah er ein wunderschönes Schloss, von dem die Straßen wie Sonnenstrahlen strahlenförmig abgingen. Als er wieder aufwachte, machte er sich sofort an dessen Verwirklichung.

Von den 32 Strahlen sieht man heute nur noch die Hälfte, weil die nördlichen sich im dicht bewachsenen Schlosspark verlieren. Die südlichen Straßen gehen wie in einem Fächer halbkreisförmig vom Schloss ab, weswegen die Stadt auch Fächerstadt heißt. Dadurch wirkt Karlsruhe sehr nüchtern und organisiert. Man merkt permanent, dass es am Reißbrett entstanden ist. Verwunschene Plätze und verwinkelte Gässchen sucht man hier vergebens.

Große Teile wurden im Zweiten Weltkrieg zerstört, und so wird die Innenstadt heute von sehr breiten Straßen und einem sehr großen Marktplatz und sehr vielen Gebäuden aus sehr rotem Sandstein dominiert. Karlsruhe zieht längst nicht so viele Touristen an wie Freiburg oder Baden-Baden. Menschen aus der Umgebung kommen zum Einkaufen her, auch viele Franzosen. Es kann im Alltagsleben von großem Vorteil sein, wenn sich die Lebens- und Arbeitswege nicht ständig mit denen von Reisegruppen überschneiden. Nicht mal US-Amerikaner kommen, obwohl Karlsruhe das Vorbild für ihre Hauptstadt war. Thomas Jefferson, der spätere Präsident der Vereinigten Staaten von Amerika und Gründer von Washington, war 1788 hier und hat sich alles genau angesehen.

Karlsruher sind nicht irgendwelche Badener, sondern die badischsten, die es gibt. Schließlich hatte hier bis 1918 die badische Regierung ihren Sitz. Da kommt der nahen Grenze zu Württemberg identitätsstiftende Wirkung zu. Hier ist es den Menschen zur zweiten Natur geworden, sich von den übermächtigen Schwaben abzugrenzen. Das Herz schlägt badisch und damit immer auch kontra Württemberg.

Der Schriftsteller und Journalist Wilhelm Ludwig Weckherlin aus dem schwäbischen Botnang, der Mitte des 18. Jahrhunderts lebte und durch die Gegend reiste, befand über Karlsruhe, dass die Nähe Straßburgs eine gewisse Verflüssigung in die Manieren und die Lebensart der Einwohner gebracht habe, die sie von dem griesgrämigen, spießbürgerlichen Charakter der Schwaben entferne. Und 1816 empfahl Aloys Schreiber in seinem *Handbuch für Reisende am Rhein von Schaffhausen bis Holland in die schönsten anliegenden Gegenden und die dortigen Heilquellen*, »politische Neutralität zu wahren, um nicht in Konflikt zu geraten.« (Er riet auch, nur in guten Gasthöfen zu übernachten und sich einheimischen Reiseführern anzuvertrauen, um keinen Dieben in die Hände zu fallen.)

Seit 1977 widmet sich der Karlsruher *Bund Freiheit statt Baden-Württemberg* der Wahrung badischer Eigenständigkeit. Der Satzung nach ist der Bund aufzulösen, »wenn das Land Baden-Württemberg nicht mehr besteht und das Land Baden entweder selbstständig ist oder als Ganzes einem nicht schwäbisch majorisierten Bundesland angehört«.

Und die *Landesvereinigung Baden in Europa e. V.* will »die Zukunft des badischen Landesteils nicht allein der Landespolitik überlassen« und fühlt sich »durch den überzogenen zentralistischen Kurs herausgefordert, den Landesregierung und Landtag seit Jahren steuern, und davon, dass Landesbehörden, Institutionen, Verbände, Hauptverwaltungen von Banken, Versicherungen und anderen Einrichtungen sich hier auf ungesunde Weise massieren«.

Tatsächlich wirkt die Zuteilung von Landesmitteln nicht immer ganz ausgewogen. Karlsruhe muss in schöner Regelmäßigkeit erleben, wie Projekte in Stuttgart mit mehr Geld bedacht werden als die eigenen. Sei es eine neue Messe, das milliardenschwere Projekt *Stuttgart 21* oder der Ausbau des Straßennetzes zur Fußballweltmeisterschaft 2006, als im Stuttgarter Stadion Spiele ausgetragen wurden. Selbst Freiburgs ehemaliger Oberbürgermeister Rolf Böhme, der nun wirklich nicht als Aufwiegler bekannt war, hatte angemahnt, dass der Rest des Landes über all den württembergischen Errungenschaften nicht vergessen werden dürfe.

Die badische Identität kann ansteckend sein. Wer nach Karlsruhe zieht und meint, per se immun gegen separatistische, kleinstaatlich-nationalistische Empfindungen zu sein, sei gewarnt. Badener wird man schneller, als man denkt. Maik Franz zum Beispiel war mal Fußballspieler beim Karlsruher SC. Als die Mannschaft 2007 in die Erste Bundesliga aufstieg und sich auf dem Rathausbalkon ihren Fans präsentierte, grölte Franz, der aus Sachsen-Anhalt stammt, ein ums andere Mal aus Leibeskräften »Stuttgarter Arschlöcher« ins Mikrofon. Das war nicht sonderlich geistreich, kam bei den Fans auf dem Rathausplatz aber sehr gut an.

Vielleicht war Herrn Franz auch nur die Hitze zu Kopf gestiegen. Karlsruhe ist nämlich nicht nur die badischste, sondern auch eine der wärmsten Städte Deutschlands. Einen Höllentäler (so heißt ein Fallwind, der durchs Dreisamtal weht), der in Freiburg wenigstens für ein bisschen Abkühlung sorgt, gibt es hier nicht. Manchmal steht hier die Hitze tagelang, und kein Lüftchen regt sich. Wenn dann auch noch das verdunstete Wasser des nahen Rheins in die Stadt kriecht, hat man das Gefühl, im Dschungel zu sein. Aus diesem Grund mussten sich lange Zeit die Soldaten, die zum Kolonialeinsatz nach Afrika, Asien oder Südamerika geschickt wurden, hier akklimatisieren.

Das heißt natürlich, dass es im Sommer sehr viele sehr warme Nächte gibt. Erfreulicherweise gibt es auch sehr viele öffentliche Plätze, an denen man diese genießen kann. Die Stadt hat viele Cafés, Kneipen und Biergärten zu bieten, in denen man sehr entspannte und inspirierende Sommernächte verbringen kann. Angeblich hat Karlsruhe sogar die höchste Biergartendichte Deutschlands. Wer auch immer das durchgezählt hat. Klar ist es auch hier manchmal schwer, an den besonders schönen Plätzen einen Platz zu bekommen. Aber weil die Karlsruher so entspannt sind und ihre Stadt keine Touristenhochburg ist, artet das Ausgehen nie in Stress aus.

Am Ludwigsplatz in der Stadtmitte trifft sich die Schickeria, von manchen auch liebevoll *Schickerles* genannt. Hier bekommt man viel breiten badischen Dialekt zu hören. Neben der Orangerie und der Gemäldegalerie befinden sich die Gewächs- und Palmenhäuser des Botanischen Gartens. Der ganze Komplex erinnert in seiner Eleganz daran, dass Karlsruhe mal Residenzstadt war. In einem der Flügel sind die *Badischen Weinstuben* untergebracht. Im Sommer stehen die Tische und Stühle unter dem Eisengerüst des ehemaligen Wintergartens und laden zum Entspannen und Verweilen ein. Umrankt von Zitronen, Palmen und exotischen Blüten kann man sich dort wie ein König fühlen. Oder zumindest wie ein Großherzog.

Ein paar Hundert Meter weiter und durch ein Band aus blauen Fliesen mit dem Schloss verbunden, liegt die Staatliche Majolika Manufaktur. Diese Keramikwerkstatt, die Großherzog Friedrich I. errichten ließ, ist heute noch im Besitz des Landes. Im Gegensatz zur ebenfalls staatlichen Rothaus-Brauerei, die jährlich Millionen in die Landeskasse spült, ist die Majolika allerdings ein Zuschussgeschäft. Dafür hat die *Cantina Majolika* einen bezaubernden Garten, der gerne für Feierlichkeiten genutzt wird.

Mit gleich zwei gemütlichen Terrassen punktet das Prinz-Max-Palais. In der städtischen Gründerzeit-Villa befinden sich Ausstellungsräume und das elegant gestylte *Café Max*. Eine Terrasse gibt es unter dem beleuchteten Brunnen vorne, eine ruhigere im Innenhof hinten. Schwer zu sagen, welche gemütlicher ist.

Einladend sind auch die Lokale und Cafés am Werderplatz. Dominiert wird der längliche, an vier Seiten von Wohnhäusern umgebene Stadtplatz vom großen Gastgarten der Brauerei Wolf. Und wenn samstags auf dem Gutenbergplatz Markt ist, stellen die ansässigen Lokale Tische und Bänke raus. Dann frönen die Akademikerfamilien aus der Weststadt dem gutbürgerlichen Savoir-vivre. Entsprechend viel gibt es hier zu hören und zu sehen.

Spannend ist auch ein Vormittag bei der Fähranlegestelle am Rheinufer. Man wundert sich, wer hier zu früher Stunde schon alles ein Viertele schlotzt. Ganz gemächlich geht es hier zu, als hätte sich das Lebenstempo der Menschen dem der langsam dahingleitenden Riesenschiffe angepasst. Mittlerweile kann man sogar wieder im Rhein baden. Allerdings nur am Rand, in der Mitte ist die Strömung zu stark. Er ist eine der meistbefahrenen Flüsse der Welt. Und Karlsruhe einer der größten Umschlagplätze für Mineralöl in Europa. Das Rohöl wird in Pipelines aus Triest und Marseille herangepumpt und zu Butan, Benzin, Diesel und Heizöl raffiniert. Mehr als 1500 Tanklaster werden hier täglich befüllt.

»Das Schöne an Karlsruhe ist, dass die Stadt nichts von dir will.« Das sagt einer, der es wissen muss. Im Gegensatz zu Freiburg haben hier nicht alle das permanente Gefühl, etwas Besonderes zu sein. Die Karlsruher sind gesellig und wissen gutes Essen und einen guten Tropfen aus der Ortenau oder der benachbarten Pfalz zu schätzen. Frankreich ist so nah, dass sie regelmäßig zum Wandern und zum Einkaufen dorthin fahren. Sie leben und lassen leben. Ein Ostberliner, der mit seiner badischen Frau in Jena lebt, erklärte mir mal die Leute »von da unten«. Die seien wirklich ausgesprochen nett, würden gern reden und viel diskutieren, auch über die kontroversesten Themen. Am besten gefalle ihm aber, dass sie zuhören und andere Meinungen gelten lassen würden. Ein schöneres Kompliment kann man der badischen Liberalität kaum machen.

Wie in alten Zeiten

Bewegter Schwarzwald

Außer in der Religion, dem Dialekt und der Anzahl der Regentage unterscheiden sich der Nord- und der Südschwarzwald noch in der Bauweise ihrer Häuser. Im Südschwarzwald stehen zahlreiche riesige Eindachhöfe, während man im Nordschwarzwald viele Fachwerkhäuser findet. Sie können sie in Gernsbach, Bad Liebenzell, Furtwangen, Sasbachwalden, Oberkirch oder Gengenbach bestaunen. Gengenbach hat so viele Fachwerkhäuser, dass der Filmregisseur Tim Burton die Stadt sogar als Kulisse für einen Film verwendete. In *Charlie und die Schokoladenfabrik* gibt es eine kleine Szene, die hier gedreht wurde. Allerdings heißt die pittoreske Stadt im Film nicht Gengenbach, sondern Düsseldorf.

Typisch für den Norden sind auch Holzschindeln. Man baute sein Haus aus dem, was die Natur hergab: den Sockel aus Buntsandstein (in manchen Teilen des Nordschwarzwalds ist die natürliche Buntsandsteinschicht bis zu 400 Meter dick), darauf kam eine Holzkonstruktion, die mit Stein, Lehm und Ziegeln gefüllt wurde, und zur Isolierung wurden Schindeln an die Wände genagelt. Diese wurden aus hochwertigem, gleichmäßig gewachsenem Holz gefertigt, das keine Ast- oder Harzlöcher haben durfte. Wenn im Winter genug Zeit war, wurden die Schindeln in mühevoller Heimarbeit in Form geschnitten. So erhielt man eine kostengünstige und effektive Fassadenverkleidung. Höfen im Enztal ist ein ehemaliges Waldarbeiterdorf mit einer besonders hohen Schindelhausdichte.

Die Schindeln wurden in einer Schnitzbank geschnitten, die auch *Schnidesel* genannt wurde. Mithilfe eines Pedals wurde das Holz in den Schnidesel eingespannt und dann mit einem langen Ziehmesser bearbeitet. Aus einer ursprünglichen Nebenerwerbstätigkeit entwickelte sich im 19. Jahrhundert ein richtiger Handwerksberuf, der *Schnefler*. Der Schnefler stellte alles her, was im Haushalt gebraucht wurde: Rechen, Gabeln, Löffel, Teller, Schweins- und Rosshaarbürsten, Schuhe, Möbel, Wäscheklammern, Schachteln, Uhren, Geigen und Spielzeug. Noch heute übrigens wird in Japan das Holz der Schwarzwälder Tanne gern für die Herstellung von Totenbrettchen benutzt. Der Name des Toten wird mit schwarzer Farbe auf das Brettchen geschrieben. Dafür ist die Schwarzwälder Weißtanne ideal, weil sie weiß ist, nicht harzt und so gut wie keine Äste hat.

Anderes Kleingewerbe waren Löffelschmiede, Hinterglasmaler, Strohflechter und diverse Waldberufe. Köhler produzierten Holzkohle, Harzer stellten durch die Destillation von Harz Terpentin und Kolophonium her, und Aschenbrenner produzierten Pottasche für die Glasbläser.

All diese Berufe wurden obsolet, als die maschinelle Produktion aufkam und die ersten Kunststoffe entwickelt wurden. Die Schwarzwälder verarmten wieder. Die Urgroßmutter eines Freundes verdiente sich mit einem Bauchladen etwas dazu. Zu Beginn des 20. Jahrhunderts zog sie von Tür zu Tür und verkaufte Waren des täglichen Bedarfs. War sie krank oder schwanger, übernahm ihr Mann das Geschäft, der zeit seines Lebens ein zurückhaltender und wortkarger Geselle war. Ein typischer Schwarzwälder eben. Wobei er sich bestimmt nicht als solchen wahrgenommen hat, sondern immer nur *als ganz normalen* Schwarzwälder. Wenn er sich den Bauchladen umschnallte und von Haus zu Haus zog, kaufte ihm niemand etwas ab. Denn jedes Mal, wenn jemand die Tür aufmachte, sagte der Urgroßvater nur: »Sie wärre wohl nix bruuche.«

Der Nordschwarzwald war einst sehr wohlhabend. Freudenstadt, das sich die »Hauptstadt des schwäbischen Schwarzwalds« nennt, war durch den Bergbau zu Reichtum gelangt. Die Stadt war 1599 von Herzog Friedrich I. von Württemberg als Bergmannsiedlung gegründet worden. Heute wirbt Freudenstadt mit dem größten Marktplatz Deutschlands. Der ist mit seinen 219 mal 216 Metern so groß, dass man ihn gar nicht als solchen erkennt, wenn man ihn betritt. Das mag daran liegen, dass er ursprünglich gar nicht als Markt-, sondern als Schlossplatz geplant war. Als Herzog Friedrich I. starb, legte sein Nachfolger die Pläne für das Schloss angesichts der klaffenden Haushaltslöcher ad acta.

Gerber, Färber und Tuchmacher waren es, die das pittoreske Städtchen Calw wohlhabend machten. Im 18. Jahrhundert produzierte die Calwer Tuchfabrik mit Hunderten von Angestellten Decken, Tuche und Stoffe, die im ganzen europäischen Ausland verkauft wurden. Damals befand sich der Nordschwarzwald fest in württembergischer Hand. Nachdem die *Calwer Compagnie* das Salzmonopol für Württemberg erworben hatte, entwickelte sich die Stadt an der Nagold zur wirtschaftlich bedeutendsten Stadt des Herzogtums Württemberg.

Kein Glück währt ewig. Das Salzmonopol ist längst aufgehoben, und Stoffe werden in Fernost längst wesentlich preiswerter gewoben.

Mit den Fabriken gingen die Arbeitskräfte und mit ihnen ihre Familien. Mangels Arbeit kam aber auch niemand mehr her. Calw stand vor der Frage, die sich allen kleineren und größeren Städten stellt, deren Industrie abgewandert oder ausgestorben ist: Was tun mit der Innenstadt? Einst prägten die Fabrikgebäude und Büros der *Calwer Tuchfabrik*, die am Flüsschen Nagold standen, das Stadtbild. Heute wird alles von einem wuchtigen Einkaufszentrum mit angeschlossenem Parkhaus überragt. Dieses

Gebäude ist alles andere als eine Augenweide und hat das Stadtbild auf immer verschandelt. Es tut weh zu sehen, was sich Deutschlands Kleinstädte in den letzten Jahrzehnten mit ihren Innenstadtsanierungen angetan haben. Für eine Sanierung mangelt es manchmal an Geld, manchmal an Geschmack, oft an beidem zusammen. Was zu uneinheitlichen Konzepten führt. Das eine Haus wird modernisiert, das nächste abgerissen und das übernächste durch ein Parkhaus ersetzt. Und nun müssen die Menschen mit Stückwerk und lieblosen Beton-Ungeheuern leben, die auf Pragmatik und maximale Verkaufsfläche ausgerichtet und an Hässlichkeit nicht zu überbieten sind.

Eine Augenweide und unbedingte Empfehlung ist auf jeden Fall das Fahrzeugmuseum im vierzig Kilometer entfernten Marxzell im Albtal, eines der ungewöhnlichsten Museen des Schwarzwalds, vielleicht sogar Deutschlands: Es ist eines der größten privaten Technikmuseen in Deutschland. Und eine 3600 Quadratmeter große Mischung aus Rumpelkammer und vollgestopftem Flohmarkt. Präsentiert werden Hunderte Autos, Traktoren, Hubschrauber, Mopeds, Pritschenwagen sowie Tausende Emailleschilder, Schlitten, Spielzeuge, Wanduhren, ausgestopfte Tiere und was die Familie Reichert sonst in über fünfzig Jahren gesammelt hat. Ein Pflichttermin für Kinder und die Kinder in Männern und Frauen.

Heilquellen

In Bad Bellingen im Markgräflerland weiß man erst seit Mitte des letzten Jahrhunderts, dass man heiße Quellen hat. Sie wurden zufällig bei Erdölbohrungen entdeckt.

Die meisten Heilbäder findet man im Mittel- und im Nordschwarzwald. Das Wasser in Peterstal im Renchtal »hilft gegen alle nur erdenklichen Beschwerden«, befand der Bischof von Speyer im Jahr 1579. Und vom Wasser Baden-Badens hat schon Paracelsus geschwärmt. Es sei vollkommener denn alles andere, schrieb er 1562 in sein berühmtes Bäderbüchlein. Drunter macht man es in Baden-Baden auch nicht. Zwölf verschiedene natriumchloridhaltige Quellen drücken täglich 800 000 Liter Wasser an die Erdoberfläche. Es ist das mineralienreichste Wasser Baden-Württembergs und soll bei Rheuma, Arthritis, Arthrose, Kreislaufstörungen, Frauenleiden bis zu Erkrankungen des Nervensystems und der Atemwege helfen. (Apropos Frauenleiden: »Die het sei Sach«, sagte der Opa eines Freundes, wenn seine Frau ihre Tage hatte.)

Der römische Kaiser Caracalla ließ hier Bäder bauen, in denen sich seine Soldaten von den Kriegen erholen konnten, die sie im Norden führten. Goethe war auch da, aber letztlich hat er Marienbad vorgezogen. Dabei ist Baden-Baden auf sieben Hügeln gebaut, genau wie das vom Meister so geliebte Rom. Und wie dort blühen auch hier die Freilandzitronen und -orangen. Oben am Florentinerberg wachsen sie, der unterirdischen Wärme wegen.

Wenn Sie stilgerecht entspannen und Ihren Körper verwöhnen wollen, sind Sie im Friedrichsbad genau richtig. Dieses irisch-römische Dampfbad im Neorenaissancestil ist ein wahrer Badetempel. Man schwimmt unter einer fünfzehn Meter hohen Kuppel, die Ruheräume zieren hundert Jahre alte Kacheln aus der Majolika Manufaktur in Karlsruhe. In sieben verschiedenen Heißluft-, Thermaldampf-, Sprudel- und Bewegungsbädern, mit Seifenbürstenmassagen, einem Cremeservice und einem wunderschönen Ruhebereich lässt sich's fürstlich entspannen. Das ist kein ganz billiges Vergnügen. Dafür sind Seife, Badetücher und -schuhe im Preis inbegriffen. Auch Badehose und -anzug können Sie zu Hause lassen, hier bewegt man sich nackt. Kinder unter 14 Jahren ist der Zutritt nicht gestattet. Wer seine Kleinen nicht draußen warten lassen will, weicht in die moderne Caracalla-Therme gleich nebenan aus. Die ist zwar nicht ganz so elegant, bietet aber tausend Quadratmeter Badefläche. Sie hat den Japanern so gut gefallen, dass die sie in Tokio originalgetreu nachgebaut haben.

Viele Bäder wurden eröffnet, als es dem westdeutschen Gesundheitswesen noch blendend ging. Die Siebentäler-Therme in Bad Herrenalb, die Paracelsus-Therme in Bad Liebenzell, die Mineraltherme in Bad Teinach oder die Vital-Therme in Bad Wildbad stammen aus der zweiten Hälfte des letzten Jahrhunderts. Der Eintritt ist günstiger als in Baden-Baden. Aber sie wirken alle ein wenig zu groß, ein wenig zu eckig und ein wenig überdimensioniert. Auch wenn die Panoramasauna in Bad Wildbad eindrucksvolle Blicke ins Tal zulässt – Sichtbeton und riesige Glasfronten sind einfach nicht die geeigneten Materialien, um Patina anzusetzen. Sie werden auf ganz profane Art alt und immer auch ein bisschen hässlich. Für den Zahn der Zeit waren diese Häuser kein mehrgängiges Menü, sondern nur Fast Food, mit dem er sich nicht lange aufgehalten hat.

»Schuld daran, dass hier so einiges in die Jahre gekommen ist, ist die Gesundheitsreform«, erklärte mir ein Bad Wildbader Kioskbesitzer, »die Krankenkassen bewilligen immer weniger Kuren!«

In einer Region, in der der Tourismus eine der Hauptsäulen der Wirtschaft ist, haben die Gesundheitsreformen zwischen 1989 und 2004 große Flurschäden hinterlassen. Sprich, einen massiven Besucherrückgang. Bad Wildbad beispielsweise hatte 1981 über 640 000 Übernachtungen. 2010 waren es nur noch 163 000. Über 900 Gasthäuser mussten nach der ersten Reform schließen.

Und doch oder gerade deshalb hat sich auch einiges getan in den letzten Jahren. Der Schwarzwald ist ein weiteres Mal erschlossen worden. So gibt es jetzt allerorts Hochseilklettergärten, in denen man zwischen Bäumen herumklettern kann. Ein paar Schippen draufgelegt hat Bad Wildbad. Außer 235 Kilometern Wander- und 800 Kilometern Mountainbikewegen gibt es zahlreiche andere Möglichkeiten, die Natur zu erleben. Von der Innenstadt führt seit hundert Jahren eine Standseilbahn auf den Sommerberg, wo der 1250 Meter lange Baumwipfelpfad beginnt. Er ist bei Kindern und Familien sehr beliebt, weil es dort viele Stationen gibt, an denen man klettern, balancieren und über den Abgrund laufen kann.

Baumwipfelpfade sind in den letzten Jahren im wahrsten Sinne des Wortes aus dem Boden geschossen. Der in Bad Wildbad endet an einem zylindrischen Baumturm, von dessen Spitze man auf den Wald herabschauen kann, einmalig spektakulär. Hoch muss man laufen, runter kann man rutschen. Zudem gibt es ganz in der Nähe eine Hängebrücke, die sich 380 Meter lang in 60 Meter Höhe über das Enztal spannt. (Wer nicht schwindelfrei ist, kann so lange den Bad Wildbader Märchenpfad besichtigen.)

Wer danach immer noch nicht genug Adrenalin in seine Venen gepumpt hat, kann das nahe Enzklösterle besuchen, wo eine 1500 Meter lange Riesenrutschbahn steht. Oder das Kinzigtal, wo die Hirschgrund Zipline Area einen Parcours mit sieben Zipline-Bahnen bietet, die über Täler, Hügel und Bäche führen. Die Gründlebahn ist mit 570 Metern Länge und 83 Metern Höhe die längste Natur-Zipline Deutschlands. Bedingung: Man muss neun Jahre oder älter sein. Und sich rechtzeitig angemeldet haben. Die Spots sind oft Wochen im Voraus ausgebucht.

Geheimnisvolle Quellen

In Eichen bei Schopfheim im Südschwarzwald, kurz vor der Schweizer Grenze, gibt es einen See, den es gar nicht gibt. Und den es gibt. Und den es nicht gibt. Und den es wieder gibt … Aber eben nicht immer. Der Eichener See, der keinen oberirdischen Flusszulauf hat, ist manchmal jahrelang vom Erdboden verschwunden. Und dann taucht er plötzlich wie von Zauberhand wieder auf. Der Muschelkalk unter dem See ist von zahlreichen Hohlräumen durchzogen. Wasser, das in diese Karstwanne läuft, kann nicht nach unten abfließen, sondern drückt nach oben. Das passiert meist im Winter oder Frühjahr, wenn es viel regnet und die Schneeschmelze einsetzt. Mal ist der Eiemer See, wie die

Einheimischen ihn nennen, nur ein kleiner Tümpel, mal ein richtiger See in der Größe mehrerer Fußballfelder. Manchmal ist er schon nach ein paar Tagen wieder verschwunden, manchmal erst nach Monaten.

So ein zauberhafter See ist mythisch natürlich stark aufgeladen. Schließlich konnten sich die Menschen, die hier lebten, lange Zeit nicht erklären, wie der Eiemer See zustande kommt. Erdmännchen seien für Zu- und Abfluss verantwortlich, vermuteten manche, andere sahen böse Kräfte am Werk. Tatsächlich berichten alte Chroniken von mehreren Unglücken, die sich hier seit dem 18. Jahrhundert zugetragen haben. Mal seien vier Menschen auf einen Schlag im Eichener See ertrunken, mal einer allein, dann wieder drei. Und eine alte Sage erzählt von einem ertrunkenen Brautpaar, dessen Boot der Nebenbuhler des Bräutigams angesägt haben soll.

Ebenso geheimnisvoll wie der See sind die Feenkrebse, seltene Kiemenfußkrebse, die nur dann zum Leben erweckt werden, wenn der See vollläuft. *Tanymastix lacunae* ist ein wenige Millimeter großes Urzeittierchen, das es nirgendwo sonst in Deutschland gibt. Wenn der See vollläuft, erweckt er die Eier der Feenkrebse, die von den Weibchen ins Wasser gelegt worden und am Ufer festgeklebt sind, zum Leben.

Andere Quellen

Die bedeutendste Quelle des Schwarzwalds ist gerade mal tief genug, um die Füße darin zu kühlen. Bei Furtwangen entspringt die Breg, einer der beiden Zuflüsse der Donau. Nach den Regeln der Geografie gilt der mündungsfernste und längste Zufluss als Quellfluss. Das ist die Breg mit ihren 48 Kilometern.

In Donaueschingen, wo sie mit der Brigach, die bei St. Georgen entspringt, zusammentrifft, will man davon nichts wissen. Seit Kaiser Maximilian 1516 die Stadt als Donaustadt weihte, ist man der felsenfesten Überzeugung, der 2888 Kilometer lange europäische Schicksalsfluss entspringe im hiesigen Schlosspark. Zur Untermauerung hat man Ende des 19. Jahrhunderts einen kreisrunden Brunnen um die dort befindliche Karstaufstoßquelle bauen lassen. Hier treten ein paar Hundert Liter Wasser pro Sekunde aus dem Karst der Schwäbischen Alb an die Oberfläche und fließen dann als Donaubach in die Breg. Der imposante Brunnen ist wahrlich schön anzusehen, sodass wir den Donaueschingern gerne ihren Glauben lassen und den Lehrsatz »Brigach und Breg bringen die Donau zuweg« erst wieder laut aussprechen, wenn wir die Stadt verlassen haben.

Zerstörerische Quellen

Weil es thematisch so gut passt, springen wir in den tiefsten Süden, ins liebliche Markgräflerland. An dessen Rand liegt Staufen, ein beschauliches, kleines Städtchen, in dem es sich sehr gut leben lässt. Staufen ist wie Freiburg, nur im Kleinformat. In seinem Rücken hat es den Schlossberg und die Ausläufer der Schwarzwaldhügel, vor sich die sonnenbeschienene Weinlandschaft des Markgräflerlands. Auch hier ist alles Alte aufs Lieblichste erhalten. Im kleinen Hinterstädtle, das 770 erstmals erwähnt wurde, gibt es verwinkelte Häuschen, schattige Innenhöfe und sanft plätschernde Sandsteinbrunnen. Der historische Altstadtkern ist mit Kopfstein gepflastert, alte Gasthäuser und Cafés laden zum Verweilen ein, das Wasser, das durch die Bächle fließt, stammt aus dem Neumagen. Das Flüsslein überquert man über eine niedliche, Deutschlands einzige noch erhaltene Gussstahlbrücke. Kurz, Staufen ist wunderschön.

Aber das Bild trägt Risse, im wahrsten Sinne des Wortes. Viele Häuser in der Altstadt sind von langen, mehrere Zentimeter breiten Rissen durchzogen. Wenn Sie durch die Stadt spazieren, können Sie sie überall sehen. Das sieht gespenstisch aus, als wäre die Stadt kürzlich bombardiert worden. Oder als hätte die Erde gebebt. Etwas Ähnliches ist auch passiert. Tatsächlich bewegt sich die Erde unter Staufens Innenstadt und lässt die Häuser brechen.

Vielleicht hat es was zu bedeuten, dass dieses Unglück ausgerechnet in der Stadt passiert, in der Doktor Faust seinen Pakt mit dem Teufel schloss. Die Staufer haben sich den Ärger nämlich selbst eingebrockt. Sie waren, um Goethes *Faust* ein wenig abzuwandeln, Teil von jener Kraft, die stets das Gute will und stets das Böse schafft. Als vor ein paar Jahren das Rathaus grundsaniert werden musste, beschlossen die Staufer, eine Geothermieheizung einzubauen. Diese sollte im Winter heizen und im Sommer kühlen. Eine ökologisch und ökonomisch tolle Sache, glaubten sie. Über hundert Meter tief wurde gebohrt. Sieben Erdwärmesonden wurden gebaut. 2007 wurde die Anlage eingeweiht, und alle waren glücklich und zufrieden. Wenige Wochen später begann der Ärger. Unbemerkt drang Wasser in höhere Gipskeuper-Schichten. Diese unterirdischen Quellungen hoben langsam den Boden an. Teilweise stieg die Erde um einen Zentimeter pro Jahr.

Solchen Kräften ist kein Haus der Welt gewachsen. Mittlerweile sind über 260 Häuser betroffen. Die handbreiten Risse sind nicht zu übersehen. An vielen Fassaden reichen sie vom Boden bis unter den First. Manche Gebäude mussten sogar schon abgerissen werden. Bei anderen liegen die Risse offen da, bei den nächsten sind sie zugekittet oder mit langen, roten Bändern zugeklebt. Zuerst fragt man sich, was diese pflasterartigen Streifen wohl bewirken sollen. Tritt man näher, erkennt man, dass das Hilfsbotschaften sind, die zu Spenden aufrufen, um die Stadt vor dem Einsturz zu retten: *Staufen darf nicht zerbrechen.*

Dank schadensbegrenzender Maßnahmen hat man die Hebung zuletzt um die Hälfte senken können. Staufen wird noch sehr, sehr lange mit seinen Rissen zu kämpfen haben. So traurig es klingt: Wäre die Stadt nicht sowieso schon eine Reise wert, sollte man sie allein wegen der Risse aufsuchen. In der Zerstörung liegt ja immer auch ein gewisser ästhetischer Reiz.

Waffen aus dem Schwarzwald

So friedlich und friedliebend sich der Schwarzwald auch zeigen mag – es gibt da einen Ort im Nordschwarzwald, in dem seit über 200 Jahren Schusswaffen hergestellt werden. Der König des erst wenige Jahre alten Königreichs Württemberg ordnete 1811 die Errichtung einer zentralen Waffenfabrik an. Die Wahl fiel auf ein ehemaliges Augustinerkloster in Oberndorf, das seit der Säkularisierung als Kaserne genutzt worden war. Fortan wurden in dieser nordöstlichsten Ecke des Schwarzwalds Gewehre, Karabiner, Bajonette, Säbel und andere Waffen hergestellt. 1874 wurde die Fabrik an die Brüder Mauser verkauft, die neuartige Gewehre mit Selbstspannung und Flügelsicherung entwickelt hatten, später kamen Röhrenmagazine und mit dem M98 das meistproduzierte Waffenverschlusssystem der Welt hinzu. Kunden aus dem In- und Ausland reisten in den Schwarzwald, um sich mit Waffen einzudecken. Oberndorf errichtete extra ein Gästehaus im osmanischen Stil, damit sich die türkischen Kunden wohlfühlten. Der Türkenbau fiel den Bomben des Zweiten Weltkriegs zum Opfer. Der Schwedenbau, der für die skandinavischen Einkäufer gebaut worden war, beherbergt heute das Heimat- und Waffenmuseum.

Während des Ersten Weltkriegs boomte das Geschäft, um nach seinem Ende erst mal zu versiegen. Laut Versailler Vertrag durfte Deutschland keine Waffen mehr herstellen. Wer weiß, welchen Verlauf die Weltgeschichte genommen hätte, wäre dieses Verbot aufrechterhalten worden. Aber schon wenige Jahre später wurde wieder produziert. Zuerst heimlich, dann ganz offiziell.

Als die Nationalsozialisten an die Macht kamen, erlebte die Schwarzwälder Waffenproduktion ihre absolute Blütezeit. Während des Zweiten Weltkriegs verließen über 800 000 Karabiner pro Jahr die Werkshallen. Nach dem Krieg wurden wieder Nähmaschinen-, Fahrrad-, Haushalts- und Büromaschinenteile hergestellt. Aber auch dieser Produktionsstopp wurde aufgehoben.

Dafür sorgten die drei großen K des deutschen Wiederaufbaus: Koreakrise und Kalter Krieg.

Heute werden in mehreren Firmen »Handfeuerwaffen von Weltruf« produziert. Mehr als tausend Menschen sind in der Oberndorfer Waffenproduktion tätig. Heckler & Koch hat Tochterfirmen in England, Frankreich und den USA. Der Bundesgrenzschutz und die GSG9 schießen mit Waffen von Heckler & Koch. Auf der ganzen Welt sind Polizisten und Soldaten, Sicherheitskräfte und Wachfirmen, Milizen und Gangster mit Waffen aus dem Schwarzwald ausgerüstet. Allein das G3 wurde mehr als sieben Millionen Mal gebaut. Die MP5 prangte im Logo der Roten Armee Fraktion. Das G36 tauchte in den Bürgerkriegen in Libyen und Georgien auf. In den USA, wo der zivile Markt immer wichtiger wird, bekommt man eine halb automatische H&K für knapp tausend Dollar.

Andere ortsansässige Waffenunternehmen sind der Sportwaffenhersteller Feinwerkbau, ehemals Westinger & Altenburger, und der Mauser-Nachfolger Rheinmetall. In deren Werk in Neuenburg bei Müllheim im Markgräflerland gab es mal eine Werksführung für den Gemeinderat und die Mitglieder der freiwilligen Feuerwehr. Wie es hieß, konnte man sich über die Produktpalette des Werks informieren und pyrotechnische Produkte selbst testen. Besonderes Gehör fand bei Bürgermeister Schuster das Versprechen, dass Rheinmetall der Stadt Neuenburg am Rhein und ihren Bürgern auch beim nächsten Nepomukfest wieder das traditionelle Musikfeuerwerk darbieten wird.

Viele Oberndorfer leben direkt oder indirekt von der Waffenproduktion. Entsprechend stehen sie zu ihren Unternehmen. Für sie sind Waffen vor allem dazu da, Verbrechen zu verhindern. Sie dürfen bloß nicht in falsche Hände geraten. Außerdem werde in der Diskussion immer ausgeblendet, dass mit Oberndorfer Sportwaffen schon zahlreiche olympische Medaillen für Deutschland geholt wurden.

Zuletzt geriet der Waffenproduzent Heckler & Koch in die Schlagzeilen, weil er wegen illegaler Lieferungen von Sturmgewehren in Krisenregionen Mexikos mindestens drei Millionen Euro an die Staatskasse zahlen musste. Und weil er gegen die Entscheidung der Bundeswehr, dass ein Konkurrent aus Thüringen 120 000 neue Sturmgewehre liefern soll, vor Gericht zog. Mit Erfolg, Heckler & Koch wird wohl der Hauslieferant der Bundeswehr bleiben.

Der Tod im Nordschwarzwald

Nicht weit von Calw entfernt, im friedlichen und lieblichen Rombachtal, ist es kurz vor dem offiziellen Ende des Zweiten Weltkriegs zu einem schrecklichen Verbrechen gekommen, das bis heute nicht aufgeklärt ist. Als um das ferne Berlin noch gekämpft wurde und die bedingungslose Kapitulation noch nicht unterzeichnet war, war der Krieg im Schwarzwald schon vorbei. Da wurde im Rombachtal bei Enzklösterle im Nordschwarzwald eine zehnköpfige Familie ausgerottet. Die fünf Erwachsenen und fünf Kinder, deren Leichen am 25. April 1945 entdeckt wurden, waren Angehörige des Revierförsters Max Schultheiß, der wenige Tage zuvor in französische Gefangenschaft gekommen war.

Man weiß bis heute nicht, wer die Tat begangen hat. Manche vermuten, hier hätten sich Spannungen aus dem Dorf entladen. Andere meinten, dass es die polnischen, dem Förster zugeteilten Zwangsarbeiter waren. Schultheiß, der sehr gewalttätig und aggressiv war, ließ sie hart schuften und gab ihnen nur Kartoffelschalen zu essen. Oder waren marokkanische Soldaten, die auf der Seite Frankreichs kämpften, die Mörder? Nach dem Zweiten Weltkrieg befand sich der größte Teil des Schwarzwalds in der französischen Besatzungszone. Die Marokkaner und Algerier bekamen nur sehr wenig oder gar keinen Sold, durften aber zwei Tage lang in besetzten Gebieten plündern, ehe diese von der französischen Armee offiziell eingenommen wurden. Sie zogen brandschatzend durch die Gegend und verbreiteten Angst und Schrecken. Vielen Schwarzwäldern muss das Herz in die Hose gerutscht sein, als sie den ersten Schwarzen ihres Lebens begegneten. Es gibt absurde Fotos, auf denen marokkanische Soldaten Kittelschürzen, Schlafhauben, Jägerhüte und andere Kleider, die sie erbeutet hatten, tragen.

Neben Wertgegenständen waren sie immer auch auf der Suche nach Nahrungsmitteln. Als Muslime waren sie nur an Schafen, Ziegen und Hühnern interessiert. Wenn sich nun Marokkaner einem Hof näherten, wurden die Kinder mit dem Vieh in den Wald geschickt und mussten dafür sorgen, dass kein Tier schrie oder blökte. »Wie beruhigt man denn eine Ziege?«, fragte ich einen alten Bauern, der mir davon erzählte. »Genauso wie en Mensche«, antwortete der, »streichle un beruhige un mit ihne schwätze. Un vorher guet füttere.«

Da saßen die Kinder also im Wald, streichelten ihre Schafe und Ziegen und hofften, dass keine einen Mucks tat, wenn die Fremden anrückten. Wenn die marokkanischen Soldaten nur noch dreißig, vierzig Meter entfernt waren, blieben sie meist stehen, warteten noch ein bisschen und machten wieder kehrt. Der Schwarzwald war ihnen einfach zu unheimlich. So dichten Baumbestand gab es in ihrer Heimat nicht. Außerdem trieben sich in den Wäldern versprengte Partisanen und deutsche Soldaten herum, die sich von ihrer Truppe abgesetzt hatten und immer noch bewaffnet waren.

Auch zu Vergewaltigungen kam es. Darüber wurde aber nie gesprochen. Frauen und Mädchen malten sich die Gesichter und Haare mit Kohle an, um verschont zu werden. Vielleicht wollten also marokkanische Soldaten, die zu dieser Zeit nachweislich in der Gegend von Enzklösterle unterwegs waren, den abgelegenen Rombachhof plündern und sich an den Frauen vergehen. Diese könnten Widerstand geleistet haben, sodass die Situation eskalierte und es zu dem schrecklichen Gemetzel kam. Man weiß es nicht. Die französischen Besatzer, die den Fall damals kriminaltechnisch untersuchten, haben die Untersuchungsakten angeblich für 99 Jahre gesperrt.

Nur einer hat das Blutbad überlebt. Fritz, der Sohn des Försters, der damals sieben Jahre alt war, hatte sich unter seiner Bettdecke verkrochen. Dort fand man den völlig verstörten Jungen am nächsten Morgen. Die Toten wurden auf dem Mittelenztaler Friedhof beigesetzt. Fritz wuchs bei seiner Tante auf, und als er volljährig war, wanderte er nach Amerika aus.

Zurück zur Natur

Der Nationalpark Nordschwarzwald

In Baden-Württemberg gibt es Naturparks und Naturwaldreservate, Biosphärenreservate und Flächennaturdenkmäler, Bannwälder und Schonwälder, Naturschutz-, Vogelschutz-, Wasserschutz- und Landschaftsschutzgebiete. Seit 2017 ist der Schwarzwald sogar offizielles UNESCO-Biosphärengebiet.

Außerdem gibt es einen Nationalpark. Baden-Württemberg war lange eines der wenigen Bundesländer (neben Rheinland-Pfalz), das keinen hatte. 2013 wurde der Gesetzentwurf von der grün-roten Landesregierung verabschiedet, am 1. Januar 2014 der Nationalpark Schwarzwald gegründet. Er befindet sich im Nordschwarzwald, zwischen Freudenstadt und Baden-Baden, und umfasst rund 10 000 Hektar. Das sind immerhin 0,7 Prozent der baden-württembergischen Waldfläche, auf denen so gut wie nicht mehr eingegriffen wird. *Eine Spur wilder* lautet der Slogan. Fällt ein Baum, bleibt er liegen und verrottet, ehe er zum Humus für neues Leben wird. Im Nationalpark gibt es Wälder und Moore, Seen und Grinden. Letztere sind Weideflächen in Hochlagen, auf denen im Sommer wildpferdähnliche Koniks grasen. Im Herbst und Winter halten die Tiere die Wilden Weiden bei Taubergießen flach.

Im Nationalpark ist es lieblich und schön und ein paar Hundert Meter weiter düster und wild. Er ist Lebensraum für seltene Pflanzen und Tiere wie Weißtannen, Farne und Moose, Gartenschläfer, Dreizehenspechte und Kreuzottern. Letztere können ihre Giftzähne einklappen und dann ohne Gift beißen. So was lernt man auf einem der Wander- und Wildnispfade, die den Nationalpark durchziehen. Denn der schönste Urwald nützt ja nichts, wenn man nicht reingehen darf.

Etwa 400 Kilometer Wege sind für Wanderer, Reiter, Radfahrer und Langläufer freigegeben. Die darf man nicht verlassen, wenn man im Nationalpark unterwegs ist. Seit Mai 2021 gibt es ein neues Besucherzentrum. Auf 900 Meter Höhe fügen sich das topmoderne Gebäude und der angeschlossene Skywalk ganz harmonisch in ihre Umgebung ein. Das Zentrum besteht aus mehreren kreuz und quer übereinanderliegenden Blöcken, die aussehen wie Holz, das zum Abtransport am Wegesrand gelagert wird. Im Innern ist es hell und licht, es wurde viel Glas und einheimische Weißtanne verbaut. Neben einer Dauerausstellung gibt es ein Kino, ein Restaurant, einen Shop und auch einen Raum der Stille, in dem man der Ruhe der Natur nachspüren kann.

Das neue Besucherzentrum befindet sich am Ruhestein. Das ist eine Passhöhe zwischen dem Murg- und dem Achertal, die im südlichen Teil des Nationalparks liegt. Denn eine Besonderheit ist, dass der Nationalpark Schwarzwald aus zwei getrennten Gebieten besteht. Eine Spur ungewöhnlicher. Der kleinere Teil am Hohen Ochsenkopf ist rund drei Kilometer vom größeren Teil am Ruhestein entfernt. Der bewaldete Streifen zwischen den beiden Teilen gehört einer privaten Waldgenossenschaft und sieben Gemeinden, die sich dem Nationalpark nicht anschließen wollten.

Den Nationalpark fanden und finden nämlich nicht alle gut. Pläne lagen schon lange in den Schubladen. Die Umsetzung wurde aber immer wieder verschoben. Gutachten wurden geschrieben, mögliches Terrain erkundet, mit Tourismusverbänden und Anwohnern gesprochen. Und weil die grün-rote Landesregierung, die damals seit Kurzem an der Macht war, es anders machen wollte als ihre Vorgänger, die wichtige Entscheidungen gern mal im Alleingang durchgezogen haben, wurden die Bürger von Anfang an in den Prozess einbezogen. Die Auseinandersetzung artete teilweise in eine Art Bürgerkrieg aus.

Viele Holzbauern, Gastwirte, Kommunen und Gemeinden vor Ort waren dagegen. Dafür waren vor allem die Landesregierung und Menschen, die es nicht direkt betraf, weil sie in einer anderen Ecke des Schwarzwalds wohnten. Die Holzindustrie, die dort kein Holz mehr schlagen darf (nach einer Übergangsfrist von dreißig Jahren), fürchtete um ihre Arbeitsplätze, und die Gastronomie, dass sich der Borkenkäfer breitmachen, die Wälder kahl fressen und den Touristen den einzigen Grund nehmen würde, herzukommen. »Die Regierung will unseren wunderschönen Wald verrecken lassen!«, sagen sie und publizieren Fotos von kahlen Hügeln aus dem Nationalpark Bayerischer Wald. Sie verschweigen aber, dass dieser Park, den es seit 1970 gibt und der am Anfang genauso umkämpft war, heute ein Touristenmagnet ist.

Bis jetzt wird der Nationalpark Schwarzwald sehr gut angenommen. Allein in der Zeit vom April bis Juni 2020 kamen rund 100 000 Gäste mehr als im Vorjahr; das ist ein Plus von fünfzig Prozent! Okay, das lag natürlich auch an Corona und daran, dass man nicht ins Ausland reisen durfte.

Förster, Jäger und Waldpächter betrachten diese Entwicklung mit gemischten Gefühlen. Immer mehr Menschen zieht es in die Wälder. Sie beklagen Geocaching und Mountainbiken abseits der ausgewiesenen Trails, wildes Baden sowie Wohnmobile und VW-Busse, die tagelang auf Wald- und Wanderparkplätzen stehen. Wegen frei laufender Hunde ziehen sich die Waldtiere immer wieder zurück. Was die Arbeit der Jäger, die den Wildbestand regeln müssen, enorm erschwert. Rehe zum Beispiel darf man – im Gegensatz zu Wildschweinen – nur tagsüber jagen. Da bekommt man sie wegen der vielen Menschen und Hunde aber kaum noch vor die Flinte.

Ein weiterer Trend, den die Naturpark-Ranger mit Sorge beobachten, sind Mikroabenteuer. Immer mehr – meist junge – Menschen ziehen in Schutzgebiete, um jenseits ihres Alltags etwas zu erleben. Ausgerüstet mit Schlafsack, Isomatte, Zelt oder Hängematte bleiben sie über Nacht oder gleich ein ganzes Wochenende, zünden Lagerfeuer an und füllen ihre Social-Media-Kanäle mit schönen Fotos, die dann Nachahmer und Follower auf den Plan rufen.

Es ist wie immer und überall: Der Einzelne ist nicht das Problem, sondern die vielen, von denen jeder Einzelne denkt, *sell bin doch bloß ich*. Dieses Ich hat mit Sicherheit einen schönen Tag und eine aufregende Nacht, denn in einem Naturschutzgebiet zu übernachten ist schöner und aufregender als auf einem Campingplatz mit strengen Regeln und maulenden Nachbarn. Leider lässt dieses Ich oft verkohltes Holz, Müll und Fäkalien zurück. Man sollte nie pauschalisieren. So was tun nicht alle Mikroabenteurer! Aber die, die es tun, können ausreichen, um Tiere zu vertreiben: zum Beispiel Bodenbrüter wie den Bergpieper, der in Deutschland quasi nur noch am Feldberg nistet. Nicht nur den Mikroabenteurern sei die Lektüre des Buchs *How to Shit in the Woods* empfohlen.

In den letzten Jahren wurden im Schwarzwald diverse Trekkingcamps eingerichtet. Diese Camps liegen abseits von Ortschaften, sind nur zu Fuß zu erreichen, haben eine Feuerstelle und: ein kleines Klohäusle. Neun Camps gibt es insgesamt, drei im Landkreis Waldshut im Südschwarzwald und sechs zwischen Baden-Baden und Freudenstadt im Norden. Pro Camp dürfen maximal drei Zelte aufgebaut werden. Drei mal neun macht siebenundzwanzig. Man kann sich leicht ausrechnen, dass man sein Outdoorabenteuer frühzeitig planen sollte.

Der Nationalpark Schwarzwald hat nicht nur unter Menschen, sondern auch unter Tieren viele Fans. Er ist Lebensraum und Rückzugsort für Reh- und Rotwild, Baummarder und Fledermäuse. Und für das vom Aussterben bedrohte Auerhuhn. Ein Männchen ist sogar das heimliche Wappentier des Nationalparks. Wer kennt nicht die Bilder dieses schönen Tiers, wenn es mit stolz gerecktem Hals und aufgerichteten Schwanzfedern in die Welt hineinschreit? Sollte Ihnen im Nationalpark ein Männchen in dieser Haltung begegnen, ist allerdings Vorsicht geboten. Das ist nämlich seine Angriffshaltung. Es kommt immer wieder vor, dass Menschen von Auerhähnen attackiert werden.

Im gesamten Schwarzwald leben noch rund 300 Auerhühner, die meisten im Nationalpark. Ihre Population sinkt seit Jahren. Ein Grund ist, dass die Population ihrer natürlichen Fressfeinde wieder zunimmt. Füchse zum Beispiel, die vor dreißig, vierzig Jahren noch im großen Stil bejagt und von der Tollwut dahingerafft wurden, konnten durch gezielte Köderfütterung weitgehend immunisiert werden.

Auch Windräder haben Einfluss auf die Auerhahnpopulation. Finden Windradgegner. Windradgegner-Gegner bezweifeln das. Wenn Glaube gegen Glaube und Vermutung gegen Vermutung steht, tritt die Wissenschaft auf den Plan. Eine internationale Forschungsgruppe hat den Lebensraum von Auerhähnen in der Nähe von deutschen, österreichischen und schwedischen Windrädern untersucht. Zudem wurde Auerhuhnkot, der in der Nähe von Windrädern gefunden wurde, auf Abbauprodukte von Stresshormonen untersucht. Dabei wurde festgestellt, dass Auerhühner den Lebensraum in Windradnähe tatsächlich weniger nutzen als windradfreien. Ob das am Schatten, Lärm oder der Sichtbarkeit der Windanlagen liegt, konnte nicht abschließend geklärt werden. Was den Kot angeht: Es konnten keine erhöhten Stresshormonwerte festgestellt werden.

Ein anderes Forscherteam untersuchte 2019 übrigens die Wirkung des Nationalparks auf seine Gäste. Dafür wurden 15 Testpersonen mit Fragebögen, GPS-Geräten und Herzfrequenzgurten ausgestattet und in den Nationalpark geschickt. Ergebnis: Es ließ sich ein bedeutsamer Zusammenhang zwischen Wildnishaftigkeit und Erholung nachweisen. Drei Jahre zuvor kam eine Studie zu ähnlichen Ergebnissen. Nachdem 111 Freiwillige auf ihrem Rundweg durch den Nationalpark erst einen kultivierten Wald, dann einen Pfad mit Heidelbeervegetation, anschließend einen Bannwald mit Totholz und zuletzt eine offene Grinde passiert hatten, fühlten sie sich viel entspannter als vorher. Kein Scherz, diese Studien gab es tatsächlich.

Ein weiteres Tier, das im Nationalpark schon gesichtet wurde, ist der Wolf. Um dessen Wiederansiedlung wurde genauso erbittert gestritten wie um den Nationalpark. Viele Menschen haben Angst vor Wölfen. Weil sie geheimnisvoll und gefährlich sind. Weil sie in Märchen immer die *bad guys* mimen. Und weil sie andere Tiere töten, um sie zu fressen. Ihre Beute besteht zum allergrößten Teil aus Rehen, Wildschweinen und Kleinwild. Aber sie fressen auch Nutztiere, wenn sie eins erwischen. Kälber, Schafe, Ziegen. Jedes tote Tier ist eine Tragödie. Für jedes bekommt sein Besitzer eine Entschädigung. Aber nur, wenn der seine Herde mit einem hohen Elektrozaun geschützt hat. Die Anschaffung eines solchen Zauns wird genauso subventioniert wie die Haltung von zertifizierten Herdenhunden. Gut vorstellbar, dass die Wölfe nach und nach ihre natürliche Scheu vor Menschen und ihren Ansiedlungen verlieren und noch viel mehr Schaden anrichten werden. Füchse sind ja mittlerweile auch in vielen Innenstädten zu Hause.

Im Nordschwarzwald lebt nachweislich ein Wolf, die Spuren eines anderen wurden im Südschwarzwald gesichtet. Der im Süden trägt den etwas sperrigen Namen GW1129m. GW heißt »Genetik Wolf«, m steht für »männlich«, und die Nummer dazwischen hat ihm das Labor verpasst, das seine genetischen Spuren untersucht. Dazu kommen diverse Tiere, die überfahren oder erschossen wurden, zum Beispiel der »Schluchseewolf«, Täter unbekannt. In der Schweiz gibt es etwa zehn Rudel und in Niedersachsen sogar 35; es ist also nur eine Frage der Zeit, bis sich auch im Schwarzwald größere Rudel ansiedeln werden.

Koks und Kuhmist

Die Reichen, die Schönen und die Armen des Schwarzwalds

Stéphanie de Beauharnais war die Tochter eines französischen Offiziers, die nach dem Tod ihres Vaters von Kaiser Napoleon Bonaparte adoptiert wurde, um 1806, 16-jährig, mit dem badischen Erbprinzen Karl verheiratet zu werden.

Bonaparte war der größte Ehevermittler seiner Zeit. Die europäischen Herrscherhäuser band er mittels Eheschließungen an sich. Genutzt hat es ihm nichts. Nach der anfänglichen Verehrung haben sie sich irgendwann doch gegen ihn gestellt. Sogar die Südweststaaten, die ihm überhaupt erst ihre Existenz verdankten.

Stéphanie fühlte sich hier nie richtig wohl. Sie vermisste das höfische Leben in Paris. Am badischen Hofe ließ man sie spüren, dass sie nicht wohlgelitten war. Nicht mal ihr eigener Mann kümmerte sich um sie, sondern frönte weiter seinem Junggesellenleben. Sie brachte drei Töchter zur Welt, zwei Söhne verschieden schon bald nach der Geburt. Ihr Mann wurde Großherzog von Baden und starb wenige Jahre später an der Wassersucht. Danach führte Stéphanie 42 lange Jahre das pflichtbewusste Leben einer Witwe. Ein Schicksal, das sie mit vielen Frauen ihres Standes teilte, und Stéphanie wäre wahrscheinlich längst vergessen, wenn es 1828 nicht zu einem Vorfall gekommen wäre, in den sie indirekt verwickelt war und der die Gemüter bis heute beschäftigt.

In jenem Jahr wurde im fernen Nürnberg ein verwirrter junger Mann aufgegriffen, der nichts sagen konnte als: »Ich mecht a solchener Reiter wern, wie mei Vadder einer gwähn is.« Als man ihm einen Zettel hinschob, schrieb er einen Namen darauf: Kaspar Hauser. Der Jurist Anselm Feuerbach und der Gymnasialprofessor Georg Friedrich Daumer brachten ihm Lesen und Schreiben bei und führten allerlei psychologisch-pädagogische Experimente mit ihm durch, die sie regelmäßig in populärwissenschaftlichen Journalen veröffentlichten.

Wissenschaftler aus aller Welt waren an der Entwicklung des »Wolfskinds« interessiert. Die Regenten Europas und der kleine Mann auf der Straße interessierten sich für etwas anderes. War Kaspar Hauser tatsächlich der Sohn von Stéphanie de Beauharnais und Karl von Baden, den man im Säuglingsalter entführt und gegen ein totes Kind ausgetauscht hatte, wie die damalige Yellow Press spekulierte? Hauser hatte nämlich starke Ähnlichkeit mit den Abkömmlingen des badischen Herrscherhauses. Dass er angeblich in einem dunklen Verlies aufgewachsen war, wo man ihm jeden Tag Wasser und Brot gegeben und regelmäßig die Kleider gewechselt und die Fingernägel geschnitten hatte, beflügelte diese Theorie genauso wie die beiden Mordanschläge, die auf ihn verübt wurden. Den ersten überlebte er schwer verletzt, den zweiten dann nicht mehr. Ein Mann hatte ihn unter dem Vorwand in den Stadtgarten gelockt, ihm etwas über seine Herkunft verraten zu können. Kaspar ging mit und wurde niedergestochen. Drei Tage später, am 17. Dezember 1833, erlag er seinen Verletzungen und wurde in Ansbach begraben.

Das Großherzogtum Baden wollte nichts mit dem dahergelaufenen Bengel zu tun haben. Man sah in diesen Gerüchten nichts als eine gezielte politische Provokation. »Die Anhänger Bayerns haben die Geschichte von Kaspar Hauser erfunden«, sagte Markgraf Wilhelm, »um uns dadurch in der öffentlichen Meinung zu schaden.« Aber wie es sich mit Gerüchten eben verhält: Je heftiger sie dementiert werden, desto hartnäckiger halten sie sich.

Über Kaspar Hauser wurden Romane geschrieben, Stücke aufgeführt und Filme gedreht. In Ansbach gibt es sogar Kaspar-Hauser-Festspiele. Nur im Schwarzwald gedenkt man seiner nicht. Genanalytische Untersuchungen aus dem Jahr 2002, die das Rechtsmedizinische Institut Münster anhand von Gewebematerial vorgenommen hat, ergaben, dass Hausers Blut höchstwahrscheinlich nicht mit dem des Hauses Baden verwandt war. Vielleicht hat deshalb das Interesse an Kaspar Hauser in letzter Zeit ein wenig nachgelassen.

Heute sind die beiden einzigen nennenswerten Adeligen Maximilian von Baden, der mit seinem Sohn Bernhard in Salem am Bodensee lebt und Schloss Staufenberg in Durbach besitzt (kleiner Tipp: Von da hat man einen spektakulären Blick auf die Rheinebene und die Weinberge), sowie der Fürst von Fürstenberg. Beide sind in den letzten Jahren durch nicht immer positive Schlagzeilen aufgefallen.

Max von Baden wollte im großen Stil Handschriften verkaufen, die in der Badischen Landesbibliothek in Karlsruhe ausgestellt sind, und mit dem Erlös sein Schloss Salem am Bodensee renovieren. Aber manche Experten waren der Meinung, dass sich die Schriftstücke überhaupt nicht im privaten Besitz des Großherzogs befinden. Sie gehörten ursprünglich dem Großherzogtum, dessen Nachfolger das Land Baden und das Land Baden-Württemberg waren. Sie dienten nicht dem persönlichen Nutzen des Großherzogs, sondern dem des Großherzogtums, weswegen das Land die Personal- und Erhaltungskosten der Kunstsammlung und der Bibliothek bestritt. Das würde bedeuten, dass der Graf die Handschriften gar nicht veräußern darf. Dann kam heraus, dass das Land Kunstwerke kaufen wollte, die es kurz nach dem Zweiten Weltkrieg schon mal erworben hatte. Den Deal hatte Graf Douglas in die Wege geleitet. Der sitzt nicht nur im Aufsichtsrat der Zähringer Stiftung und hat als solcher über ebendiesen Verkauf zu entscheiden, sondern ist auch noch als Kunsthändler tätig und berät in dieser Funktion die Familie der von Baden (mit der er um ein paar Ecken auch noch verwandt ist). Kein Schelm, wer Schlechtes dabei denkt.

Heinrich wiederum, der Fürst von Fürstenberg, dem riesige Wälder gehören und der früher auch mal eine Brauerei besaß, wurde wegen Kokainmissbrauchs zu 135 000 Euro Strafe verurteilt. Seine Familie habe ein fürstlich fürstenbergisches Fröhlichkeits-Gen und schon immer gern gefeiert, erklärte er später in einem sehr offenen Interview. Es seien, sagte er, halt nur bestimmte Menschen, mit denen man rund um die Uhr feiern könne, alle anderen würden nachts schlafen. Aber er forderte die Leser und seine Untertanen auch eindringlich dazu auf, gar nicht erst mit Drogen anzufangen.

Im Schwarzwald hockten Arm und Reich schon immer dicht aufeinander: arme Bauern auf den Dörfern und Höfen, verarmte Adelige in den Schlössern, Millionäre in den Städten. In Baden-Baden leben die meisten Deutschlands. Im Alter kommen sie wegen des guten Klimas, der anspruchsvollen Pflegedienste und der exzellenten Privatköche.

Die meisten Schwarzwälder Bauern ernährten sich noch in den Fünfzigern und frühen Sechzigern von Milch, Brot und Kartoffeln, und das an 360 Tagen im Jahr. Mein Onkel Heinz, der beim Schluchsee aufgewachsen ist, hat mir von seiner entbehrungsreichen Kindheit erzählt. Wurst gab es höchstens an Weihnachten, Limonade wurde aus Wasser, Essig und Zucker gemischt. Einmal pro Jahr wurde bei einem fahrenden Händler eine große Dose Salzheringe gekauft. Wollte man einen zubereiten, musste Heinz sie erst ausnehmen. Weil das keine schöne Arbeit war, tat er es draußen oder im Stall. Der Salzgeruch lockte aber die Kälbchen an. Wenn er nicht aufpasste, stießen die Tiere die Dose runter, und er musste die Fische am Brunnen waschen. Dabei durfte ihn der Vater nicht erwischen, sonst gab es eine Tracht Prügel.

Ich dachte lange, dass Bauern im Winter nichts zu tun haben, aber da hat Onkel Heinz mich eines Besseren belehrt. In der kalten Jahreszeit drosch er Heu, richtete das Futter für die Tiere oder schippte den Schnee vom Dach, damit es unter seiner schweren Last nicht einbrach. Damit war er manchmal tagelang beschäftigt, und wenn er fertig war, schneite garantiert der nächste Sturm alles wieder zu. Ski fuhr er nur nachts, vorausgesetzt, der Mond schien hell genug.

Nach Neustadt kam er höchstens einmal pro Jahr, wenn seine Großmutter ihm Schuhe kaufte oder einmal den Kommunionsanzug. Busse fuhren nicht, also legten sie den ganzen langen Weg zu Fuß zurück. Die Schuhe wurden vier Nummern zu groß gekauft, tragen durfte er sie nur im Winter. Den Rest des Jahres lief er barfuß. Im Sommer war das kein Problem. Aber im Spätherbst, wenn sein Vater jeden Morgen den Himmel betrachtete, ob das Vieh noch mal einen Tag auf die Weide konnte, konnte es sehr kalt sein. Der kleine Heinz schützte sich hinter einem Baum vor dem eisig kalten Wind und passte auf, dass das Vieh nicht davonlief. Und wenn eine Kuh *brunzte*, dann rannte er schnell hin und stellte seine Füße in den Strahl, um sie ein bisschen aufzuwärmen. Noch besser war, wenn eine scheißen musste, dann konnte er seine Füße in den warmen Fladen stecken. So wie Onkel Heinz erging es allen Bauernkindern im Schwarzwald. Wohlgemerkt, wir sprechen nicht vom Anfang des 19. Jahrhunderts, sondern von der zweiten Hälfte des 20., als in westdeutschen Großstädten längst das Wirtschaftswunder begonnen hatte.

Die Feriengäste, die sich kein Hotel leisten konnten, mieteten sich im Heuschober ein. Ganze Familien mit Kindern schliefen drei Wochen lang im Stroh. Jeden Morgen kamen sie im Trainingsanzug in die Küche, um Milch fürs Frühstück zu kaufen. Zu ihrem Ferienprogramm gehörten Wanderungen, das Sammeln von Beeren und Pilzen und manchmal das Schwimmen im Schluchsee. Mehr war nicht drin. Aber braucht es denn überhaupt mehr? Ist dieses einfache und ehrliche Leben im

Stroh und in der freien Natur nicht die beste Form der Erholung? Und ist es nicht eigenartig, dass unsere Vorstellungen von Idylle immer so eng an Armut geknüpft sind?

Um von den Drogen loszukommen, fuhr der Fürst von Fürstenberg gemeinsam mit seiner Frau weg. Aber nicht nach Südafrika, auf Barbados oder die Fidschis. Nein, der Fürst hat sich dahin begeben, wo wir Normalsterblichen uns auch regenerieren und zu uns selbst finden: in den Schwarzwald.

Gehen oder bleiben?

Die Weltwälder

Es gibt zwei Arten von Menschen, heißt es, die, die hier leben, und die, die hier leben wollen. Es gibt aber auch die, die von hier weggehen. Der Schwarzwald war nie nur Zu- und Durch-, sondern immer auch Wegzugsgebiet. Wo's am schönsten ist, sollte man gehen.

Der Maler Martin Kippenberger regenerierte sich regelmäßig in St. Georgen, danach zog er wieder hinaus in die Welt. Bekannte Größen wie Erasmus von Rotterdam, Max Weber, Walter Benjamin und Alfred Döblin blieben nur kurze Zeit. Hannah Arendt und Konrad Adenauer verließen Freiburg nach ein paar Semestern, der *Tocotronic*-Sänger Dirk von Lowtzow schon nach einem. Er ließ die musikalische Abrechnung »Freiburg« zurück: *»Ich weiß nicht, wieso ich euch so hasse, Fahrradfahrer dieser Stadt. Ich bin alleine, und ich weiß es, und ich find' es sogar cool. Und ihr demonstriert Verbrüderung.«*

Wer sich zu Höherem berufen fühlt, geht. Der Musiker Francesco Wilking aus Lörrach lebte einige Jahre in Freiburg, ehe er weiterzog. Judith Holofernes, Musikerin und ehemalige Frontfrau von *Wir sind Helden*, besuchte in Freiburg die Schule. Sie ging. Wolfgang Schäuble und Christian Klar wurden hier geboren, ebenso die Schauspieler Katharina Wackernagel, Johanna Wokalek, Felix Eitner und Til Schweiger. Sie alle gingen, manche schon als kleines Kind. Als solches zog die Schauspielerin Alexandra Maria Lara mit ihren Eltern aus Rumänien her und schon bald weiter. Genauso wie der Kabarettist Hagen Rether.

Ein Nordschwarzwälder verließ seine Heimat und wurde zu einem der bedeutendsten Industriedesigner der letzten fünfzig Jahre. Hartmut Esslinger hat das Erscheinungsbild unserer Welt wie kaum ein Zweiter mitgestaltet. Er hat für Sony, SAP, Louis Vuitton, Hansgrohe, Lufthansa, Windows, Acer, VW, Honda, AT&T, Disney, IBM, Karstadt, Motorola, Rosenthal, Siemens, Swatch, Virgin, Zeiss, Olympus, Yamaha, Kodak, Fissler und viele andere gearbeitet. Von ihm stammt der zeitlos schöne Apple IIc, der das Design und damit die Wahrnehmung von Computern für immer verändert hat.

Esslinger stammt aus dem kleinen Weiler Beuren bei Freudenstadt. In Schwäbisch Gmünd studierte er Industriedesign. Als seine Mutter erfuhr, dass er nicht Ingenieur werden wollte, soll sie in Ohnmacht gefallen sein. Seine erste Firma hatte ihren Sitz in Altensteig, später zog er nach Kalifornien. Berlin wäre nicht infrage gekommen, sagte er mal. Städte, die auf Sand gebaut sind, entzögen nämlich Kraft. Manhattan stehe auf Granit, das habe eine ganz andere Energie. Das gelte auch für seine Heimat. »Im Schwarzwald gräbst du, dann bist du auf Granit.« *Schdimmt sell*?

Einer, der diese These bestätigt, ist Jürgen Klopp. Der Meistertrainer von Borussia Dortmund und dem FC Liverpool hat mit seiner energetischen und zielorientierten Art, Fußball spielen zu lassen, ebenfalls die Welt erobert. Klopp stammt aus der kleinen Schwarzwaldgemeinde Glatten bei Freudenstadt, knapp 2000 Einwohner. Fünfunddreißig Kilometer weiter südlich, in Bösingen, wurde Joshua Kimmich geboren. Mit zwölf wechselte er zum VfB Stuttgart, später zum RB Leipzig und dann zum FC Bayern München, wo er zum Fußballnationalspieler reifte.

Wer nur für eine Nacht in Freiburg bleibt, endet oft in einer Ahnengalerie in der Herrenstraße. An den Wänden des *Gasthaus Löwen* hängen Autogrammkarten von Udo Jürgens, Götz Alsmann, Kurt Krömer, Howard Carpendale und Hunderter weiterer Stars, die sich hier nach ihrem Auftritt erholt und an der berühmten Schweinshaxe mit der knallgelben »Sauce Bearnaise nach Löwen Art« gelabt haben, die bis drei Uhr morgens serviert wird. (Warum es wohl viel mehr Männer als Frauen sind? Vielleicht haben die seltener Autogrammkarten dabei. Oder sie essen nach Mitternacht nicht mehr so fett?)

Wenn junge Menschen den Schwarzwald verlassen, dann nie in Richtung Stuttgart. Deshalb leben auch so viele Süddeutsche in Berlin. Während junge Bayern, Hessen und Holsteiner nach München, Frankfurt und Hamburg gehen, ist Stuttgart für Schwarzwälder keine Option. Null Identifikation. Nach ein paar Jahren kehren viele zurück. Den Rest befällt eine lebenslange Sehnsucht. Begegnen sich Schwarzwälder in der Diaspora, kommen sie früher oder später immer auf die Möglichkeit einer Rückkehr zu sprechen. Würden Beruf, Wohnung und Familiensituation stimmen, man wäre schon längst wieder daheim.

Die zum Heimweh passende Jahreszeit ist der Herbst. Im Schwarzwald ist er von eigentümlicher Schönheit. Nirgendwo sonst teilt einem die Natur so sanft und so spät mit, dass nichts bleiben wird, wie es war. Wohlwollend umhüllt die Sonne alles mit ihrem spätsommerlichen Glanz, die Luft ist warm und sanft, die Speisekarten locken mit neuem Wein und Zwiebelkuchen, das Wild steht in den Wäldern zum Abschuss bereit, und erst lange nachdem das Laub gefallen ist und die morgendlichen Wiesen zu dampfen begonnen haben, deutet sich ein Hauch von Winter an. Wenn es nur immer so schön wäre. Wenn man für immer bleiben könnte! Sehnsüchte werden stets von ihrer Unerfüllbarkeit genährt.

Im Schwarzwald leben zwei Arten von Menschen, die *Waldwälder* und die *Weltwälder*. Während der *Waldwälder* nie über den Tellerrand seiner Heimat hinausblickt – »Wa soll ich uff sellem

Hamburg?« (und manchmal nicht mal weiß, was er in Freiburg soll) –, geht der *Weltwälder* in die Welt hinaus. Die Verkehrslage ist günstig, dank vieler ICE-Bahnhöfe und Flughäfen kommt er überall schnell hin. Aber genauso gern, wie er sich alles ansieht, kehrt er in den Schwarzwald zurück, wo er zu Hause ist und sich am wohlsten fühlt und es am allerschönsten ist.

Den berühmtesten *Weltwälder* durften Freunde von mir kennenlernen. Sie trafen sich einmal pro Woche auf der Eschholzwiese in Freiburg zum Fußballspielen. Als sie ankamen, war die Wiese schon belegt. Der berühmteste *Weltwälder* kickte hier mit ein paar Kollegen. Er wurde 1960 in Schönau geboren, arbeitete ein paar Jahre in Freiburg, ging dann nach Stuttgart, Frankfurt, Karlsruhe, in die Schweiz, die Türkei und nach Österreich, ehe er beim DFB anheuerte, wo er bis 2021 arbeitete. Durch seinen Beruf kam er in der ganzen Welt herum, kehrte aber immer wieder nach Freiburg zurück, wo er seit vielen Jahren lebt. Dem Fußballmagazin *11 Freunde* erklärte er mal, dass er sich nach wie vor im selben Umfeld bewege und die Dinge tue, die er auch getan habe, bevor er wurde, was er ist.

Meine Freunde wollten gerade wieder gehen, da rief jemand: »Hanai, bleibt halt da, spiele mer zsamme …!« Das war der berühmteste *Weltwälder*, den alle Welt nur »Jogi« nennt. Also blieben meine Freunde. Und spielten Fußball. Mit Jogi und seinen Kollegen. Im Schwarzwald. Auf der Eschholzwiese in Freiburg. Eineinhalb Stunden lang. Kurz darauf wurde Jogi Weltmeister.

Die größte Ehre aber ist Hermann Eitel zuteilgeworden. Der unscheinbare Feriengast, der weltgeschichtlich keinerlei Rolle spielt, kam mehr als zwanzig Jahre lang jeden Sommer in das kleine Kappel im Hochschwarzwald, machte lange Spaziergänge und saß am liebsten auf einer Bank auf einem Hügel zwischen drei großen alten Eichen über den Dächern des Dorfs. Wie oft hat er sich wohl dem Gedanken hingegeben, nicht ins Ruhrgebiet zurückzukehren, sondern hierzubleiben?

Hermann Eitel ist längst verstorben, und wer weiß, ob er die zehn Einfamilienhäuser gemocht hätte, die mittlerweile auf sei-

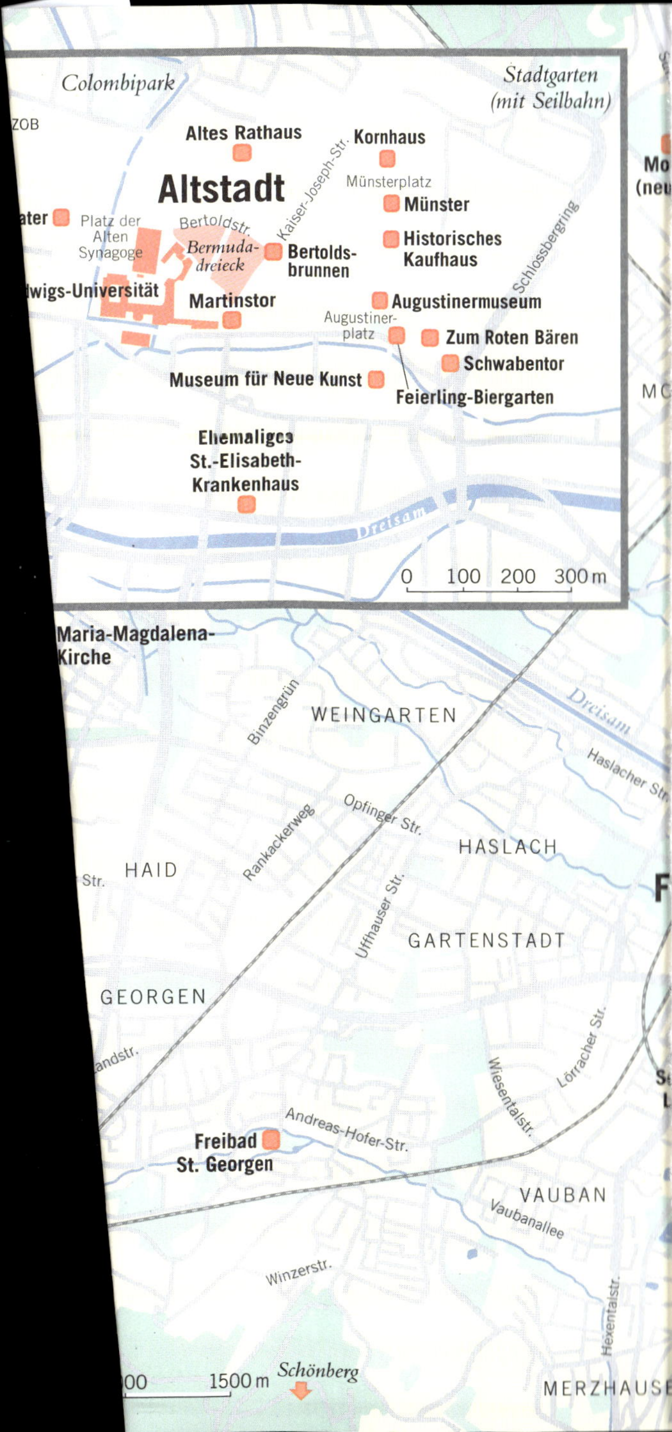

ner Wiese stehen, und die Tatsache, dass der schmale Feldweg, auf dem er Sommer für Sommer zu seiner Bank hinaufstieg, einer asphaltierten Straße gewichen ist, die mit SUVs und Wohnmobilen vollgeparkt ist. *Wege dem bruuchsch du nit truurig sii.* Bestimmt hätte ihm der Name gefallen: Die Straße heißt Hermann-Eitel-Weg. Die Gemeinde hat sie nach ihrem treuen Gast benannt. Wer weiß, vielleicht sieht Hermann Eitel gerade in diesem Moment von oben auf seine Straße herab und freut sich, dass er für immer angekommen ist. Im Schwarzwald.

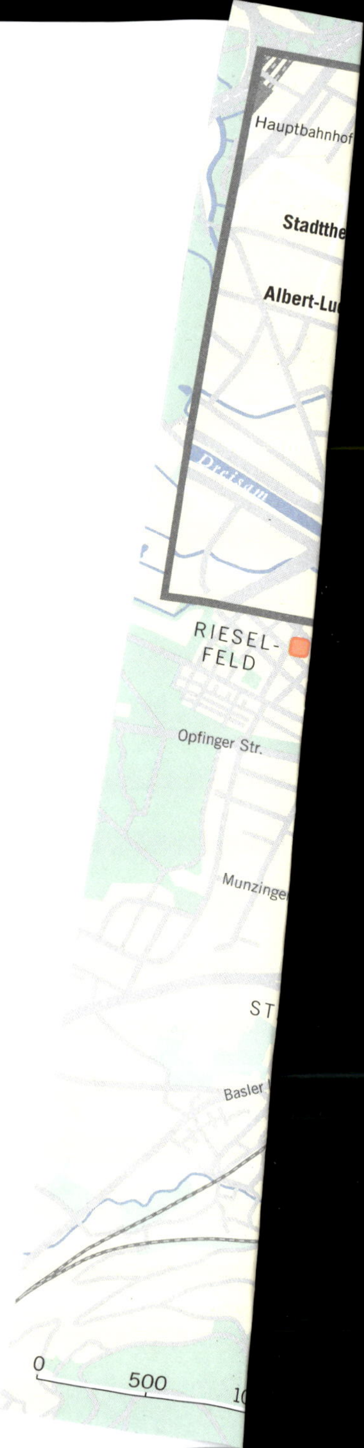
Hauptbahnhof
Stadtthe
Albert-Lu
Dreisam
RIESEL-
FELD
Opfinger Str.
Munzinge
ST
Basler
0
500
10